A PSICANÁLISE COM WILFRED R. BION

CONSELHO EDITORIAL
André Costa e Silva
Cecilia Consolo
Dijon de Moraes
Jarbas Vargas Nascimento
Luis Barbosa Cortez
Marco Aurélio Cremasco
Rogerio Lerner

Blucher

A PSICANÁLISE COM WILFRED R. BION

François Lévy

Tradução
Paulo Sérgio de Souza Jr.

Revisão técnica
Claudio Castelo Filho

A psicanálise com Wilfred R. Bion
Título original: La psychanalyse avec Wilfred R. Bion
François Lévy

© Éditions Campagne Première, Paris, 2014
© 2021 Editora Edgard Blücher Ltda.

Publisher Edgard Blücher
Editor Eduardo Blücher
Coordenação editorial Jonatas Eliakim
Produção editorial Luana Negraes
Tradução Paulo Sérgio de Souza Jr.
Preparação de texto Sonia Augusto
Diagramação Negrito Produção Editorial
Revisão de texto Maurício Katayama
Revisão técnica Claudio Castelo Filho
Capa Leandro Cunha
Imagem da capa iStockphoto

Blucher

Rua Pedroso Alvarenga, 1245, 4º andar
04531-934 – São Paulo – SP – Brasil
Tel.: 55 11 3078-5366
contato@blucher.com.br
www.blucher.com.br

Segundo o Novo Acordo Ortográfico, conforme
5. ed. do *Vocabulário Ortográfico da Língua
Portuguesa*, Academia Brasileira de Letras,
março de 2009.

É proibida a reprodução total ou parcial por
quaisquer meios sem autorização escrita da
editora.

Todos os direitos reservados pela Editora Edgard
Blücher Ltda.

Dados Internacionais de Catalogação
na Publicação (CIP)
Angélica Ilacqua CRB-8/7057

Lévy, François
  A psicanálise com Wilfred R. Bion / François
Lévy ; tradução de Paulo Sérgio de Souza Jr. ;
revisão técnica de Claudio Castelo Filho – São
Paulo : Blucher, 2021.
  372 p.

Bibliografia
ISBN 978-85-212-1937-8 (impresso)
ISBN 978-85-212-1938-5 (eletrônico)

1. Psicanálise I. Título. II. Bion, Wilfred R.

20-0271   CDD 150.195

Índices para catálogo sistemático:
1. Psicanálise

Para Laura,
Julien e Emmanuelle,
Pierre e Claire,
Dalva,
Lola.

"Esse lampejo . . . ao qual tanto me atenho para aclarar precisamente o que ocorre num certo momento . . . em que se entra no discurso analítico".

Jacques Lacan, Congresso de La Grande-Motte, junho de 1975, Lettres de l'École Freudienne, n. 15, pp. 69-70.

"Se habitamos um lampejo, ele é o coração do eterno".

René Char (1954) "À la santé du serpent". In: *Dans l'atelier du poète*. Paris: Gallimard ("Quarto"), 1996, p. 695.

"Mas hoje em dia, o que é que sobra? Podem se recusar a concordar com o que vou dizer! Em dez anos os senhores vão ver . . . . Sobra quem? Freud, Lacan e Bion. Freud e os dois malucos de carteirinha, os doidos mais visionários deste fim de século . . . . Não houve, na psicanálise, duas tentativas que se parecessem mais e que fossem, ao mesmo tempo, de polaridades tão radicalmente inversas".

Wladimir Granoff (1989) "Le temps des cerises". In: *Le désir d'analyse*. Paris: Aubier, 2004, p. 154.

Agradecimentos

Meu muito obrigado a aquelas e aqueles que participaram da realização deste livro:

– a Marie Lacôte, por sua eficiência nas pesquisas bibliográficas e na resolução do conjunto de questões técnicas;

– a Louise L. Lambrichs, por sua atenta releitura, conferindo elegância ao trabalho;

– a Alain Gillis, médico ex-diretor do IME Michel de Montaigne, em Chelles (95), amigo há cinquenta anos, por seu auxílio com o tema da ilustração da capa;

– a Michaël Lévy e Pierre Lévy, pelo talento para traduzir espacialmente a ideia de temporalidade esboçada nesta reflexão;

– a Jean Delaite, responsável editorial das Éditions Campagne-Première/, por sua eficiente colaboração;

– por fim, a Laura Dethiville, fiel companheira nesta realização, obrigado pela paciência infinita, pelos preciosos conselhos, pelo apoio permanente e pela benevolência perspicaz.

	Hipótese definidora 1	Ψ 2	Notação 3	Atenção 4	Indagação 5	Ação 6	...n
A Elementos β	A1	A2				A6	
B Elementos α	B1	B2	B3	B4	B5	B6	...Bn
C Pensamentos oníricos, sonhos, mitos	C1	C2	C3	C4	C5	C6	...Cn
D Pré-concepção	D1	D2	D3	D4	D5	D6	...Dn
E Concepção	E1	E2	E3	E4	E5	E6	...En
F Conceito	F1	F2	F3	F4	F5	F6	...Fn
G Sistema Dedutivo Científico		G2					
H Cálculo algébrico							

Conteúdo

Abertura: Dar-se ao trabalho de entrar . . . 17
    A galáxia psicanalítica . . . 22
    Relações despercebidas . . . 25
    Um Bion ou vários? . . . 30

1. Mudanças de perspectiva . . . 33
    Um ganho para a psicanálise . . . 37
    Clínico, antes de qualquer coisa . . . 42
    Um pensamento rigoroso . . . 46
    As grandes questões . . . 49
    1) O conhecimento . . . 55
    2) Um desvio pelos fatos . . . 56
    3) O pensamento, os pensamentos e o aparelho de pensar os pensamentos . . . 57

4) *Aprender com a experiência (*Learning from Experience*)* 58
5) *A prova negativa* 59
6) *Fidelidade, lealdade e filiações* 61
7) *O aparelho psíquico* 63
8) *O ultrapassamento da moral* 66
9) *O objeto parcial* 68
10) *O vínculo* 69
11) *O aparelho protomental* 70

2. A vida inimiga e amiga 73
   Súdito de Sua Majestade 75
   A Grande Guerra 77
   Um homem solteiro assolado por pesadelos 85
   "E agora essa guerra" 90
   No divã de Melanie Klein 94
   Um novo lar 97
   As duas Américas 100

3. A experiência emocional e a função alfa 103
   Uma experiência que não compete aos sentidos 104
   Incluir as experiências de aprendizagem 108
   Fatores e função 109
   A função alfa 113
   Quando as transcrições não têm lugar 118

A função alfa na prática analítica	121
Destruição da função alfa	123
Retorno à contratransferência	131
Reversão da função alfa	133

4. **O negativo em ação** — 139

A expansão do negativo na clínica anglo-saxã	145
Bion e o negativo	147
A destruição da capacidade analítica	151
Breve desvio pela Grade	159
A dimensão psicológica da mentira	162

5. **Gênese e desenvolvimento do pensamento** — 167

Negativo e pensamento: recordando a concepção freudiana	168
Negativo e pensamento: a concepção bioniana	169
A preconcepção, conceito pivô	171
O papel da frustração	172
Elaborar ou fugir da frustração	174
Do pensamento ao conhecimento	177
A abstração como condição do crescimento	181
Uma hipótese chamada "Papai"	184
O que produz uma conjunção constante	185
Uma "preconcepção inata"?	187

Pensamentos sem pensador? 190

Pensamentos anteriores (e não interiores) 192

O aparelho desenvolvido para tratar os pensamentos 194

Uma grade para o pensamento 196

As colunas verticais 200

Quando o pensamento é confrontado aos seus limites 207

6. A recusa da causalidade 209

Hume e a questão da causalidade 211

As condições da frustração 215

A abolição da lógica distintiva 219

Crescimento *versus* causalidade 221

O ultrapassamento da moralidade 224

Generalização e particularização 227

O Édipo da psicanálise 229

Uma antecipação inventiva chamada "intuição" 232

Crescimento positivo e crescimento negativo 235

De EP → D (Melanie Klein) a EP ↔ D (Bion) 237

Reflexões sobre a temporalidade analítica 240

Passado-presente-futuro 242

7. Transformações, ou o real na análise 245

Diferentes tipos de transformação 252

Efeitos das turbulências sobre os enunciados	260
Logics or not logics	263
Da trans-formação à de-formação	264
As condições narcísicas da significação	266
A alucinose	268
"Sem memória, sem desejo e sem compreensão"	271
Tirésias	275

8. O grupo e a psicanálise, sobrevivência ou destruição? 279

O interesse do cemitério de Ur	282
Uma abordagem psicanalítica dos fenômenos de grupo	285
O indivíduo perante o grupo	287
A experiência da Clínica Tavistock	291
Oscilações e inversões de perspectiva	293
Os "pressupostos de base"	299
A herança freudiana	308
O sistema protomental e a doença psicossomática	310
O grupo de trabalho	312
Uma questão de dinâmica	315
O líder, o grupo e a psicanálise	316

Conclusão: "A resposta é o revés da pergunta"   325

Bibliografia 333
Índice onomástico 355
Índice remissivo 359

Abertura
Dar-se ao trabalho de entrar

Na terminologia de Wilfred R. Bion, este livro é "uma realização de K". Por muito tempo não compreendi o que essa expressão significava; não era, no entanto, aquilo que Bion teria chamado de "vínculo −K" (menos K). Muito antes de me lançar num estudo aprofundado de sua obra, eu havia sido — minimamente — apresentado a esse vocabulário particular por um trabalho de supervisão que fui levado a fazer com um analista familiarizado com esse modo de pensamento; trabalho que me levou, no plano "emocional", a reconsiderar muitos pressupostos que eu vinha empregando em minha prática relativamente recente. Dessa "transformação", Bion teria dito que abandonei uma quantidade de "preconcepções" que, até então, estavam "saturando" o meu pensamento; e que tomei "conhecimento" de um mecanismo de grande valor, que ele denominava "reversão da perspectiva". Eu já havia dimensionado os efeitos disso em minha atividade de psicanalista, com os meus pacientes de então. Assim, dispunha — tal qual meus analisandos — de "realizações" que permitem descobrir formações inconscientes, talvez causadas por uma "intolerância à frustração", às quais

Bion teria dado, creio eu, o nome de "objetos bizarros". Eu os representava, contudo, com a forma de "elementos insaturados" que me colocavam em contato com zonas que não conseguíamos alcançar anteriormente. Podíamos seguir caminhos dos quais se esperava que nos permitissem explorar mais a fundo as "turbulências" do pensamento; caminhos que nos levavam a descobrir de que maneira, em tal paciente, uma "clivagem forçada" havia levado à perda de todo contato com a realidade — algo para o qual Bion havia proposto construir uma "grade negativa".

Assim, suspeitando que, para além dessa primeira fórmula — uma "realização de K" —, seria possível encontrar um impressionante abismo de pensamento, retomei o livro que eu havia começado; prossegui no esforço de leitura empreendido e continuei, assim, sem ficar procurando levar em conta a minha "compreensão".

Primeira constatação: o livro que eu tinha em mãos havia sido escrito rigorosamente; as frases eram sólidas; os termos, escolhidos a dedo; e a escrita clássica correspondia ao que me dá gosto encontrar num autor.

No nível psicanalítico, encontrava ali uma boa quantidade de conceitos com os quais acabei ficando familiarizado. Outros, em contrapartida, deixaram-me perplexo; isso porque eu estava menos acostumado a utilizá-los e porque, é preciso dizer, faziam parte de uma conceituação da qual — na França, pelo menos — muitos haviam se desviado. Aliás, para além dessa teorização, eu estava conhecendo melhor uma prática bastante descreditada na época, prática que consistia — segundo alguns textos do início, em todo caso — numa alternância de proposições relativamente concisas, compartilhadas de modo bastante equivalente entre paciente e analista, do gênero "associação-interpretação-associação" — ou mesmo "interpretação-associação-interpretação" —, não deixando espaço para o pensamento silencioso, por exemplo, nem para uma abertura que tivesse permitido escapar desse tipo de "argumento circular".

Mas certas passagens chamavam a minha atenção; passagens que Bion, em suas próprias experiências, havia precisado como "notações", às quais ele atribuía grande valor. Essas formulações acertavam na mosca. Quando se apresentavam no decorrer da minha leitura, carregavam consigo — indo até um ponto preciso dentro de mim — a evidência do sentido que se impõe por sua justeza, e isso a despeito da minha surpresa diante desse estilo de prática. Elas me incitavam a escavar mais a fundo as linhas, as páginas, os capítulos...

Tropeçava regularmente em "enunciados" demasiado obscuros que faziam surgir ora uma profunda angústia, ora a intuição de uma perspicácia luminosa. Bion se interessou muito, na esteira de Henri Poincaré — o matemático francês —, pela participação do fenômeno da "intuição" no processo da compreensão.

Falei, então, a um colega amigo a respeito do meu interesse, da minha curiosidade, e também da minha perplexidade. Decidimos seguir a dois com essa leitura; e, como frequentemente ocorre em casos como esse, logo éramos cinco. Constituímos, então, com muita seriedade e assiduidade, um "grupo de trabalho"; grupo que nós nos esforçamos por fazer funcionar como um "grupo sem líder", e foi só vários anos depois que nos demos conta de que esse gênero de formação é definido, pelo próprio Bion, como sendo da ordem de um rigor interno atingido à custa do afastamento de "hipóteses de base" que, em geral, manifestam-se com vistas a destruir toda tentativa de eficácia. Mas nós perseveramos, ultrapassamos muitos obstáculos — alguns dos quais, com frequência, nos obrigaram a retornar ao texto inglês de origem para descobrir evidências pelas quais o tradutor havia passado batido, complicando inutilmente a passagem de uma língua para a outra.

Trabalhamos assim durante três anos antes de dar forma ao projeto coletivo de propor, para a Sociedade de Psicanálise Freudiana, em Paris, um "Seminário de iniciação ao pensamento de Wilfred R. Bion" — seminário que fomentamos em equipe, a cada reunião, como um grupo de trabalho ampliado do qual alguns participavam mais ativamente do que outros.

Progressivamente os papéis foram sendo especificados, e meu colega e eu passamos a conduzir o trabalho em dupla, um por vez — Bion talvez falasse em "visão binocular". Talvez até dissesse que o seminário era, dali em diante, alicerçado em uma "hipótese de base" de "pareamento" — distinta das de "dependência" ou de "ataque-fuga" —, configuração no seio da qual o grupo espera dos dois líderes a parturição de ideias reveladoras de importância comparável a uma figura que traz "ideias messiânicas". Foi o que assumimos.

Infelizmente, após anos de colaboração frutífera — mas também de luta impiedosa —, meu colega e amigo Claude Sevestre sucumbiu aos ataques de uma doença feroz, deixando todos nós aflitos e desamparados. A título pessoal, tive a sensação de perder o equilíbrio que havíamos estabelecido a dois; equilíbrio que eu não imaginava um dia conseguir restabelecer — o que é ainda o caso. Eu receava *dever* administrar um acontecimento que já havia ocorrido, e que Bion qualificaria como "mudança catastrófica". Ele acrescentaria que experiências vividas no contrassenso revelam significações subjacentes. Tive, em todo caso, de *me* reorganizar a fim de encontrar aquilo que, simultaneamente, me permitiria continuar o trabalho começado a dois e administraria, dali em diante, a minha solidão constantemente dolorosa. Bion certamente diria que passei a considerar a situação de outro "vértice". Talvez...

O seminário funciona, ainda hoje, da mesma forma. Os participantes, amplamente mais numerosos que no princípio, implicam-se ativamente sem sentirem — até onde consigo perceber — receio de serem julgados a respeito do que dizem, e sou grato por isso. Suportamos todos uma certa dose daquilo que Bion, inspirando-se em John Keats, chama de "capacidade negativa" (*a negative capability*), expressão que designa a capacidade de permanecer numa situação de dúvida ou de espera, sem se precipitar para responder de forma prematura. Ademais, através de suas intervenções, eles me ajudam a me dar conta da orientação para a qual dirijo meus dizeres — um "fato selecionado", como diria Bion, inspirando-se, mais uma vez, em Poincaré — e esforçam-se, com muita bondade, em me dar a conhecer o momento a partir do qual não estão mais em condições de me acompanhar. São, assim, de grande serventia para mim, pois dessa forma, entre eles e eu, trocam-se — sem que saibamos — elementos que nos aclaram sobre a forma como opera a "função alfa" — tão essencial, aos olhos de Bion, para a própria constituição dos pensamentos e para o desenvolvimento do "vínculo K" que nos une. Temos a segurança de compartilhar uma experiência que nos enriquece em diversas frentes; e, pela regularidade e pela assiduidade que nós investimos todos juntos, contribuímos para a sensação de "crescimento" psíquico que cada uma e cada um experimenta à medida que avançamos no estudo dessa obra de pensamento. Sem "arrogância" — termo que Bion emprega, de um lado, a propósito de Édipo; e, de outro, como advertência a psicanalistas tentados a se comportar como saqueadores em relação aos "conteúdos" inconscientes de seus analisandos —, forjamos, talvez a título individual, uma espécie de "sistema científico dedutivo" que depende da compreensão que cada participante retira de meus dizeres, uma vez que, na cabeça de cada um, as palavras que utilizo puderam ser desembaraçadas de sua inevitável "penumbra de associações", como diria Bion.

O presente trabalho estende-se, então, por um período de mais de 15 anos. Os componentes atuais do ambiente psicanalítico pareceram-me favoráveis para tentar reunir os elementos que isolei, progressivamente, no decorrer desse trajeto; elementos estabelecidos graças ao emprego de "conjunções constantes" que os fixam, como diria Bion, esperando conferir a eles uma "significação". A meu ver, este livro já vai se justificar se representar um "continente" do qual se intua que ele visa a expor o "contido"[1] do qual é constituído.

Os termos anteriormente colocados entre aspas são, em grande parte, os que emanam do léxico de Bion. E eu já sinto uma forma de "realização" com o fato de que me foi dado encontrá-los.

A galáxia psicanalítica

Considero a psicanálise uma disciplina com uma visada científica que se distingue das outras pelo fato de que a maior parte de suas hipóteses se apoia na teoria oriunda da experiência clínica — teoria segundo a qual um universo separa um pensamento inconsciente de um pensamento consciente. Simples na aparência, essa diferença necessita de uma compreensão detalhada dos elementos que a constituem.

A teoria evocada é o fruto do trabalho ao qual Freud dedicou toda a vida, marcada por desencorajamentos, desacertos, esperanças e sucessos. E essa pesquisa se fez, no mais das vezes, na mais completa solidão — às vezes com a ajuda e o amparo de colegas e

---

[1] O termo *contained*, em inglês, vem sendo habitualmente – e, a nosso ver, equivocadamente – traduzido para o português como "conteúdo". No entanto, é importante frisar que Bion diferencia esse termo do substantivo *content* (conteúdo). Utilizamos nesta tradução, portanto, o par "continente ↔ contido", que acreditamos ser o mais fiel ao *container* ↔ *contained* de Bion [nota de revisão técnica].

discípulos fiéis, mas igualmente rebeldes; continuadores, mas também *voyeurs* e desviadores.

Essa elaboração sempre se deu de tal maneira que o seu autor manteve uma conexão estreita com o trabalho e a experiência clínicos, de modo que todo avanço nesse domínio não podia ocorrer sem a contribuição ativa dos pacientes. Paralelamente, os elementos reunidos pela observação só ganham sentido se forem ordenados segundo uma lógica escolhida. Um autêntico e profundo trabalho de pensamento foi necessário ao seu autor para produzir um *corpus* geralmente considerado pelos psicanalistas e alguns outros, desde Freud, como uma das três revoluções narcísicas no pensamento humano.

Freud foi um imenso descobridor; fácil de criticar, como todos os grandes exploradores, quanto aos aspectos que ele não soube (ou pôde) explicar e quanto àqueles a respeito do quais — hoje em dia mais evidentemente, graças a certos aprofundamentos trazidos por outros — seguiu o caminho errado.

Esses aspectos imperfeitos de sua personalidade e de sua pesquisa permitiram que outros pesquisadores, fascinados pelo continente desconhecido que ele havia abordado, tomassem para si a maior parte das suas elaborações e trilhassem o seu próprio caminho nos espaços inexplorados pelo pioneiro. Eles contribuíram igualmente para estabelecer o *corpus* teórico original de forma suficientemente sólida e transmissível para que os discípulos pudessem, de uma forma elaborada, achar por onde interrogar as situações clínicas encontradas, ainda que o próprio Freud tenha alertado seus leitores contra a tentação de passagem da teoria ao dogma. Ele advertiu que era todo o arcabouço teórico que devia poder ser recolocado em questão a cada novo paciente.

Porta-se de maneira necessariamente redutora quando se citam apenas as grandes figuras que contribuíram para a constituição do arsenal teórico da psicanálise. Cita-se, em primeiro lugar, com prazer e pesar, Sándor Ferenczi, "paladino e grão-vizir secreto", que colocou toda a sua sutileza de pensamento a serviço da pesquisa psicanalítica, o que faz pensar que hoje não se possa ler Freud sem ler Ferenczi em paralelo — isso a ponto de se falar, erroneamente, de uma "teoria ferencziana" que teria implicações clínicas intrinsecamente diferentes daquelas que são oriundas da "teoria freudiana". Não! A psicanálise é uma só, múltiplos são os psicanalistas — embora sejam, também, singulares. Seria preciso dizer o mesmo de Anna Freud, de Karl Abraham e de numerosos outros contemporâneos do nascimento da psicanálise.

Na mesma ordem de ideias, uma menção toda especial deve ser reservada a Melanie Klein — clínica apaixonada que se tornou chefe de escola após sua instalação em Londres —, que, na teoria de Freud, desmascarou um punhado de incoerências que criavam contradições com os fatos observados e que "moldou" uma clínica que permite analisar crianças mais reais (*actual*, em inglês) do que aquelas que resultam de análises de adultos esforçando-se por definir o que é a criança para a psicanálise. A "teoria kleiniana" se interessa igualmente, por conta da forma como ela enxerga os processos precoces, pelos "distúrbios" psicopatológicos que se manifestam em várias doenças mentais — estados-limite (*borderlines*), esquizofrenia, paranoia, melancolia — e abre uma via de acesso privilegiado para a compreensão das psicoses. A "teoria kleiniana" encontrou um público muito particularmente atento a suas abordagens clínicas no Novo Mundo, nas duas Américas, onde discípulos de grande importância contribuíram para a consolidação de seu pensamento.

De maneira diferente, a França conheceu uma importante renovação do seu pensamento psicanalítico graças à personalidade e à obra de Jacques Lacan, que se tornou uma das figuras clássicas do pensamento na Europa e que causou uma reviravolta em muitos dos confortos de pensamento e de prática. Ao refundar a disciplina numa abordagem ao mesmo tempo linguística e semântica do inconsciente, e ao colocar essa abordagem em relação direta com a clínica das neuroses e das psicoses, Lacan enriqueceu o discurso psicanalítico com um aporte estruturalista. Essa renovação enxameou todos os continentes — mesmo os mais "estrangeiros" à psicanálise, nas culturas em que não existe a noção de "indivíduo".

Muitos outros psicanalistas deveriam ver seus nomes figurando nessa rápida evocação destinada a montar a lista de todos os que serviram de pilares, de primeira dimensão ou de importância secundária, para consolidar o edifício da psicanálise. Heinz Kohut, Didier Anzieu, Donald W. Winnicott, Herbert Rosenfeld, Hanna Segal, Ignacio Matte Bianco, André Green, Wilfred R. Bion, Thomas Ogden: cada um deles, a seu nível, contribuiu para reforçar a base de uma disciplina permanentemente ameaçada por causa da concepção do psiquismo humano que ela forjou a partir da experiência clínica, concepção escandalosa por lembrar que "o eu não é o senhor em sua própria morada".

Relações despercebidas

Wilfred R. Bion *não construiu mais uma teoria*, ele estudou as teorias freudiana e kleiniana — as quais considerou, em grande parte, totalmente apropriadas às suas funções de teoria. Todavia, modificou-as um pouco cada vez que lhe pareceu que elas se afastavam da realidade que estavam encarregadas de dar conta, o que necessitou, da parte de seu autor, um perfeito conhecimento de seu domínio de estudo e uma profunda capacidade de reflexão a propósito de elaborações cuja compreensão está longe de ser clara. Sua teoria, escreve ele, "não substitui nenhuma teoria psicanalítica existente, mas propõe-se a expor relações que não foram apontadas".[2] "Os analistas", escreveu ele, "encontrando-se num impasse, frequentemente preferem produzir uma nova teoria *ad hoc*, mais do que se forçar a utilizar corretamente teorias já existentes".[3] A isso, acrescenta que "o perigo consiste em se ver de pés e mãos atados por um sistema teórico que se mostra frustrante não porque é inapropriado, mas porque está sendo incorretamente utilizado".[4]

Pegando o contrapé dessa posição, Bion se portou de forma muito respeitosa e mostrou bastante diligência em relação aos *corpora* construídos com paciência e afinco por Sigmund Freud e por Melanie Klein — figuras que foram talvez os seus "papai" e "mamãe" psicanalíticos (!) e relativamente aos quais a sua atitude crítica levou-o a manter distância suficiente para lhe permitir criar algo de novo que reúna e comporte ambos; que os ultrapasse, mas que não existiria sem eles. Ademais, o pensador que ele era tinha por onde se nutrir na fonte livresca de que podia beber permanentemente, feito um rato de biblioteca — o catálogo das obras produzidas nesse campo não carecia de espessura —; tanto quanto, no domínio relacional, podia frequentemente lhe acontecer de se sentir desconfortável. Contudo, a fim de conservar um caráter vivo e animado nas trocas que alguns de seus pacientes poderiam facilmente deixar sem graça, lembrou que "é justamente o paciente, enquanto homem ou mulher real, que constitui o objeto da [minha] investigação, e não os supostos mecanismos de um boneco (*dummy*)". Mas, felizmente, no exercício de sua prática, as precauções e restrições de toda sorte eram suficientemente numerosas, de modo a ele

---

2   Wilfred R. Bion (1970), *Attention and Interpretation*. London: Tavistock Publications. Em francês: *L'Attention et l'interprétation*. Paris: Payot, 1974, p. 151.
3   Wilfred R. Bion (1962), *Learning from experience*. New York: Basic Books Publishing Company. Em francês: *Aux sources de l'expérience*. Paris: Presses Universitaires de France, 1979, p. 108; tradução minha.
4   *Idem*; tradução minha.

ter tido de codificar as diferentes trocas — com os pacientes, com os colegas etc. E, não obstante, segundo os seus próprios dizeres, ele "abordou uma vida mental até então inexplorada pelas teorias elaboradas em função da neurose".[5]

Muito implicado no exercício da clínica, ele, no entanto — até onde temos conhecimento —, redigiu poucos relatos de tratamentos, tendo considerado bastante rapidamente que os escritos clínicos são incapazes de restituir o teor emocional — e não somente intelectual — das trocas em condições próximas da realidade.

Não se privou, entretanto, de salpicar os seus escritos com "momentos" clínicos que expõem uma situação particularmente reveladora, não de um estado de espírito, mas de um *estado do espírito* do paciente numa determinada sessão. Partindo disso, todas as conjecturas, tanto imaginativas quanto racionais, permanecem abertas, apropriadas ou não — a questão não é essa. Para Bion, importa, primeiro, que todas as entradas permaneçam possíveis, correndo o risco de rejeitar o maior número delas em função dos pensamentos que vêm se coligir em situações como essa.

Que esses relatos clínicos tenham sido rapidamente abandonados em prol de uma reflexão intelectual de caráter científico é um dado que é da alçada da constituição psíquica do autor. Ao mesmo tempo, esse fato ilustra o esmero de transformação preconizado por Bion como sendo representativo do trabalho analítico, pois, por trás dos desenvolvimentos longos — e, por vezes, laboriosos — a serem seguidos sobre uma questão, não é difícil descobrir não somente a situação clínica original que deu à luz a transformação, mas também as invariantes que permaneceram idênticas entre a cena tal como o analista e o paciente a compartilharam e a elaboração intelectual que o autor nos dá a ler.

---

5 *Ibid.*, p. 55.

É com uma insistência renovada, então, que encontramos a oportunidade de lembrar que o essencial do trabalho analítico reside naquilo que se passa quando o paciente e o analista estão na presença um do outro. "Na presença um do outro" não quer dizer que eles tenham de concordar sobre os dizeres que eles trocam, nem sobre as opiniões e os juízos que possam emitir, tanto um como outro, a respeito de uma mesma situação, nem das escolhas às quais seu debate deve conduzir. Noutras ocasiões, fui levado a discorrer sobre os riscos que uma concordância faz com que cada um dos protagonistas corra, na medida em que essa concordância pode, por natureza, inibir totalmente um modo de pensamento outro.[6] Como escreve Bion,

> *a concordância entre o paciente e o analista consiste no fato de que a concordância é evidente e predominante, mas a discordância — que pode ser igualmente predominante — não é nada evidente. O conflito entre o ponto de vista do paciente e o do analista, e no interior mesmo do paciente, não é, portanto, como na neurose, um conflito entre dois conjuntos de ideias ou entre dois conjuntos de pulsões, mas um conflito entre K e menos K (–K) ou, de maneira mais imagetizada, entre Édipo e Tirésias, e não mais entre Édipo e Laio.*[7]

Da discordância ao conflito, é indispensável lembrar que uma psicanálise se desenrola sessão após sessão, com suas porções de

---

6 François Lévy (2014), "Bion: un nouveau regard sur Œdipe", *Le Coq-Héron*, n. 216. Ramonville-Saint-Agne: Érès.
7 Wilfred R. Bion (1963), *Elements of Psycho-Analysis*. London: William Heinemann, 1963. Em francês: *Éléments de psychanalyse*. Paris: Presses Universitaires de France, 1979, p. 53.

palavras, silêncios, pensamentos, associações, sonhos e interpretações; e que ela deve ser a oportunidade, para o analista e para o analisando, de opor dois conjuntos distintos não necessariamente conciliáveis, ou até às vezes "incompatíveis" — no sentido em que não são patíveis. Uma análise não tem como meta conseguir do paciente uma concordância, uma adesão, as quais só teriam como função obter uma submissão aos pontos de vista do analista considerado como aquele que sabe.[8] Bion é um adepto da ideia segundo a qual uma psicanálise se define como uma longa série de elementos conflitantes que devem passar pelo crivo da análise, sequências às quais analista e paciente podem — tanto um quanto outro — sobreviver e nas quais podem — tanto um quanto outro — se desenvolver sem terem tido, necessariamente, de celebrar sua concordância.

Pode-se, além disso, considerar as coisas a partir de outro "vértice": se for possível interpretar, é questão de clínica. A título de exemplo, fui tranquilizado ao ler, entre os *Seminários clínicos* publicados em francês em 2008, o caso de um paciente que tinha de ser operado — precisavam tirar alguma coisa dele — e que se recusava a analisar um sonho com seu analista. Diante da perplexidade do analista, a intervenção de Bion, enquanto supervisor, havia consistido em fazer com que ele compreendesse que, ao considerar sem importância os seus pensamentos em imagem, o paciente revelava, na verdade, o seu medo de que o analista tirasse algo dele e se servisse disso para ele próprio.[9]

---

8 O "sujeito suposto saber" lacaniano.
9 François Lévy (2008), "Bion superviseur" [prefácio]. In: Wilfred R. Bion, *Séminaires cliniques*. Paris: Ithaque, p. IX.

Um Bion ou vários?

São muitos os comentadores que não hesitaram em compartimentar sua obra em diferentes "períodos" — grupal, psicótico, epistemológico, místico —, conforme as preocupações principais que parecem constituir a trama que subjaz a algumas obras, ainda que se possa, de igual maneira, proceder a outros recortes tributários de outros critérios igualmente evidentes e eficientes nos temas de pesquisas. Assim, em função do "vértice" segundo o qual Bion evoluiu de período em período, é totalmente plausível considerar que a sua participação nas batalhas mortíferas da Primeira Guerra Mundial e a sua total imersão nos serviços do Exército Britânico durante a Segunda Guerra, somadas às experiências com pessoas dessocializadas na Clínica Tavistock de Londres, representam, com efeito, um período "grupal" que, para o autor, teve uma enorme importância e que desembocou, sem solução de continuidade, no período seguinte.

O período seguinte — no decorrer do qual, mais uma vez, Bion mergulhou (dessa vez na exploração e na tentativa de compreensão do modo de funcionamento do pensamento psicótico) — foi qualificado, com razão, de período "psicótico". Suas contribuições para o conhecimento de processos de pensamento dessa ordem são reconhecidas, dali em diante, como incontornáveis e essenciais. Três obras importantes reúnem as elaborações concernentes a esse domínio de investigação e abundam, ao mesmo tempo, em indicações clínicas que dizem respeito à maneira de exercer a psicanálise com esse tipo de paciente. Mas, do período precedente, esse conserva a ideia segundo a qual o dispositivo analítico tradicional, representado por um psicanalista e um paciente que se encontram com dia e hora marcados num consultório, não passa de uma variante da prática grupal. Com efeito, cada uma das duas pessoas na presença uma da outra contém uma pluralidade de pessoas que, enquanto objetos internos, interagem no desenrolar da sessão e necessitam ser levadas em conta para a compreensão das tensões e dos conflitos ativos.

O período qualificado como "epistemológico" levou Bion a consolidar, por meio de elaborações "de alto calibre", as intuições e as constatações extraídas das situações clínicas do período anterior, colocando à nossa disposição uma conceituação que ultrapassa as fronteiras existentes, dentro das quais a prática psicanalítica se sentia, às vezes, apertada. Tem-se a sensação de que, ao fazer isso, Bion transpôs toda enfeudação para desenvolver a sua própria maneira de formular aquilo que constitui o essencial do trabalho.

O último período, chamado de "período místico" — porque Bion se interessa por tudo o que ele encontra de misterioso (do grego, *mystikos*) no campo do pensamento —, oferece a ele a oportunidade de voltar aos seus primeiros temas de pesquisa (as tensões que regem as relações no interior do grupo e entre o grupo e o indivíduo), fechando, assim, a partir de um determinado vértice, um enganchamento que, considerado de outro vértice, aparece como o trajeto que leva, numa espiral, de um ponto de partida ao ponto de conclusão definido por coordenadas comparáveis.[10]

Alguns se opõem a ligar todas as partes da obra de Bion umas às outras. Para eles, há o Bion experimentador, observador, pesquisador que, de discípulo modesto, ganha o primeiro plano sem que suas ideias sejam necessariamente bem recebidas e compreendidas. E, então, consideram com perplexidade que a sua trajetória "estole"; e que seria melhor, hoje, fazer vista grossa para o fato de que ele próprio se perca em divagações místico-religiosas, a fim de preservar a parte "sadia" do pensador.

---

10 Em *Entrevistas psicanalíticas* (*Entretiens psychanalytiques*. Paris: Gallimard, 1980, p. 102), Bion lembra que, etimologicamente, o mistério é a "capacidade de respeitar o desconhecido".

Parece-me, ao contrário, que Bion não cessou de experimentar *sua* relação com o mundo e que aquilo que parece muito distante das preocupações de um psicanalista (a realidade derradeira, a Deidade, a trindade puxada para a trinitude [*threeness*], a verdade derradeira) é, de fato, totalmente próximo — simultaneamente próximo e distante como o é o analista ao escutar seu paciente reclinado sobre o divã.

Deixo ao leitor o cuidado de, ele próprio, formar para si uma opinião. Só espero ter sido suficientemente capaz de compartilhar as transformações que o estudo da obra de Bion me fez realizar.

1. Mudanças de perspectiva

Wilfred R. Bion é, em primeiro lugar, um pensador estupendo, desconcertante, desestabilizador, adepto da incerteza enquanto nós, de costume, nos refestelamos facilmente em nossos confortos de pensamento — que fizeram de nós, de certo modo, garantidores da ordem estabelecida. Mas Bion não é um "agitador" por prazer; ele o é por conta de sua "presença de espírito", e é justamente isso que esperamos mostrar.

Bion é também um pensador original, incitado pela sua forma de abordar de forma "tangencial" algumas questões e situações que outros atacam frontalmente. Entre os mitos que, por exemplo, acompanham os que estão familiarizados com a psicanálise — e o mito de Édipo ocupa aí um lugar especial —, há dois que Bion considera apoios incontornáveis (o mito do Jardim do Éden, o mito da Torre de Babel), e existem acontecimentos épicos (a revelação do cemitério real de Ur e a epopeia da morte de Palinuro) cuja importância elevou-os à categoria de "quase mitos".

A propósito do mito de Édipo, Bion escreveu: "Pode-se dizer do mito de Édipo que ele é o instrumento graças ao qual Freud descobriu a psicanálise, e da psicanálise, que ela é o instrumento graças ao qual Freud descobriu o complexo de Édipo".[1] Reconheçamos que ele se interessou mais pelo "personagem" e pelo mito de Édipo do que pelo complexo, estabelecendo um paralelo entre um Édipo que se tornou rei de Tebas — inteiramente dedicado a procurar a verdade sobre a morte de Laio, a qualquer preço (e bem se sabe a que ponto esse preço chegou, apesar das tentativas feitas por Tirésias de dissuadi-lo) — e o psicanalista, na medida em que ele arrisca interessar-se apenas pela revelação de elementos recalcados ou clivados no discurso de seus pacientes, sem medir o "risco" que representa um trabalho de "escavação"[2] como esse.

Para todo psicanalista, o mito de Édipo tem uma importância inteiramente particular na medida em que Freud, em sua autoanálise, encontrou "o sentimento amoroso pela mãe e o ciúme do pai, e [que ele] os considera agora como um acontecimento geral da primeira infância", conforme ele formula a Wilhelm Fliess, numa de suas cartas mais célebres. "Cada espectador", acrescenta ele, "foi um dia — em germe e em fantasia — esse Édipo".[3] Mas, como veremos, Bion faz reservas com relação ao uso que Freud faz desse mito.

Os outros mitos, como esse, têm a ver com tentativas de acessar conhecimentos que os homens não possuem... e aos quais talvez não tenham o direito de ter acesso! Nesse sentido, eles dizem

---

1 Wilfred R. Bion, *Éléments de psychanalyse*, op. cit., p. 90.
2 Wilfred R. Bion (1957), "On Arrogance". In: *Second Thoughts: Selected Papers On Psycho-Analysis*. London: William Heinemann, 1967. Em francês: "L'Arrogance". In *Réflexion faite*. Paris: Presses Universitaires de France, 1983, pp. 97-104.
3 Sigmund Freud (2006), *Lettres à Wilhelm Fliess, édition complète*. Paris: Presses Universitaires de France, pp. 344-345.

respeito àquilo que se encontra na base da epistemologia e da descoberta científica, isto é, a curiosidade que, em termos morais, "constitui um erro".[4] Na primeira versão do mito do Jardim do Éden, por exemplo, é proibido comer da Árvore do Conhecimento do bem e do mal. Uma vez desafiado o mandamento, a revelação da desobediência vem acompanhada de culpa e de nudez. O desfecho, como para Édipo, é o banimento.[5] No mito da Torre de Babel, os homens procuram atingir o Céu para se apoderar do conhecimento que se supõe que ele contenha. "Aqui também", escreve Bion, "o desfecho é o exílio . . ., mas ele é antecedido por uma destruição da linguagem comum e de uma generalização da confusão que impossibilitam toda e qualquer cooperação . . . Um deus, ou um destino, onisciente e onipotente, . . . faz parte de um sistema moral e parece hostil à humanidade e à sua busca por conhecimento, mesmo moral".[6]

Entre os acontecimentos épicos mencionados, o primeiro se situa no terceiro milênio antes de Cristo e ocorreu graças à revelação do cemitério de Ur, a cidade de Abraão, por Sir Leonard Woolley — que conduziu as escavações entre 1926 e 1931. O arqueólogo reconstituiu a cerimônia funerária em que o séquito do rei o acompanharia além-túmulo. Não se trata de execuções, mas de suicídio coletivo: os indivíduos geralmente tinham uma pequena taça que, sem dúvida, continha o veneno que eles próprios se administraram.[7] Práticas funerárias tão espetaculares traduzem manifestamente crenças religiosas específicas. O sacrifício — organizado — de notáveis e de servos à morte de seu rei e mestre visaria assegurar

---

4 *Ibid.*, p. 50.
5 *Ibid.*, p. 65.
6 *Idem.*
7 Leonard Woolley et al. (1934), *The Royal Cemetery: A Report on the Predynastic and Sargonid Graves Excavated Between 1926 and 1931.* Philadelphia. Em francês: *Ur en Chaldée ou Sept années de fouilles.* Paris: Payot, 1949.

a esse último uma corte que o acompanhasse no além-túmulo; ele simboliza também a submissão extrema de uma corte a um chefe.

A propósito dessa prática, Bion se faz duas séries de perguntas:

1) "Quais emoções e pensamentos acompanham esses notáveis de Ur, a cidade de Abraão, quando eles estavam caminhando na direção da fossa mortuária, tomando a droga e morrendo? Quais forças psíquicas, quais convenções os impeliam a esse destino?

2) Seria apenas ignorância ou "algo desconhecido e mais dinâmico que a ignorância?"[8]

O desconhecido é justamente o que motiva permanentemente o autor dessas perguntas. Ele, que constantemente se voltou ao pensamento, sua origem, seu desenvolvimento, seu crescimento; que fez do conhecimento um dos três vínculos possíveis entre um sujeito animado e seus objetos (animados ou não animados) e que interrogou os modos de conhecimento de maneira tal que eles possam englobar os elementos desconhecidos que não temos ferramentas necessárias para pensar e, portanto, para aprender a conhecer.

No mesmo cemitério, um segundo acontecimento se desenrola cinco séculos mais tarde: um bando de saqueadores, não intimidados pelo caráter sagrado do local, escava a cidadela funerária e se apodera das riquezas que ela esconde. A propósito deles, Bion se interroga a respeito das motivações que impelem esses homens — em quem ele vê o protótipo de pesquisadores mobilizados por um interesse científico — em busca de bens, certamente, mas também das razões que haviam mobilizado os notáveis a acompanharem seu soberano na morte.

---

8   Wilfred R. Bion (1971), "The Grid". In: *Two Papers: The Grid and Caesura*. Rio de Janeiro: Imago Editora Ltda, 1977. Em francês: "La Grille". In: *Entretiens psychanalytiques*. Paris: Gallimard, 1980, pp. 211-239.

O segundo relato épico evoca o personagem de Palinuro, figura secundária da mitologia romana da *Eneida*. Ele é o timoneiro da frota de Eneias. Seduzido pelo deus Sono — que, disfarçado de Phorbas, seu ajudante, incita-o a dormir porque o mar está calmo e clemente —, Palinuro tenta resistir. Mas, no fim, o deus o adormece e joga-o ao mar durante a noite, enquanto conduzia a sua frota para a Itália. Vendo seu barco em deriva, Eneias retoma o timão, decepcionado e entristecido com a incompetência de seu timoneiro.[9]

Nesse oceano desconhecido, o relato da morte de Palinuro ilustra o estado de espírito de todos aqueles que são animados por certo gosto pelo fracasso, por uma repugnância evidente perante o sucesso, por um impulso na direção da solidão, por um desejo de abandonar tudo no último momento. Palinuro é o indivíduo que deserta o seu posto bem na hora da vitória... e que não pode se poupar "o deleite de um naufrágio".[10]

Por fim, "desconhecido" — ou, ainda, *insu* [não sabido] — é também o termo que, na França, Jacques Lacan escolheu empregar para designar o *Unbewusste* freudiano, o que me leva então a manifestar o paralelo que, pessoalmente, observei entre Lacan e Bion, cada vez que me aprofundei em suas respectivas obras e em suas pesquisas.

Um ganho para a psicanálise

Os mitos de que a psicanálise se serve remetem, em seu conjunto, a tempos remotos, certamente já históricos, mas tornados anistóricos graças ao seu modo particular de narração, ao renome e à

---

9 Virgílio, *Eneida* (V, 334-338).
10 Jean-Paul Enthoven (1990, 3-9 mai), "Éloge du naufragé: le dernier des virgiliens", *Le Nouvel Observateur*, p. 150.

reputação que eles adquiriram. A época que viu a psicanálise nascer e os períodos de descobertas consecutivas estendem-se por várias décadas, que foram igualmente aquelas no decorrer das quais vários governos ofereceram aos etnólogos e aos antropólogos financiamentos que lhes permitiam organizar canteiros de escavação e desenvolver pesquisas na Itália, na Grécia, no Egito, na Turquia, na Mesopotâmia etc. Essa nova safra de conhecimentos e de objetos do cotidiano referidos a civilizações desaparecidas apresenta um valor inestimável em razão de nos esclarecerem também a respeito da nossa própria civilização e nos proporcionarem novos meios de pensar. Paralelamente, descobrimos também — e aqui, mais uma vez, Bion formulou isso de uma forma que interessa à psicanálise quando ela pesquisa as vias pelas quais as possibilidades de desabrochamento de uma personalidade encontram-se entravadas, ou até destruídas, pelas circunstâncias da vida e do tempo — que, para Bion, se há metáfora, ela se situa na comparação entre o arqueólogo e o analista que descobre "não tanto os rastros de uma civilização arcaica quanto os de um desastre primitivo".[11]

Sabe-se que Freud se considerava, com relação ao inconsciente, igual a Schliemann descobrindo os restos e os vestígios de Troia. Sabe-se, também, a que ponto o pai da psicanálise estava dividido entre a paixão da descoberta e o pessimismo crescente que andava de mãos dadas com as sucessivas revelações.[12] Também se sabe que, para Freud, o delírio do psicótico deve ser entendido como

---

11 Wilfred R. Bion (1959), "Attacks on Linking", *International Journal of Psycho-Analysis*, n. 5-6, 1959, p. 40. Republicado em *Second Thoughts: Selected Papers on Psycho-Analysis*. London: William Heinemann, 1967. Em francês: "Attaques contre la liaison". In: *Réflexion faite*. Paris: Presses Universitaires de France, 1983, p. 114.

12 "Os senhores encontrarão [...], em caso de êxito, por onde transformar sua miséria histérica em infelicidade comum". Cf. Sigmund Freud, "Psychothérapie de l'hystérie". In: Joseph Breuer, Sigmund Freud (1956), *Études sur l'hystérie*. Paris: Presses Universitaires de France, p. 247.

uma "tentativa de cura", como uma reconstrução. O que se sabe menos é que, para Bion, "psicótico" e "não psicótico" não estão dissociados de forma tão clara. Há, no cerne de cada indivíduo, partes psicóticas e partes não psicóticas que convivem e influenciam-se reciprocamente, conforme as circunstâncias e as situações; e são sobretudo os laços entre essas diferentes partes que condicionam uma compreensão e uma reação mais ou menos "loucas".[13] É por esse gênero de razão, entre outros, que Bion escreve que seria preciso, com mais frequência do que se faz, estar atento às diferenças que existem entre um "neurótico insensato" e um "psicótico sensato".[14]

Nesta obra, não tenho a intenção de recorrer exageradamente a episódios julgados marcantes da vida de Bion para explicar sua obra, mesmo sendo impossível excluir a ideia incontestável de que existe um vínculo entre a vida e a obra de um autor. A todo momento do nosso percurso nós somos a soma das nossas experiências..., mas também algo mais! Wilfred R. Bion não escapa disso. Já escreveram que a recordação de sua infância passada na Índia contribuiu para incitá-lo, por volta dos 70 anos, a deixar a Inglaterra e partir para a Califórnia, lá encontrando um clima mais quente para passar os seus últimos anos com bastante alegria e satisfação. Isso é verdade, certamente! Já escreveram que a sua instalação num internato aos oito anos de idade, na Inglaterra, longe dos pais — que permaneceram na Índia —, fez com que ele perdesse todos os seus referenciais e obrigou-o a construir outros para si, "a trancos e barrancos", no sentido mais forte da expressão. Isso certamente

---

13 Aqui, novamente, o paralelo é evidente com Lacan, que anuncia nos seguintes termos: "Se não tomarmos ciência do nosso próprio núcleo psicótico, nunca seremos nada além de alienistas". Jacques Lacan, "Petit discours aux psychiatres", conferência ministrada em 10 de novembro de 1967 no Cercle d'Études Psychiatriques, inédito.
14 Wilfred R. Bion (1967), *Second thoughts: selected papers on psycho-analysis*. London: William Heinemann. Em francês: *Réflexion faite*. Paris: Presses Universitaires de France, 1983, p. 167.

é verdade. Escreveram que a sua implicação como oficial do Exército de Sua Majestade na Batalha das Ardenas durante a Primeira Guerra Mundial, em Ypres, contribuiu mais particularmente para forjar-lhe um caráter de "vencido condecorado por não ser morto no campo"! Certamente é verdade.

Mas Bion não se resume à soma de suas experiências. Suas análises — e, sobretudo, os "pensamentos ulteriores" que soube tirar delas — aumentaram consideravelmente as suas capacidades de reflexão e as suas próprias elaborações atinentes às "maneiras" de abordar a sobrevinda de pensamentos no espírito (*mind*). Bion nos interessa — na medida em que somos analistas — pelo fato de fazer, de certo modo, com que participemos do crescimento constante de seus campos de pensamentos.

Bion é, ao mesmo tempo, um pensador rigoroso — procurando, através de suas "fórmulas" de caráter matemático, fazer da psicanálise uma "ciência" transmissível graças a conceitos dotados de forte teor de abstração —, e um "sonhador" que se esforça em se situar o mais perto possível da experiência que a "fantasia" permite que nos aproximemos, quando ele desenvolve, por exemplo, a ideia de que são as sensações experimentadas por um lactante que vemos ressurgir na forma — transformada, decerto — de alguns mecanismos psíquicos. Ele escreve, por exemplo: "Pode ser que tenhamos [às vezes] de nos haver com coisas tão pequenas que são virtualmente imperceptíveis, mas tão reais que poderiam nos destruir sem que nos déssemos conta".[15]

Tentarei mostrar, nas páginas que se seguem, que as experiências que primeiro levaram Bion a trabalhar em grupos puderam ser conduzidas assim por causa da sua formação analítica clássica,

---

15 Wilfred R. Bion (1987), "Evidence". In: *Clinical Seminars and Other Works*. Org. F. Bion. The Estate of W.R. Bion, p. 320. Em francês: "La Preuve". In: *La Preuve et autres textes*. Paris: Éditions de Ithaque, 2007, p. 43.

e não somente psiquiátrica. Acrescentaria ainda que foi a psicanálise que, no fim das contas, se beneficiou em grande medida dos aspectos inventivos, altamente surpreendentes e constantemente inesperados com que Bion bem quis alimentá-la. Noutros termos, foi graças ao leque amplamente aberto de sua formação de médico psiquiatra do Exército de Sua Majestade — e, depois, de psicanalista "investido" pela outra rainha que era, à época, Melanie Klein —; foi por suas experiências profissionais fiéis a uma estrita ortodoxia freudiana — mas, apesar disso, variadas —; foi graças à frequentação interessada e curiosa de seus colegas que Bion construiu para si uma visão daquilo que os psicanalistas "são" (e "fazem"), qualquer que tenha sido o grau de consumação de suas próprias análises.

Com Bion, em certa medida, reproduz-se um duplo debate. O primeiro deles concerne à "cientificidade" da psicanálise — voltarei a isso quando for hora de evocar a influência exercida sobre ele pelos filósofos, matemáticos e físicos do círculo de Viena, levantando um certo número de questões concernentes à relação que o indivíduo mantém com a realidade de seu ambiente (físico e linguístico). O outro debate expõe a questão das "transformações" que se produzem no psiquismo para que, a partir de uma sensação, um trabalho se produza... ou não se produza — trabalho, em todo caso, inevitável, já que consideramos ser possível traduzir as "experiências" somáticas e emocionais para uma língua inteligível pelo espírito, língua supostamente comum a todos os seres humanos e na base de todos os idiomas, ainda que ela, como todas as línguas, tenha a sua fonte no corpo. Supõe-se que somente os intelectuais partidários da espécie humana se interroguem sobre o que há de universal em todos os seres humanos,[16] mas nada nos prova que os cervos também não o façam! E Bion é um dos partidários desse

---

16 Cf., a esse respeito, Monique David-Ménard (1997), *Les constructions de l'universel*. Paris: Presses Universitaires de France.

gênero de pensamentos, pois, na realidade, disso nada se sabe... até hoje!

Clínico, antes de qualquer coisa

No que se refere a Bion, nada equivale à leitura direta de suas obras, escritas com tanta precisão quanto equívoco — e isso não é derrogado pelo presente ensaio. O interesse constantemente renovado em explorar seus livros, seja qual for o "período" de que façam parte, não cessou de convencer que estávamos lidando com um dos pensadores mais exigentes e mais rigorosos no seu domínio: a psicanálise. Certeza reforçada pela precisão e pela riqueza do vocabulário e dos conceitos que ele utiliza para fazer com que compreendam o seu raciocínio. Bion não cessa, com efeito, de perseguir as aproximações e dá provas de uma escrupulosa minúcia tanto na escolha dos termos que utiliza como no esclarecimento do sentido que lhes confere. É assim, por exemplo, com "função", "vínculo", "valência", "emoção", "fator", "pensamento", "elemento", "fato selecionado", "conjunção constante", "intuição" — termos usuais que, no contexto da psicanálise tal como Bion a concebe, conservam ao mesmo tempo o sentido de seu domínio ou de sua disciplina de origem e correspondem à designação que podem sustentar no campo que ele estabelece (e que ultrapassa o universo psicanalítico). Ele explicita, em cada uma das vezes, as razões pelas quais utiliza tal termo e qual sentido lhe dá.

Bion é, primeiramente, um clínico; e foi dessa atividade que ele tirou a totalidade das questões que, em seguida, tentou aclarar em função de suas reflexões.

Frances Tustin, que esteve em análise com ele, afirma: "Com frequência me perguntaram se Bion se expressava do jeito que às vezes ele escrevia, isto é, de maneira enigmática. Eu responderia com um não categórico. Ele sempre era breve, preciso, extremamente claro e simples".[17] Ela acrescenta que Bion dava provas incessantes de "uma estupenda acuidade, de uma paciência e de uma perseverança infinitas" — "para suportar o fastio", precisa ela. Ele fez nascer nela "a coragem de abordar as coisas de um ponto de vista menos convencional e diferente"; e, sobretudo, "diferente de seus próprios pontos de vista" — o que é o mais importante. "Ele me incitou a pensar por mim mesma, a desenvolver meu próprio pensamento" — o que todos aqueles que "caminharam" com ele confirmam. "Ele fez isso através de perguntas provocantes e reflexões inesperadas, mais do que aplicando um modelo interpretativo rígido . . . . Ao fazê-lo, me obrigava a pensar no que me acontecia com uma independência de espírito."[18] "Ele não me deixou cair", escreve ela, "ainda que eu fosse uma paciente um tanto quanto impenetrável". Dele emanava uma generosidade, uma elegância e uma retidão, da qual fora capaz de renunciar ao testemunhar, por escrito, a sua simpatia pela paciente que acabara de perder um bebê — gesto evidentemente transgressivo ao extremo naquela época e naquele contexto!

Algo essencial, a meu ver, Frances Tustin evoca a "sensação de segurança" que ela tinha graças à forma que Bion tinha de estar presente na sessão. Essa sensação, escreve ela, "provinha do respeito que ele tinha pelo processo orgânico da análise, que ele deixava seguir seu curso e nunca tentava manipular".[19]

---

17 Frances Tustin (1989), "A modern pilgrim's progress: Reminiscences of personal analysis with Dr. Bion", *Journal of Child Psychotherapy*, 1981, vol. 7. Em francês: Le cheminement d'un pèlerin d'aujourd'hui: souvenirs de une analyse personnelle avec le Dr Bion, *Revue française de psychanalyse*, n. 5, p. 1.377.
18 *Ibid.*, p. 1.378.
19 *Ibid.*, p. 1.379.

Junto dela, James Grotstein — um de seus analisandos americanos, que se tornou um de seus mais prolixos biógrafos e comentadores — testemunha:

> É impossível descrever o Bion analista. Na medida em que a análise é uma experiência única e privada, ela é demasiado carregada de subjetividade e, possivelmente, difícil demais de relatar. Apesar disso, quase todos aqueles que foram analisados por Bion concordam em dizer que ele talvez represente um dos nossos instrumentos (sic) psicanalíticos mais excepcionais e impressionantes de todos os tempos (of ours or any time). Ele tinha um senso rigoroso da autodisciplina, bem como um senso das interpretações tão rico e profundo quanto original em suas perspectivas.... É aí que reside, em Bion, a sua genialidade de analista, bem como o seu profundo respeito pelos seres humanos que perderam há tempos a estima por eles próprios....[20]

Nas antípodas da declaração de Frances Tustin, Grotstein afirma que aqueles que estiveram em análise com Bion, como ele próprio, apontaram "a mescla particular de confusão e de clareza" e "o sentimento de sideração" experimentados depois de ele intervir no decorrer de uma sessão. Certa vez, relata Grotstein, "ele formula um determinado número de interpretações que, de forma inabitual, levaram-me a lhe dizer: 'Creio que estou acompanhando', ao que ele respondeu, com um tom irônico: 'Era o que eu temia!'". Pois

---

20 James Grotstein (1983), *Do I Dare Disturb the Universe? A Memorial to W.R. Bion*. London: Karnac. Igualmente citado por Frances Tustin, *op. cit.*, p. 1.381; tradução minha.

> *Bion não demandava ser acompanhado ou compreendido.... Ele esperava, de mim e de qualquer um na sua presença, que fôssemos receptivos ao que emanava de nós.... Ele me repreendia toda vez que tentava "compreendê-lo" em vez de ficar atento às respostas que eu estava dando aos seus "segundos pensamentos" (second opinions) a propósito das minhas associações.*[21]

No que concerne às suas relações com círculos mais amplos, Grotstein menciona que "Bion era uma calamidade para os editores e um enigma para o público":

> *Seus trejeitos de linguagem e de escrita proporcionavam esclarecimentos estupendos, aparentemente dispersos e mal amarrados, sob complexas e absconsas divagações e digressões concêntricas.... Ele nunca preparava suas conferências. Certa vez, começou com estas palavras: "Estou ansioso para ouvir o que tenho a dizer!".*[22]

Suas qualidades de espírito e de caráter fizeram dele um personagem dotado de uma vigilância que impactou todos aqueles que o conheceram. Ele chegava, assim, a insuflar em toda situação uma atenção que "isolava" a cena e permitia dimensioná-la plenamente como sendo "sem memória, sem desejo e sem compreensão", numa disposição em que apenas a percepção daquilo que se encena no aqui e agora da sessão entra no cômputo. Tornava-se, então, possível apreender seu caráter único.

---

21 James Grotstein, *op. cit.*, p. 10; tradução minha.
22 *Idem.*

Ele era capaz de considerar uma situação simultaneamente de vários ângulos diferentes, o que mais tarde elaborou propondo os termos "vértice"[23] (preferível a "ponto de vista", que privilegia demais o sentido da visão), "visão binocular" (aquela que se divide entre o paciente e o analista) e "perspectiva reversível" (quando o analista utiliza a possibilidade de ver a situação de outra forma que não como seu paciente a vê) — ou mesmo "reversão da perspectiva" (quando o processo é executado de forma dinâmica por um dos dois protagonistas).

Um pensamento rigoroso

Bion tem um pensamento rigoroso, pensamento que é fruto de sua presença de espírito, de sua personalidade, de sua formação — escolar, militar, universitária, médica —, de sua experiência e da impressionante cultura que ele foi adquirindo ao longo de suas inúmeras leituras, no domínio da psicanálise, evidentemente, mas igualmente em filosofia; em física e em astrofísica; em matemática; em literatura; em poesia e nas diferentes disciplinas artísticas. Como ouvi um de nossos colegas dizendo, muitos anos atrás: "Nós, analistas, deveríamos ser os herdeiros dos enciclopedistas do século XVIII". Essa frase descreve perfeitamente o interesse incessante de Bion; e ela lhe convém totalmente, pois testemunha, antes de qualquer coisa, uma curiosidade sadia que os psicanalistas deveriam demonstrar com relação não apenas ao mundo tal como ele está organizado, mas às capacidades humanas de dar dele uma (ou mais) descrição(ões) e representação(ões) compartilhável(eis) com os demais — com a meta, ao mesmo tempo, de ampliar a soma dos nossos conhecimentos e de encontrar uma linguagem que nos permita comunicar (tanto quanto possível) com

---

23 No plural, *vértices*.

os demais, semelhantes e dessemelhantes por "natureza" — ainda que a Natureza não seja grande coisa!

Para Bion, essa questão é um tema permanente de reflexões; o principal problema, para ele, situa-se na imperfeição da linguagem, isto é, na incapacidade — que lhe é inerente — de veicular o sentido a ser dado à "coisa em si", na "penumbra de associações" de que toda expressão se encarrega quando de sua evocação. Na investigação psicanalítica, o problema que se impõe aos analistas está ligado à "ausência de uma terminologia adequada para descrever [a] experiência e, nesse sentido", acrescenta ele, "ele se assemelha ao problema que Aristóteles solucionou supondo que as matemáticas tinham a ver com objetos matemáticos".[24] Ademais, estamos acostumados a utilizar conceitos que concernem a objetos, mas "que às vezes é preciso considerar como se se referissem a máquinas — dito de outro modo, como se fossem inanimados — e, às vezes, como se fossem funções que — já que temos de lidar com seres humanos, e não máquinas — certamente estarão marcadas pelas características da vida".[25]

Também anseia uma expressão psicanalítica que não só não seja apenas uma teoria que se acrescentasse às teorias já existentes — e que ele considera majoritariamente adequadas para o domínio a que elas concernem —, mas uma formulação suscetível de "substituir" as teorias elaboradas até então, oferecendo a elas uma expressão formal comum (logo, matematizada).[26] Como grande

---

24 Wilfred R. Bion, *Aux sources de l'expérience*, op. cit., p. 87. O dia em que Aristóteles instituiu que a matemática lida com objetos matemáticos (equações), ele "liberta" o geômetra de ter de ir a campo para calcular as dimensões e o perímetro de uma propriedade a ser cercada, por exemplo.
25 *Ibid.*, p. 44.
26 Em paralelo com Jacques Lacan — cujos trabalhos ele ignorava (como fiquei sabendo por Joyce McDougall, que o recebera diversas vezes em Paris) —, Bion, influenciado por um pensamento científico estendido (Braithwaite,

conhecedor da obra de Poincaré, ele adorava citar esta frase: "Não compreendo que não se compreenda a matemática", pois, assim como acrescentava Raymond Queneau, "ela é a própria estrutura do espírito humano".[27]

Uma grande parte de suas obras é assim dedicada a definir e a redefinir os termos que ele promove, às vezes com uma meticulosidade que roça a obsessão nos limites do absurdo. Ele escreve, por exemplo:

> *O conceito de elemento beta inclui somente as impressões dos sentidos — a impressão dos sentidos como se ela fizesse parte da personalidade que experimenta a impressão dos sentidos; e a impressão dos sentidos como se ela fosse a coisa em si à qual a impressão dos sentidos corresponde.*[28]

Ele se estende, noutro momento, sobre a diferença, necessária a seu ver, entre "preconcepção" e "pré-concepção", entre "premonição" (em inglês, *premonition* ou *premotion*) e "pré-moção", que às vezes parecem advir menos de um rigor científico do que de uma rigidez mental — da qual ele não estava isento![29]

Notemos, por fim, em Bion, alguns tiques de linguagem com que ele salpicou seus escritos. Já mencionei alguns, dentre eles a expressão "penumbra de associações", repleta de fantasia quase poética. Na mesma ordem de ideias, assinalarei a expressão "conjectura

---

Russell, Poincaré, René Thom e muitos outros), foi atraído pelo rigor das transformações matemáticas, às quais voltaremos.
27 Raymond Queneau (1963), *Bords*. Paris: Hermann, 2009, p. 89.
28 Wilfred R. Bion, *Aux sources de l'expérience, op. cit.*, p. 43; tradução minha.
29 Não se pode deixar de fazer, a esse respeito, uma aproximação com Samuel Beckett, lamentando numa entrevista: "As palavras me faltam!".

imaginativa", que designa uma proposta de hipótese associativa que não obedece a nenhuma regra predefinida, frequentemente associada — mas oposta — à "conjectura racional", da qual se intui imediatamente a que lógica ela corresponde.

"Poucos analistas o compreendem", escreve Olivier Lyth, um analista da Sociedade Britânica de Psicanálise contemporâneo de Bion citado por Frances Tustin, "e a maioria deles ignora a que ponto não o compreendem, e como é difícil para eles tirar algo de seu ensino . . . . Ele se situa num terreno completamente novo e trata de um problema de cuja existência a maioria dos analistas sequer parece suspeitar".[30]

As grandes questões

Para além dessas considerações, a profundidade do pensamento de Bion e o seu renome fundamentaram-se nos aportes essenciais com que ele enriqueceu a psicanálise, em especial porque esses aportes concernem a elementos que fornecem ferramentas, antes impensadas, permitindo abordar complexidades psíquicas quase inexplicáveis — logo, inabordáveis — até então.

É claro que foi a partir da clínica que esses elementos apareceram, mas ainda seria preciso um espírito para notá-los, defini-los, vinculá-los a cada vez que se manifestassem num paciente ou noutro, e pensá-los de maneira a poderem comunicar algo a leitores geralmente pouco inclinados a reavaliar seu próprio equipamento conceitual. A propósito disso, eu chamaria a atenção para o fato de que Bion teve dificuldade, predominantemente, de ser entendido

---

[30] Frances Tustin, "Le cheminement d'un pèlerin d'aujourd'hui: souvenirs de une analyse personnelle avec le Dr Bion", *op. cit.*, p. 1.379; tradução modificada.

pelos seus pares,[31] ainda que se deva imputar parte da responsabilidade dessa incompreensão a suas formas por vezes um pouco provocadoras.

O fato é que as ideias inovadoras que sobressaem da obra de Bion concernem a domínios que pertencem às grandes questões atemporais trazidas pelas diferentes disciplinas que procuram abordar o humano naquilo que ele tem de mais específico. Dentre essas questões, mencionarei:

1) Como se constitui o psiquismo humano e, por conseguinte, como é que ele funciona segundo as situações nas quais é implicado?

2) Como se estabelece e se efetua a aprendizagem graças à qual o pequeno humano chega a se equipar de forma a poder diminuir o grau de dependência no qual ele vem ao mundo e ir na direção de uma relativa autonomia? — "relativa" significando, primeiro, que as relações estabelecidas lhe convêm. Adjacente a essa questão, surge a da "experiência" em que, para Bion, toda aprendizagem se origina; pois, como empirista, ele se apoia num sentido desenvolvido da observação e desconfia de todo saber constituído.

3) Como os pensamentos se constroem? — o que necessita, primeiro, definir o que é um pensamento,[32] do que ele nasce e como é que ele permite, ou não, o desenvolvimento do "aparelho de pensar" destinado a pensar os pensamentos que o indivíduo é levado a encontrar no decorrer do seu desenvolvimento. Dessa

---

31 Cf., a esse respeito, as cartas que Winnicott lhe endereçou, geralmente no dia seguinte a conferências ministradas perante os membros da Sociedade Britânica de Psicanálise, a fim de lhe oferecer seu apoio, depois de Bion ser atacado pelos "colegas". Donald W. Winnicott (1989), *Lettres vives*. Paris: Gallimard — em particular a carta n. 57, de 7 de outubro de 1955 (p. 135).
32 Cf. Martin Heidegger (1959), *Qu'appelle-t-on penser?* Paris: Presses Universitaires de France.

questão se segue outra: como proposto por Bion, se os pensamentos habitam o aparelho de pensar — considerado um "continente" —, como é que encontravam seu lugar e até onde a hipótese da "relação continente-contido" é frutífera para o estabelecimento de um modelo da relação?

4) O que o conhecimento — de si, do outro, do mundo — representa, se o consideramos o resultado e a colocação em forma dos pensamentos constituídos como um (ou mais) conjunto(s) de que o indivíduo dispõe para ajustar sua relação pessoal com o que é si e não-si? A esse propósito, sem dúvida não será inútil diferenciar conhecimento e saber.[33]

5) Para além, justamente, da questão formulada acima, por que Bion manifesta um interesse totalmente particular pelos "fatos"? Os fatos: essas coisas primeiras que nada nos permite apreender de forma direta e das quais, no entanto, ele fará uso servindo-se daquilo que, em seu domínio, Poincaré havia privilegiado sob o nome de "fato selecionado" e que, referindo-se aos próprios acontecimentos e às "coisas em si" — tais como definidas por Kant —, remetem à realidade originária e/ou derradeira, que é tanto a realidade primeira quanto a realidade última, que Bion chama igualmente de "O" do conhecimento — essa letra redonda que representa simultaneamente o O da Origem e o 0 (zero) compreendido como ponto pivô dos números inteiros.

---

33 Aqui, novamente, o paralelo com Lacan nos impressiona, como testemunha uma passagem na qual Lacan distingue o instinto da pulsão: "O instinto", escreve ele, "entre os modos de conhecimento que a natureza exige do vivente para que ele satisfaça as suas necessidades, define-se como esse conhecimento que se admira por não poder ser um saber", diferentemente da pulsão, "que é justamente um saber, mas um saber que não comporta o menor conhecimento", visto que aquele que o porta "não sabe nem o sentido nem o texto, nem em que língua ele está escrito". Jacques Lacan (1960), "Subversion du sujet et dialectique du désir dans l'inconscient freudien". In: *Écrits*. Paris: Seuil, 1966, p. 803.

6) Tratando-se de elementos psíquicos, os mecanismos de pensamento, de aprendizagem, de colocação em relação são todos tributários de um elemento que Bion chama de "vínculo" ou "ligação" ou "estabelecimento de vínculo" (em inglês, *linking*, isto é, muito exatamente: atividade de ligação), elemento que condiciona sua existência e que se declina, no domínio afetivo (amor, ódio) e no domínio do intelecto (conhecimento), tanto de formas positivas quanto negativas. Se, por exemplo, o vínculo L (*love*) descreve a relação de amor que une uma pessoa e outra, e o vínculo H (*hate*) descreve, semelhantemente, uma relação de ódio, é preciso convir que o vínculo –L (menos L) é diferente de H na medida em que ele representa, digamos, o desamor, e que o vínculo –H representa, digamos, o abandono do ódio, que pode ser um momento pivô no desenrolar de um tratamento. Por conseguinte, Bion se interroga sobre as condições que permitem (ou que proíbem) que esses laços se estabeleçam, pois é todo o desenvolvimento dos pensamentos e do aparelho de pensar, mas também das relações por vir, que depende dessas diversas modalidades.

7) Considerando as "valências" positivas e negativas que acabamos de evocar — as condições que possibilitam ou impossibilitam uma realização[34] etc. —, impõe-se então para Bion a questão do valor do negativo para a própria constituição da experiência, do pensamento, do vínculo e da relação, visto que, clinicamente falando, o dispositivo psicanalítico se apoia numa relação de fala — a fala é o negativo do ato, mesmo no ato de fala que é o corriqueiro do psicanalista — e que o destino do trabalho psicanalítico corre o risco de ser modificado conforme analista e paciente sejam considerados, ou não — um, outro ou ambos —, "polaridades" do

---

34 "Realização" é aqui a tradução direta usual de seu homólogo inglês *realization*, que representa a concretização, a materialização, o "devir-real" de uma coisa ou de uma ideia. Diz-se, de um diretor de cinema — um *realizador* —, que ele *realizou* um filme tomando um romance ou um roteiro como ponto de partida.

funcionamento psíquico. Abundam os exemplos nesse domínio (cf. Freud e o artigo sobre "A negação"; Melanie Klein e suas oscilações entre seio bom e seio mau, entre destruição e reparação; Winnicott, com uma paciente que considerava que seu analista anterior — logo, ausente — tinha mais importância que o atual — logo, presente — etc.). Vale lembrar, aqui, esta sentença descoberta entre os aforismos de Kafka: "Ainda nos impõem fazer o que é negativo; o positivo já nos foi dado".[35]

8) Qual perspectivação é possível delinear, e isso em dois níveis, o primeiro concernindo à evolução na qual Bion se inscreve; o segundo, ao desenvolvimento dos "estados" do pensamento que ele descreve e propõe adotar?

- de um lado, no nível epistemológico, pois Bion reivindica: a) uma filiação filosófica que se origina com Aristóteles, Platão, e que continua com Hume, Kant e o questionamento intensivo que é o seu a respeito da teoria da causalidade, e b) uma filiação psicanalítica que, longe de opô-los, conjuga Sigmund Freud e Melanie Klein;

- de outro lado, no nível filogenético, ao estabelecer uma primeira diferenciação do "curso dos acontecimentos psíquicos" a partir de um "aparelho protomental", em que físico e psíquico ainda estão indiferenciados, e de inscrições remanescentes de partes corporais "vestigiais" (cauda, guelras) que continuam a exercer uma influência não negligenciável sobre as funções físicas e psíquicas às quais os indivíduos estão submetidos;[36]

---

35 Franz Kafka (1957), "Méditations sur le péché, la souffrance, l'espoir et le vrai chemin". In: *Préparatifs de noces à la campagne*. Paris: Gallimard, p. 39.
36 Tem-se a impressão de encontrar, aqui, algo do Ferenczi de *Thalassa* já procurando apreender os elementos, naturais e culturais, que estão nas origens da vida psíquica.

– em terceiro lugar, no nível ontogenético, estabelecendo uma progressividade dos estados do pensamento que ele procurou descrever e ordenar pelo viés da "Grade", que faz um nível de pensamento decorrer de um nível anterior, uma vez que ele sofreu uma transformação que permitiu a sua "realização".[37] Cada salto de um nível a outro permanece condicionado pela aceitação, da parte do paciente, da transformação imposta pela "realização sexual" do estado anterior. Essa formulação, ainda que assaz misteriosa, será explicitada adiante.

9) Por fim, *last but not least*, quais são as implicações clínicas que decorrem das interrogações precedentes, mesmo porque a recolocação em questão da causalidade psíquica, tal como defendida por Bion, ligada às manifestações psíquicas que a maioria dos pacientes — tanto psicóticos quanto não psicóticos — apresenta no decorrer do trabalho psicanalítico, renova as condições de base das interpretações elaboradas pelo analista atenuando-lhes as implicações morais — o que não é um de seus menores benefícios!

Tudo o que, hoje em dia, conhecemos de Bion nos vem de sua experiência clínica, ainda que, por razões que são as suas, ele tenha escolhido bastante rápido não mais tomar notas sistematicamente ao final das sessões — ele as substituiu por anotações dos movimentos psíquicos que se produziram ao longo da sessão na forma de localizações na Grade — e não mais publicar relatos clínicos de sua prática cotidiana. Voltaremos a isso.

Todas as suas publicações, altamente elaboradas, testemunham uma notável elevação de pensamento. Elas nos acompanham em nossas próprias pesquisas e nos esforços que empreendemos para "melhorar", tanto em nossos atos clínicos quanto nas reflexões que

---

37 Cf. nota 34, na p. 52.

organizamos de modo a poder partilhá-las e fazer com que se compartilhem.

Os escritos de Bion nascem todos em seu consultório, em relação direta com seus pacientes — pacientes mantidos no anonimato —, com o vivo da clínica, naquilo que ela oferece de inesperado e imprevisível. É aí que se produz a centelha do encontro, o lampejo e o brotamento da compreensão. O resto é construção.

Assim, portanto, um pequeno número de noções adquiriu uma importância grande no pensamento de Bion a ponto de as encontrarmos questionadas permanentemente em sua obra. São em número de onze.

1) O conhecimento

A questão do conhecimento parece ter sido uma constante no pensamento de Bion. Essa aventura intelectual, com vários milênios de idade — lembremos do "Conhece-te a ti mesmo", de Sócrates —, pareceu decisiva a Bion quando ele constatou que um certo número de pacientes seus fazia questão de *não saber* o que o trabalho analítico revelava, algo pelo qual outros antes dele já haviam se interessado, sem conseguir verdadeiramente ultrapassar este mecanismo que chamaram de "resistência". Para Bion, atingir esse estado havia exigido, da parte desses pacientes, no decorrer de seu desenvolvimento, que fossem até o ponto de entravar, distender, até mesmo destruir o seu aparelho de pensar — o que os levou a não mais estarem em condições de compreender os desafios do trabalho de pensamento de que a análise necessita. Eles se apresentavam, então, ao analista como "doentes sofrendo de distúrbios do pensamento", o que não é a mesma coisa que se apresentar como neurótico, deprimido, atormentado, *borderline* (estado-limite), psicótico — categorias que são da ordem de uma nosografia ou de outra. Decerto, Bion conservava essas nomeações, mas se interessava mais pelos equilíbrios precários estabelecidos por seus pacientes e pela dinâmica posta em movimento, no desenrolar da sessão, entre parte psicótica e parte não psicótica; bem como pelos meios utilizados pelo "doente" para atacar os mecanismos do pensamento — meios que tinham como efeito mascarar uma impossibilidade, ou uma recusa, de se conscientizar da realidade dos fatos. Não estaria ele dizendo, substancialmente: "Conheço alguém que escreveu *A interpretação dos sonhos*, mas adoraria ver alguém se interessar pela interpretação dos fatos"?

2) Um desvio pelos fatos

Por diversas vezes, Bion se deu ao trabalho de insistir sobre a importância que os fatos tinham para ele. Acabamos de dar um exemplo disso, é algo que se encontra por toda a sua obra: "Seria muito útil", escreve ele, "por exemplo, que pudéssemos sentir, ao fazermos observações desse gênero, que elas correspondem a fatos".[38] Ou então: "... para qualquer um as interpretações pareciam concernir a fatos sem importância, exceto para mim".[39] Pois Bion, nesse ponto, estava consciente da complexidade dos fenômenos que ele se esforça por explorar e descrever, mostrando-se mais vigilante para "fornecer ao leitor tanto material quanto possível a fim de que ele possa utilizá-lo para elaborar as suas próprias conclusões". Em muitos casos ele é levado a reconhecer que se trata de "fenômenos cuja existência não fui capaz de indicar, a não ser pela

---

[38] Wilfred R. Bion (1961), *Experiences in Groups*. London: Tavistock Publications. Em francês: *Recherches sur les petits groupes*. Paris: Presses Universitaires de France, 1965, p. 17.
[39] *Ibid.*, p. 23.

descrição de fatos que não têm [nada além de pouca] relação com o objeto do nosso estudo".[40]

Mas não por isso! Muitas descobertas científicas e muitas revelações de fatos se produziram por estudos de fenômenos que só podiam decorrer dos próprios fatos, ainda que estes permanecessem esquivos a toda e qualquer percepção.

3) O pensamento, os pensamentos e o aparelho de pensar os pensamentos

Alguém que se interessa assim pelos mecanismos do pensamento só pode se voltar para a forma como os pensamentos se organizam no espaço psíquico de cada um e na forma como chegaram a ocupar o lugar em que se encontram. O interesse recai, então, sobre a natureza e a origem dos pensamentos. A ênfase dada por Bion à gênese do pensamento levou-o a discriminar, em função dos mecanismos psíquicos utilizados — clivagem, mais do que recalcamento, e identificação projetiva —, um modo de pensamento psicótico e um modo de pensamento não psicótico. A partir dos elementos colocados à disposição da psique, esta é capaz de organizar alguns de forma a adquirirem o valor de uma preconcepção — por exemplo, no lactante, "a preconcepção inata da existência de um seio capaz de satisfazer sua própria natureza incompleta".[41] Se essa preconcepção se une com uma realização adequada, disso resulta uma concepção. Noutros termos, uma preconcepção (que Bion, como bom kantiano, compara a um conhecimento *a priori* do seio) transforma-se numa concepção quando o lactante entra em contato realmente com o seio, isto é, quando seus lábios chegam a se apoderar do mamilo e a dele extrair leite. Mas, quando o

---
40 Idem.
41 Wilfred R. Bion, *Aux sources de l'expérience*, op. cit., p. 89.

encontro não se dá, quando o lactante não entra em contato com um seio real — quer se trate realmente de um seio ou de uma mamadeira —, então se produz, no linguajar de Bion, uma "realização negativa", isto é, o encontro de uma preconcepção com uma frustração, e é esse tipo de encontro que dá à luz um "pensamento". Pensamento submetido a duas orientações possíveis, conforme o destino reservado à frustração. Ou a personalidade tolera a frustração e desenvolve sua parte não psicótica e suas disposições inventivas; ou ela não consegue — ou se recusa a — tolerar a frustração e desenvolve sua parte psicótica atacando os processos (os laços) de extensão do pensamento.

Essa exposição, por outro lado, tem como consequência inverter o raciocínio habitual que quer que o ato de pensar crie pensamentos. Com Bion, a mudança de perspectiva — e não é das menores — conduz à ideia original segundo a qual é a ocorrência de pensamentos que necessita do estabelecimento, no psiquismo, de um aparelho para pensá-los!

4) Aprender com a experiência (*Learning from Experience*)

É assim que se desenvolve, na ideia do crescimento tão cara a Bion, a noção de "aprendizagem pela experiência", expressão na qual cada um dos termos tem de ser examinado em função de seu valor. Voltaremos a isso. Aqui, no entanto, temos a oportunidade de frisar a importância, para Bion, da noção de "experiência". Todos os ingleses são — quer mais, quer menos — empiristas, ainda que Bion, o psiquiatra, seja igualmente um grande letrado que integrou conhecimentos impressionantes a partir das suas leituras de obras de filosofia e de epistemologia. A noção de "experiência" nunca será abandonada, sendo desenvolvida mais tarde, aliás, como constituindo a base da aquisição do "saber pela experiência" oposta à aquisição (não experimental e não pessoal) do "saber sobre" os objetos. Tudo permite, em todo caso, que Bion formule uma teoria do conhecimento que toma como ponto de partida e como objeto de estudo os distúrbios do pensamento e as relações de objeto encontrados na prática da psicanálise.

5) A prova negativa

A utilização, por Bion, da prova negativa, na qual ele se apoia para formular hipóteses, tem toda a sua importância e não difere em nada de certas proposições que Freud promovia em sua época, como, por exemplo, a ideia de que "uma tentativa de explicação da alucinação deveria atacar, primeiro, não a alucinação positiva, mas sim a alucinação negativa".[42] Talvez seja preciso mencionar aqui as experiências impressionantes e admiráveis conduzidas com diferentes grupos, tanto na Clínica Tavistock como, aliás, no seio do Exército britânico, num período em que Bion não almejava ser psicanalista — ainda que tivesse um conhecimento profundo da obra de Sigmund Freud. Ele escreve: "Contudo, suporei que um grupo está de acordo com seu chefe, a menos que o desaprove abertamente.... Sem dúvida seria preciso fundamentar essa convicção da cumplicidade do grupo em algo mais convincente do que uma prova negativa, mas vou me contentar com isso provisoriamente".[43]

---

42 Sigmund Freud (1968), "Complément métapsychologique à la théorie du rêve". In: *Métapsychologie*. Paris: Gallimard, p. 142, nota 1. Em "Fragment d'une analyse d'hystérie (Dora)". In: *Cinq Psychanalyses*. Paris: Presses Universitaires de France, 1954, Freud evoca a questão da alucinação negativa no dia seguinte a uma sessão em que a moça havia sonhado com e falado de fogo, de charutos, de fumaça etc. Freud, após ter acrescentado aos objetos habituais em sua escrivaninha uma grande caixa de fósforos, perguntou à paciente se ela estava vendo o que havia de novo. Ela não conseguiu nomear nada.
43 Wilfred R. Bion, *Recherches sur les petits groupes*, op. cit., p. 36.

Seguramente é preciso atrelar essas experiências em grupos com os "tempos" de análise que Bion efetuou, em 1939, com John Rickman e, em 1945, com Melanie Klein. Somos então levados a considerar que esses elementos de experiências e de reflexões levaram-no a pensar que, em nível institucional, a formação psicanalítica produz um efeito de intimidação, de obediência e de submissão que diminui a sensação de poder exercer a psicanálise de forma livre e inventiva.

O próprio Bion constatou que se tornou refém disso. Ele fala das interpretações soporíferas que era levado a formular "*comme il se doit*" [como se deve], escreve o tradutor francês, ao passo que cumpre traduzir "*duly and dully*" — notem a aliteração — pela expressão "*comme de juste et lourdement*" [justa e severamente].[44]

Por inúmeras vezes ele comunica também a sensação desagradável que lhe dá ao ter a impressão de estar embarcando o paciente numa interpretação que este aceita sem, no entanto, em nada aderir a ela. A propósito de um paciente, ele escreve, por exemplo:

> *Dei várias interpretações.... Suas respostas eram variadas; elas iam de um silêncio quase estupefato a uma aquiescência apática.... Ele me declarava, às vezes, depois de um silêncio, ter "pensado no que o senhor havia dito". Acontecia de ele estar em discordância com a interpretação ou com um aspecto desta; daí, como se se esforçasse para chegar a uma solução, acabava admitindo que provavelmente eu tinha razão; não!, que certamente eu tinha razão. Noutras ocasiões, quando eu sentia que a minha interpretação havia de lhe ser familiar, ele aquiescia tranquilamente — como se se tra-*

---

44 Wilfred R. Bion, *Réflexion faite, op. cit.*, p. 9.

tasse de um clichê que tão somente perturbava o curso de seus pensamentos. Foi só depois de ter conseguido sugerir que ele fazia esse tipo de declaração porque os episódios que ele estava mencionando lhe pareciam totalmente incompreensíveis, que me deu uma resposta mostrando que era bem esse o caso.[45]

Noutros termos, Bion teve, pelo menos ao cabo de sua formação, a sensação de ter aprendido a manter o paciente "sob controle". Noutras ocasiões, era o paciente que, a título pessoal, tinha a impressão de ficar refém do (e por causa do) analista e de seu discurso analítico, e é a conjunção dessas duas sensações que impeliu Bion a repensar o processo analítico de outro ponto de vista (vértice). Ela o levou a privilegiar conjuntamente a consideração do desejo inconsciente do paciente e a análise da contratransferência do analista.

6) Fidelidade, lealdade e filiações

Como fiel discípulo de Freud, Bion organiza a sua reflexão atribuindo-lhe como ponto de partida o fato de que a psique se vê impor, sob a égide do princípio de realidade, transformações devidas à necessidade de levar em conta a realidade externa. Eis aí, para ele tal como era para Freud, um postulado não negociável.

Ele fornece um trabalho de pensamento considerável para re-interrogar o conceito freudiano de "consciência" — conceito que havia servido de ponto de partida para Freud para "inventar" o inconsciente, chamado primeiramente (por Pierre Janet) de "dupla consciência" — e para aclarar-lhe a compreensão, pois, segundo

---

45 Wilfred R. Bion, *Éléments de psychanalyse, op. cit.*, pp. 58-59.

Freud, a consciência devia ser definida como "*o órgão dos sentidos para a percepção das qualidades psíquicas*"[46] das experiências emocionais encontradas — definição que não poderia ser mais misteriosa. Em resumo, a consciência se encarrega dos elementos que foram colocados à sua disposição, depois que sua elaboração pela função alfa permitiu dar à luz "pensamentos do sonho" e evacuar — graças à clivagem e à identificação projetiva — os elementos indesejáveis, da mesma maneira que Freud atribuía à consciência a tarefa de "livrar a psique de um aumento de excitações".[47]

De igual maneira, Bion ostenta sua fidelidade a Freud quanto à questão do complexo de Édipo. Dedicará a isso um grande número de passagens em diferentes obras; mas pode-se apontar, por ora, que um desses gestos importantes consistiu, para ele — e contrariamente a Freud, que ele critica quanto a esse ponto —, em "considerar o mito por inteiro". Noutros termos, ele releu o mito de Édipo "de um ponto de vista que relega o crime sexual à periferia"[48] e reintroduz no seu estudo os elementos deixados de lado por Freud (sem ter consciência disso?): o oráculo; o adivinho; a esfinge da qual uma estátua ornamentava, no entanto, a escrivaninha de Freud e cuja "atitude interrogativa" ilustra a curiosidade e, por conseguinte, a pulsão epistemofílica já aventada por Freud e por Melanie Klein; a arrogância de Édipo (culpado de desmesura [*hybris*] por ter procurado fazer emergir a verdade a qualquer custo); a peste; o exílio.

De igual maneira, a exemplo de seu ilustre predecessor (que ele nem sempre poupa; longe disso), Bion constrói hipóteses que lhe

---

46 Grifo do autor.
47 Sigmund Freud (1911), "Formulations sur les deux principes du cours des événements psychiques". In: *Résultats, idées, problèmes*, vol. I. Paris: Presses Universitaires de France, 1984, pp. 135-143.
48 Wilfred R. Bion, "L'arrogance". In: *Réflexion faite*, *op. cit.*, p. 97.

servem de instrumentos destinados a conduzir suas investigações e para se colocar à prova dos fatos — justamente! Ele escreve, por exemplo: "Se a experiência mostra que essa hipótese cumpre uma função útil, a observação clínica nos permitirá descobrir outras características . . .".[49] "Noutros termos", escreve Donald Meltzer, fiel discípulo e reputado exegeta de Bion, "a utilização da hipótese não se manifestará somente pela aclaração do fenômeno cuja observação ela favorece, mas conduzirá também a observações que possibilitarão a extensão e a aclaração da hipótese".[50]

Como fiel discípulo de Melanie Klein, com a qual teve relações complexas — de analisando e de colega, até o falecimento desta —, deu a alguns conceitos da "tripeira genial", como Lacan a apelidava, uma prodigiosa expansão. Para pegar apenas dois exemplos, ele estendeu o uso do mecanismo da identificação projetiva bem além daquilo que sua "inventora" havia feito — fez dele, muito simplesmente, uma ferramenta necessária à gênese do pensamento. Voltaremos a isso. Mas, ao fazê-lo — e ainda que ele conserve a possibilidade de uma identificação projetiva "excessiva", por razões que retomaremos quando for hora —, ele atribuiu a esse mecanismo um valor qualitativo fornecido, em alguns de seus pacientes, por um "ódio às emoções" e, portanto, um ódio à própria vida.

7) O aparelho psíquico

Bion insiste em promover a ideia de que o aparelho psíquico se constrói nos moldes do aparelho digestivo — aparelho que é o primeiro a ser solicitado desde o início da vida, com o aparecimento

---

49 Wilfred R. Bion, *Recherches sur les petits groupes*, op. cit., pp. 30-31.
50 Donald Meltzer (1994), "Signification clinique de l'oeuvre de Bion". In: *Le Développement kleinien de la psychanalyse*. Paris: Bayard, pp. 370-371.

da fome, e que recebe de um outro (o seio) uma resposta determinante para sempre. Desse ponto de vista, como veremos adiante, esse aparelho psíquico bioniano torna-se a morada dos elementos que o autor declara "digeridos (sic) e, por isso mesmo, colocados à disposição do pensamento" (os elementos alfa) e dos elementos "armazenados [que são] menos lembranças que fatos não digeridos"[51] (os elementos beta). "Ataco, então", escreve ele mais adiante,

> *um problema diferente daquele levantado por Freud com suas teorias da representação. . . . Suponho que tenha existido um aparelho que teve, e ainda tem, de se prender às novas tarefas impostas pelas exigências da realidade ao desenvolver uma capacidade de pensar. O aparelho que deve assim se adaptar é aquele que, na origem, recebia as impressões dos sentidos relativos ao canal alimentar.*[52]

Permanecendo nesse domínio por ele privilegiado, Bion afirma que a função alfa "ingere" as impressões sensoriais e as "digere" para fornecer à psique os elementos alfa constitutivos do pensamento. "Podemos", continua ele, "atualmente nos ater . . . aos processos pelos quais a representação se diferencia da realização correspondente [e] aos efeitos da correspondência entre alimentação e pensamento . . . . Algo deve agora se produzir para que a criança possa continuar a se nutrir",[53] algo que ele chama de "abstração enquanto fator da função alfa". "Disse, por exemplo", escreve ele,

---

51 Wilfred R. Bion, *Aux sources de l'expérience*, op. cit., p. 25.
52 *Ibid.*, p. 76.
53 *Ibid.*, p. 78.

> *que algumas locuções demonstravam menos a existência de uma lembrança do que de fatos não digeridos — expressão que subjaz à utilização do sistema alimentar como modelo dos processos de pensamento. Temos razões para crer que foi a partir de experiências emocionais associadas à alimentação que o indivíduo abstraiu, depois integrou os diferentes elementos para formar sistemas teóricos dedutivos....*[54]

Seguem-se, então, belas descrições visando dar a ver, por exemplo, as qualidades de "doçura" ou de "amargor" abstraídas do seio, conforme ele seja bom (presente) ou mau (desejado porque ausente). Disso compreendemos que se possa guardar uma lembrança "amarga" de uma experiência infeliz. Ou que um fracasso possa ser "estrondoso", como uma doutrina pode ser "asquerosa" ou "nauseabunda". "Alguns pacientes", continua ele, "agem como se acreditassem digerir pensamentos e como se isso devesse acarretar consequências similares ao fato de digerir alimentos".[55] Desse modo, esses pacientes creem que "os pensamentos assim tratados sofrem uma mudança análoga àquela sofrida pelos alimentos que são transformados em fezes". E então Bion chega a afirmar que "o aparelho psíquico sente necessidade de verdade como o corpo sente necessidade de alimento". "O efeito de uma privação verdadeira sobre a saúde psíquica", escreve ele, "é análogo àquele produzido no organismo por uma privação de alimento".[56]

Mas o paciente não é um lactante: Bion nunca faz essa confusão. Algumas abstrações, explica ele, datam do comecinho da vida; outras são remanejadas; outras, por fim, são "atuais" — isto é,

---

54 *Ibid.*, p. 81.
55 *Ibid.*, p. 82.
56 *Ibid.*, p. 75.

contemporâneas do desenrolar do tratamento. "É verdade", conclui ele,

> *a propósito dessa questão da correspondência entre a alimentação e o pensamento, que o modelo fornecido pelo nosso conhecimento atual do canal alimentar será muitíssimo diferente do modelo fornecido ao lactante pelo seu próprio conhecimento do sistema alimentar .... As abstrações da criança pequena não são as do adulto.*[57]

8) O ultrapassamento da moral

Melanie Klein havia tomado o cuidado, no decorrer de seu estudo da identificação projetiva, de mostrar, do ponto de vista da fantasia, o seu caráter onipotente. "Em suas linhas gerais", escreve Bion,

> *essa teoria afirma que existe uma fantasia onipotente segundo a qual é possível clivar temporariamente partes não desejadas — ainda que às vezes estimadas — da personalidade, e colocá-las num objeto .... É igualmente possível, e até mesmo essencial, observar os fatos suscetíveis de demonstrar que um paciente, em quem se pode reconhecer o funcionamento dessa fantasia onipotente, é capaz de um comportamento ligado àquilo que, na realidade, equivale a essa fantasia.*[58]

---

57 *Ibid.*, p. 83.
58 *Ibid.*, p. 47.

A projeção das partes clivadas ("contido") supõe que um "continente" psíquico — o outro materno — as acolha. O fracasso do mecanismo, que não pode ser imputado nem a um nem a outro dos dois protagonistas, obriga a personalidade, submetida à frustração e à dor, a reintegrar as partes projetadas e a procurar, se for o caso, aquilo em que elas diferem das partes evacuadas. Mas, na falta de uma capacidade de julgar fornecida na origem pelo outro, o sujeito não pode mais decidir se o processo de introjeção informa sobre os aspectos verdadeiros ou falsos do objeto reintrojetado, mas somente sobre os aspectos bons ou maus. No domínio do pensamento, essa onipotência se transforma em onisciência; e essa decisão, escreve Bion, torna-se "uma afirmação de superioridade moral, mas sem moral alguma".[59] O objeto reintrojetado "se apresenta como um objeto superior que afirma sua superioridade achando por onde redizer cada coisa" — cf., a esse respeito, o paciente que contesta tudo o que o analista lhe propõe, fenômeno que completa o que evocávamos acima a propósito de Freud tendo desvendado, sem vascular, um mecanismo uniformemente chamado de "resistência". A busca por uma verdade e um contato com a realidade esbarra em "uma afirmação daquilo que se poderia chamar ... de uma lei moral e um sistema moral, considerados como superiores a uma lei científica e a um sistema científico". Resta "a afirmação ditatorial segundo a qual uma coisa é moralmente justa e a outra, injusta". Uma das principais metas do tratamento psicanalítico consiste, então, em reorientar o trabalho de pensamento, com suas implicações emocionais, na direção do interesse do conhecimento, fornecendo assim ferramentas de pensamento para pensar os pensamentos; e na direção de um crescimento dos conhecimentos oriundos da experiência analítica.

---

59 *Ibid.*, p. 119.

9) O objeto parcial

Donald Meltzer escreve[60] que dentre as inovações trazidas por Bion está

> *a extensão do conceito de objeto parcial para além dos limites que podiam ter sido divisados por Freud e Abraham, ou utilizados por Melanie Klein de uma forma concreta. . . . Essa extensão permite dotar cada objeto parcial com uma função. Bion escreve: "A concepção segundo a qual o objeto parcial seria análogo a uma estrutura anatômica — concepção encorajada pela utilização que o paciente faz de imagens concretas como unidade de pensamento — é enganosa porque a relação de objeto parcial não se instaura somente com estruturas anatômicas, mas com uma função; não somente com uma anatomia, mas com uma fisiologia; não somente com o seio, mas com o ato de se alimentar, de envenenar, de amar ou de odiar".[61]*

Essa interessante posição necessita, contudo, de um aparelho de representação diferente do da fantasia inconsciente predominantemente visual, próxima do ato de sonho, e apresenta o interesse de colocar em destaque a função do objeto parcial.

---

60 Donald Meltzer, "Signification clinique de l'oeuvre de Bion", *op. cit.*, pp. 405--406.
61 Wilfred R. Bion (1959), "Attaques contre la liaison". In: *Réflexion faite, op. cit.*, pp. 114-115.

10) O vínculo

Para tratar essa questão, Bion aventa, na forma de uma palavra antiga de aparência simples, um novo conceito: o "vínculo". O importante, com esse conceito, reside no fato de que é essa unidade que vai ser instaurada, antes mesmo que um indivíduo (um sujeito) se apegue a outro indivíduo (um objeto), ou que vai ser atacada quando alguém procura destruir todo e qualquer contato e/ou sua própria capacidade de pensar e de sentir emoções. O problema é assim deslocado, poderíamos dizer, para a dificuldade de determinar como os próprios laços são estabelecidos e representados.[62] Vamos nos perguntar se esses laços devem ser considerados elementos psíquicos nascidos do trabalho de uma função de ligação. "Emprego a palavra 'vínculo'", escreve Bion,

> *porque desejo examinar a relação do paciente mais com uma função do que com o objeto que cumpre uma função; não me interesso somente pelo seio, pelo pênis ou pelo pensamento verbal, mas pela função que desempenham, que é a de* constituir o vínculo entre dois objetos.[63]

Para além da surpresa de ver Bion situar o "seio" ou o "pênis" no mesmo nível de abstração conceitual que o "pensamento verbal", compreende-se melhor, contudo, que ele tenha feito do conflito edipiano um tipo de vínculo simultaneamente universal e

---

62 Assim como Wilfred R. Bion, em *Experiences in Groups*, brinca com a quase homofonia em *fight/flight* [ataque/fuga], também a noção de "vínculo" faz ressoar a quase homofonia entre *attache/attaque* [apega/ataca].
63 Wilfred R. Bion, "Attaques contre la liaison". In: *Réflexion faite, op. cit.*, p. 115; grifo meu.

particular — frisando, por exemplo, a importância da Esfinge (forma de vínculo através de perguntas) e considerando o incesto um outro tipo de vínculo!

Dois outros modelos figuram, no pensamento de Bion, como protótipos dos laços que dão à luz uma "aprendizagem": o vínculo que conecta o pênis à vagina (vínculo que serve de fundamento, no complexo de Édipo, para questionar a sexualidade); e o vínculo que conecta o lactante ao seio (vínculo que serve de modelo para a compreensão daquilo que é uma relação enriquecedora).

11) O aparelho protomental

Uma das noções mais inovadoras de sua obra concerne à hipótese de um "nível protomental" do funcionamento do espírito. Segundo essa ideia, existiria um nível em que os acontecimentos físicos e psíquicos ainda não são diferenciados; em que os múltiplos elementos emocionais ainda se confundem porque, enquanto fenômenos psicológicos, ainda estão em estado nascente — logo, ainda não são observáveis. Não deixa de ser verdade, no entanto, que esses acontecimentos não podem se inscrever numa forma "psiquizada", na medida em que não são diferenciáveis de sua ancoragem física. Por essa razão, estão frequentemente na origem de graves perturbações encontradas no campo psicossomático — cânceres, doenças autoimunes etc. —, que permanecem incompreensíveis enquanto não forem "ligadas" por termos linguísticos. Voltaremos a isso demoradamente no último capítulo.

Ao cabo dessa enumeração, é uma clínica inabitual que se perfila, porque ela visa entrar num contato íntimo com as partes atingidas por sofrimentos específicos devidos a sequelas de episódios catastróficos; e porque, para fazê-lo, era preciso que ela fosse exercida por um clínico dotado de uma grande originalidade e acompanhado de um personagem extranorma que atravessou o século XX participando ativa e grandemente disso, e retirando daí uma vivência não menos catastrófica.

2. A vida inimiga e amiga

A ideia de explicar a obra de um pensador através da sua biografia e dos grandes acontecimentos com os quais ele esteve envolvido no decorrer da vida tem, por trás dela, uma longa tradição — tradição, aliás, contra a qual se ergueu Marcel Proust, quando ainda jovem crítico literário, em seu *Contra Sainte-Beuve*, ainda sem igual. De início, o meu projeto de elaborar uma apresentação do pensamento de Wilfred R. Bion repousava não na colocação em paralelo da obra com a evocação da vida de seu autor, mas na ideia segundo a qual é a partir de *minha* prática psicanalítica que se instalaria progressivamente uma forma de "correspondência" (no sentido rimbaudiano do termo) entre a minha atividade e as ferramentas forjadas por Bion. Dessa forma, teria conseguido mostrar de que maneira foi a elaboração bioniana que alimentou e enriqueceu minha práxis, permitindo-me até mesmo me libertar de todo pensamento clínico e teórico, inclusive o dele.

E então, refletindo, fui levado a pensar que há um interesse em levar em conta, ao menos em parte, alguns elementos pessoais que — ainda que não tenham determinado, no sentido estrito do termo, a infraestrutura da obra — "encontraram" o aparelho de pensar do pensador que os captou e os colocou em ação. Essa opção pareceu-me ainda mais pertinente porque Bion conheceu, em sua existência, diversas reviravoltas significativas que é difícil não relacionar com algumas de suas ideias. Comecei, assim, a flexibilizar o princípio da manutenção do afastamento que eu havia me fixado.

De igual maneira, parece que aquilo que se chama de "personalidade" do autor entra no cômputo na escolha de seus temas de pesquisa, e a leitura de numerosos testemunhos de analisandos e de colegas de Bion acabou me convencendo de que certos traços de caráter tinham podido exercer uma influência sobre a sua forma de tratar seus temas prediletos.

A maioria dos comentadores está de acordo ao testemunhar a potência que só a presença de Wilfred R. Bion já exalava — a sua estatura imponente, conservada por uma prática esportiva cotidiana —, deixando emanar de sua pessoa uma impressão de força física tranquilizadora e inspirando em todos uma forma de respeito para com esse colosso de olhar manso. Bion, escreve Frank Philips, era "um homem sólido e bem robusto, com um rosto largo, uma expressão calma, e olhos de um castanho bem escuro".[1] Seu humor sempre espirituoso e seu pensamento constantemente incisivo, jamais cortante, contribuíam com a sensação de autoridade que exalava naturalmente do personagem. James S. Grotstein afirma que "não se pode ler os trabalhos de Bion, em particular aqueles que tratam do gênio, do místico, do messias, sem aplicar ao autor esses qualificativos".[2] Tentemos, ainda assim, não chegar a tanto.

---
[1] Frank Philips (1983), "A Personal Reminiscence: Bion, Evidence of the Man". In: James Grotstein, *Do I Dare Disturb the Universe? A Memorial to W.R. Bion*. London: Karnac, p. 39; tradução minha.
[2] James S. Grotstein (1983), *Do I Dare Disturb the Universe? A Memorial to W. R. Bion*. London: Karnac (publicado primeiramente em 1981 por Caesura Press), p. 1; tradução minha.

O nome de Bion (do grego *bios*, "vida") é de origem francesa. Seus antepassados, de La Rochelle, eram huguenotes fugidos da França para a Inglaterra quando da revogação do Edito de Nantes, em 1685. A sensação de pertencimento a esse território parece ter sido suficientemente desenvolvida nele, de modo que suas peregrinações o levaram, em 1921, a passar um ano em Poitiers para estudar francês; e a adquirir, em 1970, uma casa de campo no Maroutal, na Dordonha (Périgord Noir), onde passava todos os verões desde a sua instalação na Califórnia, aos 71 anos de idade.

Súdito de Sua Majestade

Wilfred R. Bion nasceu em 8 de setembro de 1897 em Muttra, uma cidade média das Índias imperiais vitorianas, nas longínquas Províncias Unidas, onde seu pai, que ocupava um posto de engenheiro civil do Império, foi por um tempo secretário do Congresso indiano. Sua mãe, oriunda de um meio modesto, era — conforme ele diz — dotada de uma calidez e de uma empatia evidentes; mas havia permanentemente em seu olhar algo de triste. Bion tinha uma irmã caçula, que ele menciona pouco, exceto para dizer que era uma "peste", uma "chorona", uma "mentirosa" e uma "briguenta".[3] Ele se expressa assim nas cartas de amor que envia a Francesca, sua segunda mulher, a quem fala de sua família — qualificando todos os seus membros como "endoidecidos" (*cracked*).[4] Em contrapartida, evoca demoradamente a sua "*ayah*", a babá indiana que o educou e alimentou com contos, como o *Mahabharata*, numa

---

3   Wilfred R. Bion (1982), *The Long Week-End. 1897-1919. Part Of A Life*. Editado por Francesca Bion. London: Fleetwood Press; tradução minha.
4   Wilfred R. Bion (1985), *All My Sins Remembered (Another Part Of A Life) And The Other Part Of Genius (Family Letters)*. Org. F. Bion. Abingdon: Fletwood Press, p. 79; tradução minha.

língua que ele pouco compreendia, mas cuja melodia instalou-se no que havia de mais profundo nele.

Em seus escritos autobiográficos, Bion se descreve, criança, como um menino interrogativo, tentando sempre compreender tudo quanto é coisa, a ponto de indispor todos aqueles — dentre eles, seu pai — para quem ele não para de fazer perguntas: "Por que isso? Por que aquilo? E daí? Mas então? E depois? etc." Mesmo seu "saracoteio" (*wiggling*) — uma forma de masturbação praticada esfregando e agitando a sua barriga contra o chão —, descoberto aos quatro anos de idade e continuado (segundo palavras suas) até os oito, é alvo de perguntas! Ele fala disso com a mãe. Em contrapartida, recebe de ambos os pais uma severa reprimenda. O menininho ainda não compreendeu que há coisas sobre as quais é melhor não falar..., exceto se se quer correr o risco de ser despojado delas!

Paralelamente, Wilfred inventa para si um acólito imaginário, um duplo, um gêmeo, um cúmplice; em resumo, um personagem estranho, ao mesmo tempo protetor e vigilante, denominado Arf Arfer, cujo nome é construído com base nas risadas sonoras dos adultos (*Arf! Arf! Arf!*) e numa espécie de onomatopeia calcada na deformação de *Our Father, Our Father, Our Father* [Pai Nosso, Pai Nosso, Pai Nosso]... Wilfred não vive nem uma situação sem que Arf Arfer participe dela ou, no mínimo, a assista. Talvez assim possam falar dessas coisas um com o outro... Talvez Arf Arfer compartilhe mais seguramente as interrogações de Wilfred... Talvez...

Como muitos dos filhos dos agentes do Império Britânico vindos ao mundo na Índia, o pequeno Wilfred foi enviado — sozinho — para a Inglaterra aos oito anos de idade, para uma *public school* [escola pública] inglesa, o Bishop Stortford College, a fim de receber ali — durante dez anos, de 1906 a 1915 — a melhor educação possível da aristocrática Inglaterra eduardiana da época. Pelo que todos dizem, foi ali que Bion adquiriu o jeito de falar que permite reconhecer, infalivelmente, um inglês *well educated* [instruído], capaz de se sentir confortável entre os membros do *Establishment* [elite dominante]. Foi ali também que ele se dedicou com vigor à prática de diversos esportes: polo aquático, rugby, natação (que praticará até o fim da vida), que lhe permitem ter um corpo de atleta e uma estatura que todos aqueles que o conheceram descrevem como impressionante. Ao sair de lá, com 17 anos de idade, encarou diversas recusas ao tentar se inscrever em Oxford ou Cambridge, em que ele esperava entrar obtendo uma bolsa — na medida em que seus pais eram, por um lado, pobres demais para assumir o custo da inscrição e, por outro, não o suficiente para que ele se beneficiasse de um auxílio. "Mas eles nunca me disseram que eram pobres", espanta-se Bion quando a observação lhe foi feita. Nesse meio-tempo, a Primeira Guerra Mundial havia, na Inglaterra, começado a lançar uma primeira onda de conscrição — o Reino não tinha serviço militar obrigatório. Na manhã seguinte ao seu retorno a Londres, ele se apresentou ao escritório de recrutamento e foi recusado — em razão do fato, pensou ele, de estar usando um chapéu inapropriado! Diante do humor difícil que tomou conta dele, seus pais, também eles de retorno a Londres, apelaram para uma pessoa conhecida e Wilfred entrou para o Exército em 4 de janeiro de 1916.

A Grande Guerra

Depois de alguns meses tendo "aulas", ele foi enfiado, com a patente de subtenente, num tanque — um mastodonte de 28 toneladas recém-criado para guerrear — e enviado, com seu batalhão, para Flandres... onde o horror o aguardava. "Em alguns meses", escreve Francesca Bion em sua introdução às *Memórias de guerra* do marido, "como milhões de outras pessoas, ele havia sido catapultado de calouro a combatente".⁵ Dirigiu os homens sob seu comando para a batalha de Cambrai, primeira ocorrência em que tanques foram enviados ao ataque das defesas alemãs. Os combates se encadearam com uma crueldade inimaginável. A imensa carnificina que causou estragos por toda a região inscreveu, no espírito de cada um, imagens cujo horror era impossível de esquecer; e isso se a pessoa sobreviver... — caso em que é o milagre da sobrevivência que se torna insuperável. Seja qual fosse a patente, cada soldado roçava a morte a todo instante; via seus companheiros morrendo debaixo dos seus olhos, pelas balas e obuses do inimigo ou pela pancada da deflagração dos tanques, cuja blindagem em pedaços saía voando facilmente pelos ares.

"A noite caía quando nos aproximávamos da 'linha'", escreve ele a propósito do que está se desenrolando apenas algumas semanas após sua chegada ao palco das operações. "Fazíamos paradas frequentes e se podia escutar o estampido dos canhões ao longe. Era um barulho medonho. Havia começado a chover.... O horizonte era iluminado pelo clarão dos canhões e dos rojões multicoloridos."⁶

Assim como a lama, o sangue, a chuva e o frio, o medo era viscoso e penetrante. A todo instante, seja qual fosse a direção para a qual o olhar se voltasse,

> *tudo só confirmava a nossa impressão da incompetência de nossos oficiais superiores. Os homens, é claro, pensavam que tudo aquilo pelo qual os oficiais superiores zelavam era o seu próprio conforto, e isso os dispu-*

---

5 Wilfred R. Bion, *War Memoirs, 1917-19* (1997). London: Karnac Books Ltd. Em francês: *Mémoires de guerre*. Larmor-Plage: Éditions du Hublot, 1999.
6 *Ibid.*, p. 29.

> *nha ainda menos ao combate. Enquanto comandantes de frota, tentávamos dar o nosso melhor, mas o egoísmo dos oficiais superiores era inominável.*[7]

Seis semanas mais tarde:

> *O bombardeio agora ganhou amplitude e no silêncio do tanque se podia escutar o frêmito dos obuses dos nossos próprios canhões e as explosões próximas vindas dos canhões do inimigo. O bombardeio era um longo rugido contínuo. Nossos próprios canhões faziam um estalido seco na parte traseira. Não se conseguia, é claro, distinguir nada. Havia apenas o rugido contínuo dos canhões e, sobreposto, o assovio estridente dos obuses acima de nós, como uma corrente de ar num gigantesco buraco de fechadura. Um obus alemão de grande calibre, que explodiu perto de nós, distinguiu-se do resto: dava pra dizer que era um trem rápido saindo de um túnel — um rugido cada vez mais forte à medida que ia se aproximando. Depois, um estrondo ensurdecedor. Quando os obuses explodiam muito perto, o tanque dava uma ligeira balançada e vibrava. Isso era muito incômodo, pois o tanque supostamente representava, para cada um, o que havia de mais sólido. Era como se estivéssemos totalmente sós num imenso corredor com grandes portas que batiam em todos os sentidos. Nem sei como descrever.*[8]

---

7 Ibid., p. 33.
8 Ibid., p. 41.

Um pouco mais tarde, no mesmo dia:

> *Era muito cansativo e desmoralizante. Nós nos deparamos com os restos de um antigo ponto de apoio. Fiquei horrorizado ao perceber que estávamos ali, passando por cima de pessoas, pensando que elas estavam mortas; mas tratava-se, na realidade, de atiradores adormecidos, estirados na lama e nos buracos de obus.... A artilharia tinha aberto fogo pesado e os alemães retaliavam. No caminho [um] oficial me diz que jamais vou conseguir chegar ao tanque, pois os alemães haviam contra-atacado e a posição agora não era certa. Eles abriram fogo bem nessa hora, a tensão era muito grande e a situação parecia crítica. Mostrou-se que ele tinha razão e que não valia a pena ir adiante.... Naquele momento a lua saiu detrás de uma nuvem, ele viu meu rosto e exclamou: "Por Deus! É você, Bion?" E eu respondi: "Sim", e então ele retorquiu dizendo que era Bonsey. Foi aí que vi seu rosto e o reconheci: um antigo colega de Stortford. Só tivemos tempo de dizer adeus e boa sorte. Coitado! Foi morto uma semana depois.*[9]

Em mais de duzentas páginas, *Memórias de guerra* relata o "serviço" de Wilfred R. Bion no Royal Tank Regiment de junho de 1917 a janeiro de 1919; relato redigido em 1919 — pouco depois de sua chegada ao Queen's College de Oxford, depois da desmobilização — e consignado em três cadernos de capa dura manuscritos que ele oferece a seus pais, "em compensação por não ter escrito para eles durante a guerra", como havia se comprometido a fazer

---

[9] *Ibid.*, pp. 48-49.

antes de deixá-los. Ele é seguido de um "Comentário" na forma de um diálogo entre dois personagens: um homem "um pouco ríspido, raramente inclinado ao riso, nem mesmo ao sorriso, que ele não pratica" — seu nome é BION (21 anos) —; o outro tem a mesma idade que o autor em 1977 e se chama EU-MESMO.[10]

O primeiro reconhece tranquilamente:

> Eu estava ciente da minha falta de competência, em particular porque tinha tanto medo e isso não me parecia condizer com a profissão de soldado. Eu sequer tinha certeza do que é que eu tinha medo. Da morte? Não. Das mutilações? Talvez — tive mais consciência dessas eventualidades em seguida. De enlouquecer? Não. Seja lá o que eu imagine, não parece ser.[11]

Ao cabo da leitura do próprio relato, o segundo declara:

> O comportamento, as expressões do rosto e a pobreza da conversação poderiam dar uma impressão de depressão e até de medo à perspectiva do combate. Certamente havia medo; o medo do medo era, creio eu, o quinhão de todos — oficiais e soldados. A impossibilidade de confessá-lo a alguém, pois não havia ninguém a quem se pudesse confessar sem receber a culpa de propagar a inquietude e o desencorajamento, fazia — curiosamente — com que nos sentíssemos totalmente

---

10 Como se vê, naquela época Bion já havia adotado o princípio que consiste em fazer dialogar partes diferentes de seu "*self*". Esse "procedimento" será retomado em *Uma memória do futuro*.
11 Wilfred R. Bion, *Mémoires de guerre, op. cit.*, p. 211.

sozinhos na companhia de uma massa de robôs desprovidos de pensamentos, de máquinas desprovidas de humanidade. A solidão era intensa; ainda consigo sentir a minha pele se esticando sobre os ossos do meu rosto como a cara de um cadáver.[12]

EU-MESMO – Você não acha que os seus superiores imediatos tinham cada um os seus medos, que eles também tinham de mascarar?...

BION – Eles estão mortos. Nós, nós fomos mortos!... Em Oxford, quando estava escrevendo este diário, eu tinha o seguinte sonho regularmente: estava agarrado à margem barrenta de uma corredeira que se agitava uns seis metros abaixo. Ia escorregando e tentando me segurar cravando as unhas no barro. Mas o cansaço venceu e, ao fazer um movimento para mudar de posição, escorreguei de vez. Essa imensa corredeira furiosa que me esperava embaixo era o Steenbeck. Descrevi o fio d'água suja que era o fato geográfico.[13]

...

EU-MESMO – O que é que mais te inquieta?

BION – ... Fico hesitante em dizer... Não consigo imaginar o que tem de errado, mas... nunca me recuperei de ter sobrevivido à batalha de Amiens.

E, por fim: "Eu morri em 8 de agosto de 1918".[14]

---

12 *Ibid.*, p. 213.
13 *Ibid.*, p. 217; grifo meu.
14 Grifo meu.

Por pouco ele não termina o *The Long Week-End* com essas palavras, relato pungente das impressões psíquicas profundas que os combates gravaram no espírito do jovem (entre 20 e 21 anos) que era Bion entre junho de 1917 e novembro de 1918.[15] Ele foi o único de todo o batalhão que continuou vivo ao cabo dos repetidos ataques. No início de 1918, por ter sabido — quando de uma batalha em que todos os superiores haviam sido abatidos — assumir, mesmo sem preparo, o comando de uma divisão de infantaria que, caso contrário, estaria condenada, ele recebeu no Palácio de Buckingham a *Distinguished Service Order (DSO)*, uma das mais elevadas distinções honoríficas inglesas, junto com a Victoria Cross; e, alguns meses depois, a *Legião de Honra*, que o governo francês lhe concedeu pelos seus feitos brilhantes em 8 de agosto de 1918. O autodenegrimento que o caracterizava levou-o, então, a declarar que apenas a sua covardia o havia protegido da morte no campo de batalha e que suas condecorações lhe haviam sido concedidas porque "nem morrer ele conseguiu"!

E, no fim da vida, em *Um memorial do futuro*,[16] Bion reconhece ter sido assombrado pelas cenas de horror vividas quase 60 anos antes: "Fui assombrado pelo bosque de Bourlon, assombrado por Ypres. A chuva, meu Deus, a chuva! E o cheiro adocicado da carne podre!";[17] "Consigo me lembrar, vagamente, do que é ir combater num tanque. Mas sei o suficiente para poder descrever isso em

---

15 Wilfred R. Bion, *The Long Week-End*, op. cit.; tradução minha.
16 Wilfred R. Bion (1991), *A Memoir of the Future*. London: Karnac Books. Em francês: *Un mémoire du temps à venir*. Larmor-Plage: Éditions du Hublot, 2010. [Em português circula a tradução, imprecisa, do título como *Uma memória do futuro, vol. I: O sonho*. Trad. Paulo Cesar Sandler. São Paulo: Martins Fontes, 1989. (N. de T.)].
17 *Ibid.*, Livre I, Le Rêve, cap. 32, p. 129.

termos de terror";[18] por fim: "Pensei que nunca iria conseguir superar a vergonha de ter sobrevivido aos meus amigos".[19]

Como veremos, a sua implicação nas operações da Primeira Guerra Mundial e os ensinamentos que tirou delas constituíram um embasamento para o seu trabalho de psiquiatra militar, no decorrer da Segunda Guerra; depois, de clínico e de teórico da psicanálise. O medo constante, a permanente ameaça de morte, a certeza de só poder contar com uma prorrogação são emocionalmente insuportáveis e são atenuados — curiosamente — somente quando o homem conhece verdadeiros momentos de despersonalização, os quais então lhe fornecem uma momentânea sensação de segurança. "Cedo ou tarde", escreve ele, "meus pais vão receber um telegrama anunciando a minha morte; a guerra só precisava durar tempo suficiente... Eu já havia esgotado a minha cota de chances de sobrevivência".[20] Assustador, o medo ultrapassava toda ideia que dele se podia ter; ele suscitava em cada um sentimentos de vergonha, emoções de uma violência inaudita, gestos e olhares insuportáveis, relações insensatas com os camaradas, tensões torturantes ligadas à morte experimentada por procuração. As angústias profundas, a permanente sensação de insuficiência diante do perigo experimentado pelos companheiros, o medo da desonra, a solidão, o isolamento — todas essas emoções horripilantes se tornaram o quinhão cotidiano que devia ser encarado durante todo o período do seu alistamento. Entre o mundo interno, invadido por violência e brutalidades, e o mundo externo, povoado por todos os mortos conhecidos e perdidos, as vias de circulação eram transformadas em corredeiras de lama ensanguentada carregando cadáveres e ferragens retorcidas.

---

18 *Ibid.*, p. 95.
19 *Ibid.*, Livre III, *L'Aurore de l'oubli, op. cit.*, p. 400.
20 Wilfred R. Bion, *The Long Week-End, op. cit.*, p. 233; tradução minha.

Foram esses mesmos momentos que afiaram a sua acuidade visual e lhe permitiram detalhar, dissecar e descrever — com uma precisão quase alucinatória — as cenas mais violentas. Paralela e paradoxalmente, foram as suas capacidades de regredir e de clivar as partes frágeis de sua personalidade que o salvaram do colapso psíquico.

Um homem solteiro assolado por pesadelos

Fim de 1918, uma vez terminada a guerra, Bion foi dispensado e integrou — graças às suas duas condecorações militares e às suas capacidades esportivas! — o Queen's College de Oxford. Todavia, pela conjugação de duas carências (a de uma tradição universitária familiar e a de meios financeiros pessoais), viveu, nesse prestigioso lugar, afligido por um doloroso sentimento de inferioridade, enquanto orientava os seus estudos para a história moderna. "Eu não via", escreve ele, "que o tempo de paz não era para mim. Eu sabia bem . . . que o tempo de guerra não era para mim. Tinha 24 anos; inapto para a guerra, inapto para a paz, e velho demais para mudar".[21] As suas qualidades intelectuais, contudo, permitiram-lhe encontrar um *tutor of philosophy* [tutor em filosofia], H. J. Paton, que teve a bondade de iniciá-lo no pensamento de Kant, mas igualmente no de outros autores, como Platão, Hume, Condillac, Pascal, Aristóteles, Sócrates. O atleta que ele era, por outro lado, distinguiu-se na prática do rugby, mantendo também um nível elevado na prática da natação. Mas, toda noite, o pesadelo do Steenbeck se reatualizava e o deixava abatido em sua cama, pingando de suor e angústia.

Diplomado em *Modern History* [História Moderna] em 1921, ele volta ao Bishop Stortford College como professor de história e de francês... e como treinador das equipes de futebol e natação.

---

21 Wilfred R. Bion, *All my sins remembered*, op. cit., p. 16; tradução minha.

Foi no decorrer de uma viagem de estudos que ele teve nas mãos, pela primeira vez, um livro de Freud emprestado por um colega. Em 1922, uma história obscena colocou em causa a sua conduta em relação a um aluno. Concretamente, ele construiu laços de estima recíproca com um garoto que, quando de uma visita da mãe, comunicou-lhe a respeito. Ela desejou conhecer o professor em questão, ao que Bion respondeu com um convite para tomar um chá. Como o *tea time* [hora do chá] se desenrolou? Não sabemos. Fato é que as insinuações de gestos inapropriados em relação à criança obrigaram Bion a deixar o cargo. Ele alegou em alto e bom som a sua inocência, mas renunciou a fazer valer os seus direitos, não tendo os meios de se fazer assistir por um advogado. Retornou a Londres e entrou, então, para o University College Hospital a fim de estudar medicina, no intuito de se tornar psicanalista — estudos conduzidos até a obtenção do diploma de cirurgião, obtido em 1930. No decorrer desses anos, construiu laços estreitos com Wilfred Trotter, reputado cirurgião e médico honorário do rei George V — e, além do mais, cunhado de Ernest Jones! —, que, além de sua especialidade, manifestava um interesse bastante particular pela psicologia de grupo.[22] Imagina-se facilmente que ele tenha se inspirado em parte de seus tratados.

No decorrer desses estudos, Bion passou por um fracasso sentimental mordaz quando a irmã de um de seus colegas, uma moça muito bonita — beleza que ele tanto prezava — que ele havia sabido cortejar e convencer a se casar com ele, rompeu os votos. Passou por uma dor intensa e acusou a moça de ter-lhe causado uma ferida tamanha que jamais cicatrizaria. Cruzou com ela muitos anos depois, na companhia de um homem, quando de uma estada no

---

[22] Wilfred Trotter é autor de *Instinct Of The Herd In Peace And War*, um livro citado de forma elogiosa por Freud em "Psicologia das massas e análise do eu" e considerado essencial por todas as instâncias encarregadas de prevenir novas guerras.

litoral: "Se estivesse com o meu revólver de serviço comigo", escreve Bion, "teria atirado nele. Em seguida, teria ferido o joelho dela de forma que a articulação não pudesse ser reparada e que ela tivesse, para sempre, uma perna dura, cuja causa seria preciso explicar aos seus futuros amantes".[23]

Tantas decepções em seus estudos, em suas competições esportivas e em suas relações com as mulheres impeliram Wilfred, já jovem adulto, a consultar um psicoterapeuta amplamente renomado, cujo nome era J.-R. Hadfield e que ele havia conhecido no University College. Professor de psicologia na faculdade, Hadfield esteve entre os que haviam trabalhado na abertura da Clínica Tavistock, no seio da qual exercia uma grande influência sobre o modo de praticar as terapias. Hadfield garantiu a Bion que uma dúzia de sessões poria fim às suas dificuldades. Evidentemente, não foi nada disso. O tratamento continuou, e Bion logo se viu em dívida com os camaradas de quem havia tomado emprestado centenas de livros. Em seus escritos, Hadfield aparece disfarçado pela alcunha "Dr. F.I.P." – "*Doctor Feel It in the Past*", "Doutor Sinta Isso no Passado" — expressão que o terapeuta utilizava cada vez que seu paciente sofria ao evocar uma situação passada ou uma lembrança que permaneceram dolorosas. Parece, contudo, que Bion frequentou o consultório de Hadfield por bastante tempo — vários anos, pelo menos —, e isso devido a várias razões. Em primeiro lugar, por causa da sua "necessidade de admirar, de adorar e de idolatrar", a qual o tornava leal a esse terapeuta, por cuja oportunidade de incensar ele mal podia esperar. Enquanto não se produzia a centelha, Bion seguia convencido de que era ele quem não tinha as qualidades requeridas para fazer vir à tona o que seu terapeuta — pelo simples fato de sua reputação — tinha de melhor. Em segundo lugar, o jovem médico confessava certa admiração

---

[23] Wilfred R. Bion, *All My Sins Remembered*, op. cit., p. 30; tradução minha.

pelo clínico tarimbado e pelo papel que este havia desempenhado na criação da Tavistock, e isso também lhe suscitava fidelidade a um homem habitado por sentimentos tão bons. Por fim, Hadfield sabia "fidelizar" os clínicos iniciantes, que lhe encaminhavam pacientes — em troca do que "aceitava" um abatimento parcial no preço das sessões! Com a sua costumeira retidão, Bion bem tentou interrogar as incidências morais dessa prática, mas Hadfield nunca deixou a questão poder ser sequer levantada. Tanto que, depois de uns cinco anos de psicoterapia — que, de todo modo, permitiram a Bion dimensionar a sua "capacidade ilimitada de alimentar [o seu] acervo de fracassos" —, ele conseguiu pôr fim ao tratamento.

Parece que ele atuou, em seguida, durante dois anos, como médico militar na Royal Air Force (RAF) antes de voltar a Londres (1932) para praticar a psiquiatria — o que a formação médica que ele havia recebido lhe permitia. Conseguiu um cargo no Institute for the Scientific Treatment of Delinquincy, assim como outro no Maida Vale Hospital for Nervous Diseases — onde, muito certamente, conheceu John Rickman, um eminente psicanalista inglês que havia tido um papel determinante no desenvolvimento da psicanálise na Inglaterra.[24] Médico desde 1916, quacre de confissão, Rickman já era ilustre na Primeira Guerra Mundial, na frente de batalha do Leste — mais especialmente na Rússia, onde esteve como voluntário para acudir as populações civis vítimas das atrocidades de guerra. Com o fim da guerra, foi para Viena fazer uma análise com Freud (1920-1924); contribuiu amplamente, ao lado de Ernest Jones, com o estabelecimento da British Psycho-Analytic Society, e iniciou-se na análise com crianças através das conferências londrinas

---

24 Sobre John Rickman, cf. Malcolm Pines, "L'influence de John Rickman et de Melanie Klein sur W.R. Bion". In: *Revue de psychothérapie psychanalytique de groupe*, n. 5-6. Les Éditions du Collège, 1986, pp. 13-20. Cf. também *No Ordinary Psychoanalyst, The Exceptional Contributions of John Rickman*. Org. P. King. London: Karnac Books, 2003.

de Melanie Klein. Em 1928, fez uma análise com Ferenczi — "traição" que lhe valeu a demissão do British Institute for Psycho-Analysis! —, depois uma terceira, entre 1934 e 1941, com Melanie Klein. Ademais, já havia escrito artigos de grande importância sobre a "dinâmica dos grupos" (homogêneos e heterogêneos), inclusive sobre os grupos psicanalíticos no seio da Sociedade Britânica de Psicanálise, pelos quais não demonstrava ternura. Como veremos adiante, o seu papel durante a Segunda Guerra foi primordial.

No ano seguinte (1933), Bion ingressou, também ele — mas como médico assistente —, na Clínica Tavistock, onde atuou realizando atendimentos até 1948. A Clínica Tavistock, criada em 1920 por um pequeno grupo de médicos — dentre os quais J. R. Hadfield — havia construído a sua reputação, num primeiro momento, implicando-se a fundo no tratamento dos traumas psíquicos devidos à guerra. Fortalecida com essa especialização, também havia adquirido um importante renome graças ao fato de colocar um centro de consulta e tratamento à disposição de pacientes incapazes de pagar um atendimento particular. Por fim, a sua ampla reputação repousava igualmente na comitiva de médicos que ali praticavam uma psiquiatria singular, profundamente influenciada pela psicanálise, que alguns deles haviam descoberto em Londres, bem como em Viena e em Budapeste. A Tavistock atraía também, portanto, um determinado tipo de paciente que, de uma maneira ou de outra, encontrou o alumbramento freudiano. Um dos primeiros pacientes que Bion recebeu era um jovem irlandês, de nome Samuel Beckett, vindo a Londres para, se possível, resolver as graves afecções somáticas e psíquicas que acabaram deixando a sua vida insuportável. Na Clínica Tavistock, foi a Bion que o jovem Beckett foi confiado. Se o tratamento logo se abrevia — o paciente sofrendo, para além de todo o resto, com o fato de ter deixado sua mãe sozinha na Irlanda —, quase todos os comentadores acharam por bem imaginar que cada um dos dois protagonistas havia influenciado profundamente o outro. Não parece exagerado supor que Beckett e Bion tenham, cada um deles, encontrado no outro o reflexo de seus aspectos esquizoides e narcísicos pessoais; e que tenham sabido, cada qual em seu domínio, tirar proveito do conhecimento que conseguiram desenvolver dessa parte psicótica da personalidade. Como evoca Didier Anzieu, aliás, Bion fez, no fim da vida, uma tentativa de escrita visando fazer eclodir "a verdade de antes do nascimento" (!). A dimensão proteiforme da obra[25] — monumental — tem incontestavelmente tonalidades joycianas e beckettianas.[26]

"E agora essa guerra"

Em 1937, preso a redes de relações complicadas, em particular com as mulheres, Bion começou uma análise com John Rickman, ao mesmo tempo que fazia sua formação analítica no British Institute for Psycho-Analysis — análise que tiveram de interromper prematuramente em setembro de 1939, uma vez que a Inglaterra entrou em guerra novamente. Rickman e Bion foram recrutados, o segundo encontrando o primeiro no hospital militar de Northfield, onde, fortalecido pela formação elaborada com seus pares na Clínica Tavistock, Bion se viu atribuído o posto de oficial encarregado do serviço de treinamento militar — uma atribuição que, contudo, foi suspensa ao cabo de seis semanas. Isso porque, em seus postos, Bion e Rickman haviam elaborado algumas reformas que, muito evidentemente, batiam de frente com um tal de J. R. Rees — ex-colega da Tavistock recrutado com a patente de general. Se permitisse que as propostas de Bion-Rickman fossem implementadas pelo Exército, teria dado a entender que um general estaria autorizando que reformas profundas pudessem provir de

---

25 Wilfred R. Bion, *Un mémoire du temps à venir*, op. cit.
26 Didier Anzieu, *Beckett*. Paris: Seuil/Archambaud, 2004.

um comandante — subversão hierárquica impensável no Exército! De mudança em atribuição, de transferência em nomeação, Bion se viu, várias vezes, sendo "mandado embora". Na qualidade de psiquiatras competentes e, sobretudo, inovadores — em particular, no domínio da readaptação dos homens a seus serviços de origem, domínio que necessitava introduzir (re)arranjos na imutável hierarquia dos poderes —, Bion e Rickman foram subempregados, até mesmo explorados, ao longo da guerra. Em suas memórias, 35 anos depois, Bion sugeriu que os seus superiores sempre se dirigiram com desconfiança a esses dois homens dotados de uma inteligência tão grande que teriam subvertido todo o sistema de recrutamento. No entanto, eles foram considerados os dois oficiais psiquiatras especialistas em terapia grupal no meio militar, renome que os levou ao War Office Selection Board, onde contribuíram com importantes inovações em matéria de seleção dos oficiais para o serviço militar. Bion, depois de muitas experimentações, implementou a técnica do "grupo sem líder": técnica que ressaltava a importância de se levar em conta as relações interpessoais no papel confiado ao oficial de comando, e à qual retornaremos quando formos abordar os avanços bionianos em matéria de reflexões sobre os grupos. Contudo, a cada "vitória" conquistada quando da promoção de suas ideias seguia-se uma "derrota" pessoal, o posto que ele cobiçava escapando-lhe das mãos em benefício de outro oficial. O único "proveito" que ele tirou desses anos de guerra produziu-se quando de sua curta passagem pelo Northfield Military Hospital, que lhe forneceu por onde conceber o artigo que o fez ser imediatamente conhecido como inventor nesse domínio: "Intra-group tensions in therapy: Their study as a task of the group" [Tensões intragrupais em terapia: Seu estudo como uma tarefa do grupo], publicado em 1943 na *The Lancet*.[27] Não sem sutileza, ali

---

27 Cf., a esse respeito, Jacques Lacan (2001), "La psychiatrie anglaise et la guerre". In: *Autres Écrits*. Paris: Seuil, pp. 101-120.

Bion evidenciava, através de uma análise fina do organograma, a impossibilidade de o hospital assumir as suas funções; e mostrava, por um deslize ousado da psicologia individual à do grupo, a analogia de suas disfunções. Mas esse resultado mirrado não era o suficiente para remediar a sensação global de perseguição e de culpa com que Bion se envenenava continuamente. No fim das contas, de desapontamentos em humilhações, ele notou amargamente que fora o único psiquiatra a terminar a guerra com a mesma patente que tinha no início.[28]

Nesse meio-tempo, em todo caso, Wilfred R. Bion sem dúvida havia tirado proveito de alguns meses de análise passados no divã de Rickman, pois suas relações com uma mulher — e não era qualquer uma: a atriz relativamente célebre Betty Jardine — haviam se concretizado e, aos poucos, foram indo até contraírem matrimônio em 1940. A vida do casal conheceu os acasos dos diferentes deslocamentos (militares e profissionais) tanto de um como de outro; depois, consumou-se dramaticamente, em 1945, três dias depois da vinda ao mundo de sua filhinha, Parthenope, quando a jovem puérpera veio a óbito em razão de uma embolia pulmonar. Bion, que havia aceitado ser enviado à Normandia para um experimento militar a respeito da degradação psíquica dos soldados doentes deslocados da frente de batalha, acusou-se por não ter estado ao lado da mulher para partilhar desses acontecimentos.

"O que matou Betty e quase matou o bebê? — perguntou Bion, quase 40 anos mais tarde. Uma má-formação física? Uma incompetência obstétrica? Autoridades rígidas ou indiferentes? Ou revelações sobre a natureza enganosa do tambor masculino percutido

---

[28] Para um detalhamento mais amplo sobre o papel desempenhado por Bion como psiquiatra militar, cf. Laura Dethiville; François Lévy (2012), "Les psychanalystes anglais et la guerre", *Les Lettres de la Société de psychanalyse freudienne*, n° 28, "La guerre sans trêve". Paris: CampagnePremière/, pp. 15-34.

tão ruidosamente quando da partida do marido?"[29] Em todo caso, ele teve rapidamente de confiar a criança à dedicada ama que já se havia ocupado da mãe em sua ausência.

A morte de Betty Jardine mergulhou Bion, então com 48 anos de idade, numa viuvez dolorosa, mais amplificada ainda pela incapacidade que ele tinha para ser um pai decente. "Implorei a Betty que aceitasse ter um filho: sua aceitação custou-lhe a vida".[30] Com as economias de que dispunha, comprou — em Iver Heath, zona rural londrina — uma casa onde alojou o casal que cuidaria de Parthenope e abriu um consultório na Harley Street, bem no coração de Londres. Trabalhava seis dias e meio por semana e visitava a filha pequena no domingo à tarde. Ele conta, a propósito disso, um episódio que continua a enchê-lo de vergonha.

Certo dia em que estava deitado sobre o gramado, não longe da filhinha — que tinha menos de um ano —, ela começou a pedir por ele e a engatinhar em sua direção. O pai não se moveu. Ela começou a gemer e a manifestar sinais de desamparo. O pai continuou impassível. Ele reconhece então ter sentido "um amargor, uma cólera e um ressentimento" em relação à criança, cuja vida certamente lhe lembrava sem parar o falecimento da mulher. Por que ela estava lhe infligindo "isso"? — perguntava-se ele, imediatamente seguido de um: "Por que você está fazendo isso com ela?" A ama — que, nesse meio-tempo, havia observado tudo — quis socorrer a criança. O pai a impediu:

> *"Não, disse eu, deixe-a engatinhar. Isso não vai lhe fazer mal". Nós observamos a criança engatinhando com dificuldade. Ela se pôs a chorar copiosamente, mas continuou firme em sua tentativa de cobrir a distância.*

---

29 Wilfred R. Bion, *All My Sins Remembered*, op. cit., p. 62; tradução minha.
30 *Ibid.*, p. 70; tradução minha.

Eu tinha a impressão de estar preso num torno. Estava fora de questão que eu fosse até ela. No fim, a ama, depois de me ter lançado um olhar estupefato, levantou-se ignorando a minha proibição e foi buscá-la. O feitiço foi suspendido. Eu estava livre. O bebê havia parado de chorar e braços maternos a reconfortavam. Mas eu havia perdido a minha filha. Foi um choque fulgurante descobrir, no âmago de mim mesmo, tanta crueldade.[31]

Por diversas vezes Bion reconheceu em si a crueldade.[32]

Com o fim da guerra, ele voltou à Clínica Tavistock, da qual se tornou diretor do comitê executivo. Redigiu outros artigos dedicados ao benefício das contribuições psicanalíticas aplicado ao funcionamento dos grupos — artigos cuja publicação se repetiu em 1961.[33] Por fim, retomou a análise suspendida em 1939 com Rickman.

No divã de Melanie Klein

Mas, nesse ínterim, a parceria militar entre os dois homens havia modificado um pouco a natureza dos laços que os uniam.

---

31 *Idem.*
32 Francesca Bion estimou que *All my sins remembered* [Todos os meus pecados relembrados], segundo livro autobiográfico de Wilfred R. Bion, era uma confissão de arrependimento, "um testemunho triste, à procura de si", como demonstram as linhas acima. E, para dar uma visão do "outro lado do gênio" (*The Other Side Of Genius*), ela acrescentou, numa segunda parte, cartas magníficas que Bion enviou a ela própria e para seus filhos quando de cada uma de suas mudanças.
33 Cf. Wilfred R. Bion (1965), *Recherches sur les petits groupes.* Paris: Presses Universitaires de France.

Rickman, que havia apresentado Bion a Melanie Klein, incitava-o a continuar seu trabalho analítico com ela, ao que Bion aquiesceu — muito embora, escreve ele, "a minha experiência de associação com as mulheres não foi encorajadora e não me fez, de forma alguma, crer em um sucesso possível". Segundo as fontes, essa análise durou de 1945 a 1950, ou 1953. Ele foi aceito como analista em 1947, tornando-se membro da Sociedade Britânica de Psicanálise em 1950, após ter sustentado a sua candidatura com o artigo intitulado "O gêmeo imaginário",[34] relato de um tratamento efetuado respeitando — cumpre dizer: obedecendo? — critérios kleinianos da prática analítica.

Assim foi nomeado, a partir de 1947, ao cargo de secretário da seção médica da British Psycho-Analytic Society, depois da publicação de "Psychiatry at a time of crisis" [Psiquiatria em tempo de crise].

Da análise com Melanie Klein, Bion escreveu que ela se desenrolou sem que ele tenha compreendido o que a movia. Mas é preciso dizer que já há algo excepcional no fato de que ele tenha pedido análise a uma mulher — e não foi a qualquer uma! Evoquei acima o quanto o convívio com mulheres era problemático para esse homem de modos estranhos, de gestos desengonçados, ainda que os seus modos linguísticos fossem particularmente sofisticados e delicados. A isso se acrescenta que, durante todo o período dessa análise, Bion só pensava em termos de grupos — domínio que escapava completamente a Melanie Klein.

---

34 Wilfred R. Bion (1950), "The Imaginary Twin". In: *Second Thoughts*. London: Karnac Books, 1967, pp. 3-22. Em francês: "Le jumeau imaginaire". In: *Réflexion faite*. Paris: Presses Universitaires de France, 1983, pp. 7-28. Um devaneio me trouxe a lembrança de Arf Arfer, o amigo cuja presença ao seu lado o jovem Wilfred garantiu para si em sua infância solitária (cf. p. 76).

O encontro Bion-Klein foi o mais brusco possível, tal como se pode imaginar o choque entre dois mundos, o masculino de Bion e o feminino de Klein, e entre dois caráteres, ambos bem fortes — e nenhum deles vislumbrando se deixar intimidar pela personalidade forte do outro. E, se ele esperou amolecer a chefe de escola inflexível ao evocar suas preocupações com o tema da criança, suas preocupações financeiras com as despesas com casa e consultório... e com o preço das sessões, não funcionou! Como escreve Gérard Bléandonu, "Klein deve ter compreendido que a sua mendicidade demandava dela outra coisa que não dinheiro".[35] Ele teve de reconhecer que ela demonstrava uma impressionante eficácia técnica quando, depois de ele ter se depreciado bastante — como de costume —, foi obrigado a constatar o rigor inflexível do enquadramento que ela manteve.

A propósito da análise, em si, Bion alega raramente — quiçá nunca — ter ouvido sua analista formular uma "interpretação correta", e foi só muito tempo depois que ele reconheceu que algumas interpretações, de início ignoradas ou desprezadas, podiam ter sido adequadas.

> *Quando ela formulava uma interpretação, era raríssimo que me parecesse correta; em geral, eu pensava que era um absurdo que não valia a pena discutir, na medida em que eu não considerava as interpretações como sendo outra coisa que não a expressão da opinião da Sra. Klein, que não estava amparada em nenhuma prova.... À medida que a análise prosseguia, não ia ficando mais próximo de suas opiniões, mas bastante mais sensível à nossa discordância. Não obstante, al-*

---
[35] Gérard Bléandonu (1990), *Wilfred R. Bion, la vie et l'œuvre, 1897-1979*. Paris: Dunod, p. 90.

guma coisa acontecia no que se refere a essa série de momentos vividos com ela que me faziam sentir gratidão por ela e, ao mesmo tempo, o desejo de me ver livre desse fardo de tempo, dinheiro e esforço.[36]

É preciso dizer que, entre o paciente e a analista, os motes de conflito não faltavam: Malcolm Pines, o biógrafo já mencionado, relata que, "durante a sua análise e em seguida, ele sentiu que a Sra. Klein não era favorável — quando não abertamente hostil — ao seu trabalho com grupos".[37] Quando o paciente confiou à analista a sua intenção de pôr fim à análise, ela aceitou, espanta-se Bion — "em parte, sem dúvida, porque muito W.R.B. era demais!"[38]

Bion, não é de duvidar, foi levado a reconhecer o "gênio feminino" de sua analista, no qual se inspirou em larga escala quando começou, ele mesmo, as suas próprias elaborações. Mas o salto conceitual que ele efetuou tão logo se libertou dela propeliu-o muito além de qualquer "pertença" kleiniana.

Um novo lar

No finalzinho dos anos 1940, Bion, talvez em vias de reconciliação parcial com as mulheres, começou a sair com uma enfermeira chamada Francesca: uma jovem viúva, que fazia uma formação na Tavistock Institute of Human Relations e que parece ter provocado nele uma mudança tal que esse encontro se revelou decisivo. No espaço de alguns meses, entre março e junho de 1951, Bion a

---

36 Wilfred R. Bion, *All My Sins Remembered, op. cit.*, p. 68; tradução minha.
37 Malcolm Pines, "L'influence de John Rickman et de Melanie Klein sur W.R. Bion", *op. cit.*, p. 55; tradução minha.
38 Wilfred R. Bion, *All My Sins Remembered, op. cit.*, p. 68; tradução minha.

pediu em noivado e com ela se casou. As cartas que foi levado a lhe escrever, cada vez que dela ficava separado, são particularmente vibrantes de sentimentos. Com o fruto da venda de Iver Heath, ele comprou outra casa, maior e mais bonita, chamada de "Redcourt", da qual temos vários quadros pintados pelo próprio Wilfred. O casal deu à luz duas crianças: Julian, em julho de 1952, e Nicola, em junho de 1955. Com o retorno de Parthenope, que havia encontrado em Francesca uma madrasta carinhosa, formam uma família feliz que permite o desabrochar de cada um de seus membros. "O simples fato de pensar em *nossos* filhos me proporciona uma dor inexprimível", escreve ele a Francesca, em 11 de abril de 1951, quando os filhos *deles* ainda só existiam no desejo *deles*. Mas, já ali, ele sabe reconhecer: "Você me deu Parthenope de volta, e me fez sentir o que era ter um filho".[39] Com isso, Bion — que, com quase 60 anos, até então tinha publicado um só artigo — conheceu uma disposição fecunda que o levou a desenvolver uma criatividade impressionante. Não está fora de questão pensar que o amor lhe proporcionou aquilo que a análise havia preparado.

No campo institucional, após o final de sua análise — que Bion reconheceu que lhe havia sido "um fardo" —, o burocrata que, contra todas as expectativas, ele havia curiosamente sido — visto que era, ao mesmo tempo, cioso de sua independência —, exerceu a função de diretor da London Clinic of Psycho-Analysis de 1956 a 1962. Nesse mesmo ano de 1962, e isso até 1965 — duração autorizada por lei —, distinguiu-se como estimado presidente da reputadíssima Sociedade Britânica de Psicanálise.[40] Ele conservou relações estreitas — e complicadas — com Melanie Klein. Era bastante próximo dela, acompanhava-a em muitas de suas viagens, comportava-se como seu fiel escudeiro, mas esforçando-se, ao

---
39 Wilfred R. Bion, *The Other Side of Genius, op. cit.*, p. 85; tradução minha.
40 Cf., a esse respeito, as cartas de Winnicott a Bion em D.W. Winnicott, *Lettres vives, op. cit.*, p. 136.

mesmo tempo, por se subtrair à sua "tirania": "'Tenho', escreve ele a Francesca, "de encontrar uma forma de explicar a M. K. que preciso de sono.... Melanie exige demais. Suponho ser por ela ter sofrido tantas agressões e conhecido tão pouca alegria na vida, mas sempre me sinto esgotado".[41] Mas foi também nesse contexto que ele escreveu e publicou os artigos mais importantes desse período: "O desenvolvimento do pensamento esquizofrênico", "Ataques à ligação", "Diferenciação entre as partes psicótica e não psicótica da personalidade" etc.[42] Após a morte de Melanie Klein, em 1960, ele se tornou o secretário do Melanie Klein Trust.

Não é indecoroso sustentar que foi a partir desse momento que a criatividade de Bion se amplificou grandemente, como se então ele houvesse parado de se refrear na exposição de suas ideias. Alguns afirmaram que a idade o havia impelido a se superar. Há provavelmente por onde acrescentar a isso que esse aumento de animação foi uma maneira de não sofrer (demais) com a morte de sua analista e mentora, e de se subtrair às tensões institucionais que então tomaram conta da Sociedade Britânica de Psicanálise. Em todo caso, foi no decorrer desse punhado de anos que foram publicadas as três obras do período dito "epistemológico" de Bion: *Learning from Experience* (Aprender com a experiência), *Elements of Psycho-Analysis* (Elementos de psicanálise) e *Transformations* (Transformações). Esses importantes trabalhos resultaram no nascimento do último volume da série: *Attention and Interpretation* (Atenção e interpretação). Foi então que se produziu uma nova grande virada.

---

41 Wilfred R. Bion, *All My Sins Remembered*, op. cit., p. 116; tradução minha.
42 Artigos reunidos em Wilfred R. Bion (1967), *Second Thoughts*. London: William Heinemann. Em francês: *Réflexion faite*. Paris: Presses Universitaires de France, 1983.

As duas Américas

Em torno do final dos anos 1960, um pequeno número de psicanalistas californianos interessou-se pela obra de Melanie Klein e convidou os analistas kleinianos com mais visibilidade para participar de ciclos de palestras. Bion fez parte dos convidados. Suas conferências tiveram um sucesso tal que os seus anfitriões lhe propuseram que se instalasse ali, em Los Angeles, de forma definitiva. Bion tinha 71 anos de idade. Além do fato de a recepção ser das mais calorosas, o clima da Califórnia lhe lembrava o da Índia de sua infância — fazendo ressurgir os contos imemoriais cantados pela sua *ayah* — e o Novo Mundo parecia livre das tensões teóricas e institucionais da velha Europa... Resumindo, tudo convergia para dar a ilusão de que existia um paraíso que não estivesse perdido! Bion e os seus mudaram-se para a 225 Homewood Road, em Los Angeles, no dia 25 de janeiro de 1968, no meio de um inverno que mais parecia um verão. Quando lhe perguntavam como foi que pôde deixar sua querida Inglaterra com tamanha facilidade, ele alegava que as responsabilidades institucionais estavam "trucidando [a sua] capacidade de trabalho". E, como de costume, acrescentava: "Estava tão sobrecarregado de honrarias que ia afundar sem deixar rastro!" Em pouco tempo, sua novíssima reputação estendeu-se à Argentina e ao Brasil, países nos quais foi recebido com um entusiasmo sem igual e onde ciclos de conferências, bem como seminários de supervisão, foram organizados e regularmente repetidos.[43] Frank Philips relata que,

---

43 Cf. Wilfred R. Bion (1974), *Brazilian Lectures. São Paulo: 1973; Rio de Janeiro: 1974*. Rio de Janeiro: Imago Editora/London: Karnac, 1990. Em francês: *Entretiens psychanalytiques*. Paris: Gallimard, 1980. *Clinical Seminars*. Abingdon: Fletwood Press, 1987. Em francês: *Séminaires cliniques*. Paris: Éditions de Ithaque, 2008.

> no Brasil, muitos encontraram nele um grande estímulo; alguns se mostraram intrigados; outros consideraram que o seu pensamento era difícil demais de assimilar.... Mas algo de importante havia ocorrido; e, dali em diante, nada seria como antes.... Até 1973, o Comitê de formação do Instituto de São Paulo propunha um curso completo de ensino sobre Freud e sobre Melanie Klein. A partir de 1973 modificações foram introduzidas para incluir Bion, e as coisas permaneceram assim desde então.[44]

De sua parte, Rafael López-Corvo, autor de um dicionário da obra de Bion publicado em inglês, resume sua atitude de forma admirável no prefácio: "Bion se mostrava obscuro para os ingleses, sóbrio para os americanos e afável e compreensível para os brasileiros".[45] Dos Estados Unidos — onde, depois de várias decepções (algumas delas ligadas a diversas mesquinharias concernindo à recusa em reconhecer esse analista não americano como analista didata!) — Bion viajou de Norte a Sul e de Leste a Oeste, apresentando trabalhos na Inglaterra,[46] na França,[47] na Itália,[48] na Argentina e no Brasil, passando os anos 1970 escrevendo um "óvni" literário

---

44 Frank Philips, "A Personal Reminiscence: Bion, Evidence of the Man". In: James Grotstein, *Do I Dare Disturb the Universe? A Memorial to W. R. Bion*, op. cit., p. 40; tradução minha.
45 Rafael López-Corvo (2003), *Dictionnary of the Work of W.R. Bion*. London: Karnac Books, p. 16; tradução minha.
46 Wilfred R. Bion (2005), *The Tavistock Seminars*. London: Karnac. Em francês: *Bion à la Tavistock*. Paris: Éditions de Ithaque, 2010.
47 Cf. Salomon Resnik (2006), *Biographie de l'inconscient*. Paris: Dunod, que contém a transcrição traduzida para o francês do seminário de formação ministrado por Bion em Paris no ano de 1977.
48 Wilfred R. Bion (2005), *The Italian Seminars*. London: Karnac. Em francês: *Séminaires italiens*. Paris: Éditions In Press, 2005.

e psicanalítico em três volumes, *A Memoir of the Future* (Um memorial do futuro) — obra "completa" baseada numa "ideia-mãe", no sentido de James Joyce.

No final de 1978, o projeto de rever a Índia — essa Índia intemporal e eterna que ele carregava tanto no peito quanto nos olhos — ficou mais premente, e foram iniciados os preparativos para uma viagem programada para dali a seis meses. Em março de 1979, o casal Bion fez escala em Londres e voltou a Oxford, onde Wilfred teve de ser hospitalizado. No espaço de três semanas, manifestou uma leucemia mieloide fulminante, da qual veio a falecer em 8 de novembro de 1979. O retorno à Índia natal jamais aconteceu.

3. A experiência emocional e a função alfa

Em *Estudos psicanalíticos revisados*, Wilfred R. Bion embarcou na tarefa de colocar em evidência as razões pelas quais, muito rapidamente, ele deixou de tomar notas ao final de cada sessão.[1] Sua prática pessoal, que ele tenta muito simplesmente comunicar, apoia-se no fato de que ele se sentiu muito rapidamente incapaz de reconstituir em palavras o teor emocional daquilo que se passava no aqui e agora da sessão.

Ele escreve: "Como a psicanálise lida com uma experiência não sensorial . . ., os registros fundamentados na percepção daquilo que é sensível só guardam rastros do que é alheio à psicanálise".[2] Note-se o seguinte: o uso muito frequente da palavra "experiência" — talvez o mais frequente na obra de Bion.

Os primeiros elementos sensoriais, que surgem *ex abrupto* das palavras do paciente, do seu gestual e do conjunto de seu comportamento, são observáveis pelos órgãos dos sentidos do analista. É o

---
[1] De modo algum incito quem quer que seja a fazer como ele.
[2] Wilfred R. Bion, *Réflexion faite, op. cit.*, p. 6.

que alguns chamam de *praecox Gefühl*.³ Eles todos têm um valor igual e entram, é claro, no cômputo como fenômenos portadores de indicações preciosas. Pela visão, pela audição, pelo olfato, pelo tato — dar-se conta de que a mão que se aperta está úmida de angústia, ao passo que nenhuma angústia é perceptível na aparência, no discurso ou no comportamento —, o analista recolhe diversos dados sensoriais que existem enquanto tais, sem outro valor além de sua existência. Mas, a partir dessa sensorialidade, diferentes estados de transformações podem se efetuar. Eis aqui um exemplo.

Uma experiência que não compete aos sentidos

No início de um artigo, Bion descreve a "imagem visual" que ele tem de um paciente:

> *A primeira vez que o vi, estava na presença de um homem de 43 anos, medindo por volta de 1,80 m, muito elegante, a tez pálida e o rosto sem expressão. Ele era professor. O exame de suas dificuldades foi sumário e, de sua parte, conduzido com uma apatia monossilábica. Ele aceitou sem grande entusiasmo começar uma análise comigo.*⁴

Dezessete anos depois, quando está preparando a publicação da obra que agrupará o conjunto dos artigos da época, ele redige um (longo) "Comentário" — 50 páginas — no qual expõe o

---

3 Cf. Jean Oury, que, nos Seminários de La Borde — publicados como *Les Séminaires de la Borde (1996-1997)* pela editora Champ Social (Nîmes, 1998) —, fala do "*praecox Gefühl*" de H. Cornelius Rümke (1893-1967), psiquiatra holandês, como equivalendo ao "instante de ver" de Lacan.
4 Wilfred R. Bion (1950), "Le jumeau imaginaire". In: *Réflexion faite, op. cit.*, p. 8.

caminho percorrido desde a primeira redação desses artigos e as reflexões nele suscitadas pelas mudanças que foram produzidas em sua forma de pensar. "No momento da redação desse texto", escreve ele,

> *eu acreditava estar fazendo um relato exato das minhas interpretações..., seguido de um relato exato de suas consequências. Parece-me mais justo hoje em dia considerar que esse texto, assim como todos os outros artigos que escrevi..., compõem-se de enunciados que não têm todos o mesmo estatuto. Por exemplo, ... o enunciado [que descreve o paciente] consiste na comunicação verbal de uma imagem visual. Relendo-o 17 anos depois, ainda estou em condições de retirar dele uma impressão visual que, até certo ponto, evoca em mim algo que não se deixa apreender pelos sentidos: a depressão.*[5]

"A expressão 'apatia monossilábica'", continua ele, "hoje me leva a fazer a hipótese de que o paciente estava deprimido, ainda que dizer que ele estava deprimido e descrevê-lo como apático e monossilábico não sejam a mesma coisa".[6] Depois, algumas linhas adiante:

> *É, portanto, uma imagem sensorial...; mas todos os analistas sabem o quanto é frustrante tentar explicitar, mesmo a um outro analista, uma experiência que perde a sua força de convicção tão logo posta em palavras*

---

5 Wilfred R. Bion, *Réflexion faite, op. cit.*, pp. 138-139.
6 *Idem.*

> .... Na época em que eu tinha o costume de redigir notas detalhadas sobre as minhas sessões, constatei que não as compreendia mais por isso. Pensei, primeiro, que seria fácil compreender notas tomadas rapidamente — um rabisco aqui, um ponto de exclamação acolá —, em que resvalavam talvez uma suposição ou uma observação sobre os meus próprios sentimentos em relação à situação. Sem chegar a dizer que minhas notas tinham perdido toda a sua significação no momento em que as relia, já não eram mais portadoras da significação que eu esperava encontrar nelas. Não deixavam de se assemelhar àquelas notas ainda repletas de sono que me acontecia de tomar para fixar um sonho que me parecia importante e estudá-lo de manhã. Meus rabiscos estavam sempre ali; o sonho havia desaparecido.... Assim é com esse artigo.... Tal como ele se apresenta, não reconheço o paciente e não reconheço a mim mesmo.[7]

Noutros termos, Bion lança mão de toda a sua arte para indicar que a experiência emocional que se desenrola na frente dos seus olhos, por mais indispensável e inevitável que seja, não é capaz de fornecer diretamente indicações sobre o que é observado com fins psicanalíticos e que apenas um trabalho de abstração permite evidenciar a forma como a psique funciona. Mas "abstração" significa, sobretudo, que o pensamento deve ser livrado dos elementos sensoriais fornecidos, na origem, pelos órgãos dos sentidos.

Eis por que, desde as primeiras páginas de seu terceiro livro, *O aprender com a experiência*, só se pode ficar impactado com

---

7 *Ibid.*, pp. 139-140.

o projeto que subjaz à escrita: "Este livro", anuncia Bion, "compromete-se com as experiências emocionais diretamente ligadas às teorias do conhecimento e à clínica psicanalítica, e isso da maneira mais prática".[8] A seu ver, o trabalho se origina de levar em conta a experiência emocional. Essa experiência íntima se produz quando, no tratamento, as incidências das impressões dos sentidos e das qualidades de prazer e desprazer conjugam-se na evocação de uma circunstância ou de uma situação que suscitou, no plano emocional, turbulências tais que o paciente foi levado a ter de escolher entre a modificação da frustração experimentada por causa de uma insatisfação sentida e a fuga dessa frustração. Noutros termos, a solução adotada ao cabo dessa experiência foi tributária da capacidade de pensamento da qual o paciente pôde — ou não — dar provas para apreciar da melhor maneira as vantagens e os inconvenientes da escolha a ser efetuada. Em seu artigo de 1911, "Dois princípios do funcionamento mental", Freud já havia magistralmente encontrado e descrito o fenômeno:

> ... *o estado de repouso psíquico foi inicialmente perturbado pelas exigências imperiosas das necessidades externas. Nesse caso, o que era pensado (desejado) foi simplesmente posto de forma alucinatória, tal como ainda hoje acontece a cada noite com os nossos pensamentos oníricos. Somente a ausência persistente da satisfação esperada, a decepção, levou a que se abandonasse essa tentativa de satisfação por meio da alucinação. Em vez disso, o aparelho psíquico teve de se decidir por representar o estado real do mundo exterior e por buscar uma modificação real. Com isso um novo prin-*

---

8 Wilfred R. Bion, *Aux sources de l'expérience, op. cit.*, p. 9.

cípio de atividade psíquica foi introduzido: o que era representado já não era mais aquilo que era agradável, mas o que era real, ainda que fosse desagradável.[9]

Voltemos à questão da frustração. No caso da alucinação desenvolvido por Freud, relacionar o recurso a essa solução e o aspecto econômico dos benefícios que dela podem ser retirados com o nível de satisfação atingido leva o indivíduo ao ponto de adotar essa via para se interrogar a respeito do valor de sua escolha.

É claro que a alucinação é, de fato, a via mais direta para acessar a satisfação, mas o seu caráter "irreal" em curto prazo — ou até mesmo rapidamente ameaçador e persecutório — não pode apaziguar de modo duradouro a dolorosa tensão sentida por conta da falta. Se o sujeito em questão se ativesse apenas a se submeter ao princípio de prazer, não chegaria a se manter vivo além de um curtíssimo lapso de tempo. Por pouco que ele experimente o desejo de ficar vivo por mais tempo, é preciso que abra mão só do prazer, procurando encontrar algo real que assegure a sua sobrevivência material, tanto do seu organismo quanto do seu espírito. É o princípio de realidade que, conjuntamente com o anterior — o princípio de prazer —, age a fim de eleger, na realidade, um objeto talvez menos satisfatório que o objeto alucinado, mas que tem a vantagem de ser real.

Incluir as experiências de aprendizagem

São essas noções que Bion reinterroga no início de sua obra. Ele retoma Freud, que, no mesmo artigo, escreve:

---

[9] Sigmund Freud (1911), "Formulations sur les deux principes du cours des événements psychiques". In: *Résultats, idées, problèmes*, vol. I, *op. cit.*, p. 136.

> A maior importância da realidade externa aumenta, ela própria, a importância dos órgãos dos sentidos voltados para o mundo externo e da consciência a eles atrelada; esta aprende a compreender,[10] *para além das qualidades sensoriais de prazer e desprazer — até então as únicas que interessavam —, as qualidades sensoriais.*[11]

A essa altura, Bion já nos incita a observar que a "função" da consciência é compreender as impressões dos sentidos.

"Trato", acrescenta ele, "as impressões dos sentidos, o prazer e o desprazer como igualmente reais"; e o papel da consciência, "outrora onipotente", é agora o de "um órgão dos sentidos para a percepção das qualidades psíquicas". De fato, continua ele citando Freud, "uma função particular é instituída . . .: a *atenção*. Essa atividade vai ao encontro das impressões dos sentidos em vez de esperar passivamente o seu surgimento".[12]

Essa função, segundo Bion, vai então ao encontro "dos dados do mundo externo", de forma a traduzir não tanto as suas quantidades psíquicas (segundo o princípio quantitativo dos *quanta* de excitações) quanto as qualidades psíquicas que elas são suscetíveis de conter e de liberar.

Fatores e função

O analista, tanto quanto o paciente, tem o encargo de "traduzir as qualidades psíquicas das impressões dos sentidos atrelados à

---

10 Grifo meu.
11 Sigmund Freud, "Formulations sur les deux principes du cours des événements psychiques", *op. cit.*, p. 137. O termo "consciência" é grifado por Freud.
12 *Idem*; grifo do autor.

experiência emocional": "Eu tenho", precisa Bion, "uma experiência em registrar, mas não tenho certeza da maneira como essa experiência pode ser comunicada". Chega assim a expor o método que ele entende seguir: ele observa[13] um paciente cujos atos e palavras ele percebe e considera simultaneamente como sendo percepções obtidas por intermédio de seus órgãos dos sentidos e — graças à sua investigação — "funções" da personalidade desse paciente. "Suponhamos", escreve ele,

> *que eu veja um homem andando. Poderia dizer que o seu andar é uma função de sua personalidade e, ao término de minha investigação, descobrir que os fatores dessa função são o amor que ele sente por uma moça e a inveja que tem do namorado dela.*[14]

Transformando os dados sensoriais nascidos da sua observação em pensamentos elaborados graças aos seus mecanismos de pensamento sofisticados, o analista chega a extrair e a deduzir os fatores que são o amor e a inveja das percepções oriundas da acuidade de sua observação. Trata-se aí, para Bion, de uma precondição.

A clínica psicanalítica exige assim um trabalho que, a partir dos dados sensoriais, efetua uma transformação desses dados em materiais utilizáveis pelo aparelho psíquico tal como descrito por Freud, a fim de que o clínico possa estabelecer a sua própria "teoria do conhecimento" que lhe permita conhecer seu paciente.

Entre esses materiais, alguns deverão se tornar conscientes, ao passo que outros deverão passar para o inconsciente; mas, no

---

[13] A propósito da função de observação nos psicanalistas, cf. os desenvolvimentos em meu "Prefácio" para os *Séminaires cliniques* [Seminários Clínicos] de Wilfred R. Bion, publicados em 2008 nas Éditions de Ithaque.
[14] Wilfred R. Bion, *Aux sources de l'expérience, op. cit.*, pp. 11, 33.

ponto em que estamos, o que conta é que essa "experiência emocional" possa ser considerada em sua integralidade. Bion dá disso o seguinte exemplo:

> *O homem que fala com um amigo converte as impressões dos sentidos dessa experiência emocional... e torna-se, assim, capaz... de uma consciência não perturbada dos fatos, sejam estes os acontecimentos de que ele está participando ou as suas sensações a propósito desses acontecimentos, ou ambas as coisas. Ele pode permanecer "adormecido" (asleep) ou inconsciente em relação a determinados elementos... e desperto pelo fato de estar falando com um amigo [— comportamento que alguns pacientes psicóticos não estão em condições de sustentar. Lembro-me, por exemplo, de um paciente que, quando eu baixava o olhar para olhar o cinzeiro perto da minha poltrona, parava de falar].*[15]

Ao examinar o problema de um ângulo diferente, observa-se que Bion atribui uma atenção toda especial àquilo que, já em Freud, havia adquirido uma relevância particular: a apreensão da realidade, pois a descrição que ele dá da "experiência emocional" explicita aquilo que Sigmund Freud, assim como Melanie Klein, ressaltam a propósito do seio — como sendo *uma* (talvez *a única*) experiência fundamental para todos os seres humanos.

---

15 *Ibid.*, p. 33.

Bion dá ênfase ao fato de que um seio real é oferecido — o que ele denomina "realização" do seio.[16] O que importa nessa experiência, precisa ele,

> é que a "entidade seio" oferecida não é uma ficção a mais no imaginário do bebê; um seio real existe e essa experiência adquire sua qualidade emocional se e quando ela se une com a preconcepção do seio no bebê — preconcepção que o fazia procurar, sem saber que era isso que ele estava buscando, "um seio capaz de satisfazer sua natureza incompleta".[17]

Mas, sobretudo, ela adquire todo o seu valor quando a clínica demonstra que, em vários pacientes adultos, suas relações atuais perturbadas derivam de uma perturbação do lactante em sua relação com o seio.

Isso significa que a experiência emocional não é um acontecimento que se produz, no mundo interno, de forma exclusivamente independente. A ideia que decorre disso permite, a propósito, relativizar a crítica da visão monádica de um psiquismo que, para funcionar, tem de permanecer isolado do mundo externo — ideia que ofereceu a diversos antifreudianos a possibilidade de rejeitar a concepção freudiana do aparelho psíquico. O psiquismo funciona recebendo do mundo externo informações transmitidas pelos órgãos dos sentidos. Ao se querer que seja diferente, expõe-se o aparelho psíquico a bombardeamentos de estímulos de intensidade desmesurada; bombardeamentos comparáveis aos *shell-shocks* a que os soldados da Grande Guerra foram submetidos e que causaram

---

16 Em inglês, *realization*. Cf., a esse respeito, a nota 34 do Capítulo 1, na p. 52.
17 Wilfred R. Bion, *Aux sources de l'expérience*, op. cit., p. 89.

tantos traumas, fazendo ir pelos ares o que Freud havia denominado "para-excitação". Essa membrana, que Bion renomeou como "barreira de contato" — expressão outrora cara a Freud —, é protetora por impedir as fantasias e os estímulos endopsíquicos de sofrer interferência da visão das coisas reais. Ao inverso, escrevem Grinberg, Sor e Tabak de Bianchedi, "ela protege o contato que se pode ter com a realidade, evitando que esta seja deformada pelas emoções de origem interna".[18] Quando Bion desenvolve a sua concepção da experiência emocional, quando ele insiste em descrevê-la o mais completamente possível, é para reafirmar que, através do trabalho que consiste em "traduzir as qualidades psíquicas das impressões dos sentidos atrelados à experiência emocional", esta mantém um vínculo com o mundo externo, com o ambiente; ela proporciona até mesmo o "estofo" de que esse vínculo é feito.[19] É, aos olhos de Bion, o que o termo "experiência" indica. Além do mais, ela atesta a existência de investimentos de objetos que estão ligados às fontes pulsionais. Ela oferece a prova de que existe realmente um vínculo, que pode ser tanto externo quanto interno.

A função alfa

Bion encadeia logicamente, desenvolvendo a sua elaboração:

> *Transformando a experiência emocional em elementos alfa, a função alfa desempenha um papel determinante porque o sentido da realidade importa tanto para o*

---

18 León Grinberg, Dario Sor, Elizabeth Tabak de Bianchedi (1996), *Nouvelle introduction à la pensée de Bion*. Meyzieu: Césura Lyon édition, p. 59.
19 Cf. "Seulement dedans, aussi dehors" — título do Capítulo III do livro de César e Sára Botella (2001), *La Figurabilité psychique*. Lausanne: Delachaux et Niestlé, pp. 117-134.

> *indivíduo quanto o fato de comer, de beber, de respirar ou de eliminar os dejetos. A incapacidade de comer, beber ou respirar direito tem consequências desastrosas para a própria vida. Mas a incapacidade de utilizar a experiência emocional provoca um desastre de mesma amplitude no desenvolvimento da personalidade; já vi muitos desastres em diferentes graus de deterioração psicótica que poderiam ser descritos como uma morte da personalidade. . . . Não se pode conceber uma experiência emocional isoladamente de uma relação.*[20]

A função alfa é definida por Bion como "uma abstração utilizada pelo analista para descrever uma função cuja natureza ele ignora, até o momento em que ele pensa estar em condições de substituí-la pelos fatores que a investigação conduzida por meio da função alfa terá revelado".[21] Tantas imprecisões, num autor apegado à precisão, só podem ser deliberadas e destinadas a fazem com que os analistas pensem, interroguem a sua prática. Como ter certeza de ter compreendido? É também um convite a continuar, a aprofundar, a perlaborar. "Vou supor", escreve Bion, "que existem fatores da personalidade que se combinam para produzir entidades estáveis que chamo de 'funções da personalidade'".[22] O termo "função", Bion o utiliza conservando o sentido que ele tem em matemática, em filosofia, ou mesmo na linguagem comum. Trata-se de "uma variável em relação com outras variáveis de que depende o seu valor". Nesse sentido, ele designa tanto algo que *é* uma função — e que, nesse caso, tem fatores — quanto algo que *tem* uma função.

---

20 Wilfred R. Bion, *Aux sources de l'expérience*, op. cit., pp. 59-60.
21 *Ibid.*, p. 43.
22 *Ibid.*, p. 19.

Ele precisa:

> A teoria das funções e a função alfa não fazem parte da teoria psicanalítica. São ferramentas de trabalho concebidas para ajudar o analista clínico a pensar algo que lhe é desconhecido. O termo "função", utilizado no sentido de função da personalidade, não tem a mesma significação que ele tem na matemática ou na lógica matemática . . .; a sua designação completa, se ainda subsiste uma dúvida, é "função psicanalítica da personalidade", mas pode-se designá-la simplesmente pelo termo "função" e sinalizá-la como y. A função alfa é um fator de y.[23]

Bion inova — ou testemunha uma formidável compreensão do Freud do *Projeto*[24] — ao situar, na origem, essa função no seio (isto é, no outro materno) que permite ao recém-nascido fazer frente ao aumento da dor e da frustração. A função alfa é um processo intimamente ligado à relação que a criança estabelece com a mãe; e para que essa função possa se instalar é preciso que a criança possa estabelecer com a mãe uma relação suficientemente boa. Nesse caso, é a função alfa materna que acolhe as experiências emocionais desagradáveis, abandonadas pelo bebê pelo viés da identificação projetiva, transforma-as e as restitui ao bebê numa forma modificada e atenuada. E é à medida que as trocas vão se sucedendo — quando elas se desenrolam de forma conveniente — que a função alfa do lactante se desenvolve: quando os

---

23 *Ibid.*, p. 109.
24 Sigmund Freud (1895), "Esquisse d'une psychologie scientifique". In: *La Naissance da psychanalyse*. Paris: Presses Universitaires de France, 1956, pp. 307-396.

seus elementos não integráveis evacuados lhe são devolvidos pela mãe numa forma integrável e quando, então, algo do processo de modificação lhe é transmitido ao mesmo tempo que os elementos doravante remanejados.

Para descrever essa troca incessante, Bion compara a mãe a um continente (♀) e aquilo que o lactante evacua em direção a ela a um contido (♂). Com isso, a relação que se instaura estabelece-se segundo o esquema (♀♂), que se torna o modelo de toda relação baseada no princípio da função alfa. À medida que as trocas vão se multiplicando, a criança introjeta o esquema que se torna o "aparelho (♀♂)" e que, progressivamente, vai fazer parte do "aparelho da função alfa". A "relação continente-contido" (♀♂) se instala. Mas é essencial lembrar que a implementação de todo esse mecanismo depende da qualidade da relação que o lactante terá podido estabelecer com a mãe e da capacidade que esta terá tido de oferecer amor e compreensão à criança — capacidade que Bion denomina "*rêverie* materna".

A função alfa consiste, assim, no ato de transformar os dados dos sentidos em "elementos alfa", elementos que compreendem "imagens visuais, esquemas auditivos, esquemas olfativos... suscetíveis de ser empregados no pensamento de vigília inconsciente, nos sonhos, na barreira de contato, na memória".[25] Os elementos alfa são, portanto, "o resultado do trabalho realizado pela função alfa sobre as impressões dos sentidos. [Eles] não são objetos do mundo externo, mas o produto do trabalho realizado com os sentidos supostos a se conectar a essas realidades"[26] e com as experiências emocionais primitivas (que Bion reúne sob o termo "elementos beta"). A função alfa visa a compreender a realidade de tal forma que esta possa ser rememorada e utilizada para pensar. Permanecendo

---

25 Wilfred R. Bion, *Aux sources de l'expérience*, op. cit., p. 43.
26 Wilfred R. Bion, *Éléments de psychanalyse*, op. cit., p. 28.

num domínio por ele privilegiado — o do paralelo entre o aparelho psíquico e o aparelho digestivo —, Bion afirma que a função alfa "ingere" as impressões sensoriais e as "digere" para fornecer à psique os elementos alfa constitutivos do pensamento.

Mas, para chegar a isso, ainda é preciso que a experiência emocional tenha podido conduzir a uma forma de "aprender com a experiência" (*learning from experience*). Bion escreve:

> *A criança vivendo a experiência emocional que se chama "aprender a andar" é capaz, graças à função alfa, de armazenar essa experiência. Os pensamentos que, na origem, deviam ser conscientes tornam-se inconscientes; doravante, a criança pode exercer a atividade de pensamento que está ligada ao andar sem ter consciência. A função alfa é indispensável ao pensamento e ao raciocínio conscientes; depois, à relegação do pensamento ao inconsciente quando se torna necessário desonerar a consciência do fardo de pensamento que toda aprendizagem representa.*[27]

Assim, a função alfa tem como papel primordial criar no psiquismo, e graças ao entrecruzamento de elementos alfa, uma "membrana" — uma "barreira de contato" — de pensamentos do sonho entre o consciente e o inconsciente.

Na qualidade de magnífico freudiano, Bion toma justamente o cuidado de precisar que a função alfa não opera diretamente sobre a experiência emocional, mas sobre a sua percepção, da qual apreendemos que ela registra, ao mesmo tempo, as impressões dos sentidos (provavelmente convocadas a serem traduzidas na forma

---

27 Wilfred R. Bion, *Aux sources de l'expérience*, op. cit., pp. 26-27.

de representações) e as emoções (os afetos?) de que o paciente tem consciência, sem que pudéssemos dizer qualquer coisa a mais das próprias emoções — domínio que permanece sempre tão misterioso, mas que parece, apesar disso, aos olhos de Bion, representar o núcleo central da vida psíquica. Ao fazê-lo, ele confere uma consistência suplementar ao sistema freudiano percepção-consciência.

Ele descreve igualmente o dispositivo que permite ao aparelho psíquico produzir "pensamentos de sonho" — construídos a partir de elementos alfa — que podem ser conservados na memória ou utilizados para pensar. Ele esclarece, sobretudo, que "a experiência emocional que sobrevém durante o sono não se diferencia da experiência emocional que sobrevém no estado de vigília".[28]

Quando as transcrições não têm lugar

Assim se compreende melhor por que para Bion é importante que a atividade psicanalítica — intimamente correlacionada com a função alfa —, por um lado, se apoie, também ela, na "experiência" psicanalítica (que é, vale lembrar, "uma experiência que não compete aos sentidos"); e, por outro, que ela consista na tarefa de traduzir as qualidades psíquicas das impressões dos sentidos a fim de produzir elementos alfa.

Vimos também por que "as percepções da experiência emocional devem ser elaboradas pela função alfa antes de poderem ser utilizadas nos pensamentos do sonho".[29] As percepções, as impressões dos sentidos, com efeito, são dados que se inscrevem tais quais e que são sentidas "não como fenômenos, mas como coisas em si", escreve Bion. Ocorre o mesmo com as emoções, que são

---

28 Wilfred R. Bion, *Aux sources de l'expérience*, op. cit., p. 24.
29 *Ibid.*

igualmente "objetos dos sentidos". Bion, nessa demonstração, não está longe do Freud da "Carta 52" (que se tornou "Carta 112" na edição completa das Cartas a Wilhelm Fliess), que escrevia:

> *Você sabe que trabalho com a hipótese de que o nosso mecanismo psíquico surgiu por superposição de estratos, o material presente em forma de traços mnésicos conhecem de tempos em tempos . . . uma retranscrição. . . . A memória não está presente uma vez, mas várias . . . . Não sei quantas inscrições desse gênero há. No mínimo três; provavelmente mais.*

As percepções são fixadas como "sinais de percepções" (Spc) que conhecem uma segunda inscrição, a "inconsciência" (Ics), "ordenada segundo relações talvez *causais*",[30] antes de se verem traduzidas numa terceira retranscrição, a "pré-consciência" (Pcs), ligada às representações de palavra. A partir dessa Pcs, conclui Freud, "os investimentos tornam-se conscientes segundo certas regras":

> *Quero frisar que as inscrições que se seguem apresentam a produção psíquica de épocas sucessivas da vida. É na fronteira entre duas dessas épocas que deve se dar a tradução do material psíquico. Entendo as particularidades das psiconeuroses pelo fato de que, para alguns materiais, essa tradução não se deu . . . . Lá onde falta a transcrição ulterior, a excitação é liquidada segundo as leis psicológicas que estavam em vigor no período psíquico precedente e pelas vias que estavam então disponíveis.*

---

[30] Essa é uma questão à qual voltaremos no Capítulo 6.

E, a propósito daquilo que Freud chama de "recusa[31] da tradução" — "que, na clínica, chama-se 'recalcamento'" —, "o motivo para isso", escreve ele, "é sempre um desligamento de desprazer que a tradução daria à luz, como se esse desprazer provocasse uma perturbação de pensamento que não permite o trabalho de tradução".[32]

No linguajar de Bion, os "elementos beta" (as percepções e os sinais de percepção) devem ser elaborados, traduzidos, transcritos pela função alfa para serem transformados em "elementos alfa" (elementos inconscientes) utilizáveis pelo psiquismo para exprimir os pensamentos do sonho e os mitos. Mas vários pacientes, parecendo um lactante totalmente indefeso, não dispunham de uma função alfa suficientemente desenvolvida. Examinaremos as razões para tanto mais adiante. No estado atual de sua problemática, os pacientes não têm outra solução além de recorrer ao mecanismo que Melanie Klein descreveu com o nome de "identificação projetiva": mecanismo fantasístico onipotente derivado daquilo que Freud, anteriormente, havia qualificado como "evacuação", "rejeição", "liquidação" — depois, na esteira do interesse que Ferenczi lhe havia dedicado, "projeção".

No campo de pensamento especificamente kleiniano, a identificação projetiva é uma fantasia que serve para evacuar de si e alojar no outro os elementos primeiramente clivados de seu próprio psiquismo. Desse ponto de vista, clivagem e identificação projetiva funcionam sempre em conjunto. Ademais, importa precisar que esses elementos são evacuados porque, não tendo podido ser transformados, permanecem inassimiláveis na e pela psique, exceto na forma de elementos beta, de "fatos não digeridos", que só produzem "estorvos".

---

31 *Versagung*.
32 Sigmund Freud, "Lettre 112 (6 décembre 1896)". In: *Lettres à Wilhelm Fliess. 1887-1904. Édition complète, op. cit.*, pp. 264-265.

Isso mostra justamente que, para um sujeito, a função alfa é tributária de uma implementação, no mínimo, delicada e de um desenvolvimento igualmente frágil. No decorrer de uma experiência emocional, os órgãos dos sentidos são "bombardeados" por impressões sensoriais (visuais, auditivas, gustativas, olfativas, cutâneas) inassimiláveis pelo psiquismo em seus estados originais. A integração delas será possibilitada pela intervenção da função alfa — a do sujeito e/ou a de um outro — que traduzem esses elementos percebidos em elementos alfa "digestos". Mas essa função alfa, de onde ela vem? Como é que ela se instalou no cerne da personalidade? E, enquanto analistas, que proveito podemos tirar disso e para que uso em nossa prática?

A função alfa na prática analítica

"Na qualidade de analista tratando um paciente adulto", escreve Bion, "posso ter consciência de algo de que o paciente, de sua parte, não tem. De igual maneira", acrescenta ele, "a mãe pode discernir o estado de espírito de seu filho antes mesmo que ele próprio tenha consciência disso — por exemplo, quando o bebê dá todos os sinais de fome antes mesmo de ter consciência disso".[33]

A essa altura, pode-se até precisar que há poucas chances de a criança poder ter ciência de que está com fome, uma vez que ainda lhe falta a consciência da sua existência de sujeito autônomo. É, aliás, o que o próprio Bion escreve:

> *Obviamente não convém dizer que o lactante está consciente da qualidade psíquica e transforma essa experiência emocional em elementos alfa, visto que eu*

---
33 Wilfred R. Bion, *Aux sources de l'expérience, op. cit.*, p. 51.

> *disse anteriormente que a existência da consciência e da inconsciência depende da produção prévia de elementos alfa pela função alfa.*[34]

Para o lactante, a fome aparece então, em termos bionianos, como a "necessidade de um seio", que é uma sensação, e "essa sensação é, ela própria, um seio mau". Por conseguinte, Bion se sente legitimado a sustentar que "o lactante não experimenta o desejo de um seio bom, mas, em contrapartida, experimenta o desejo de abandonar um mau".[35] Aliás, mais adiante ele afirma que "todos os objetos desejados são maus objetos porque excitam a cobiça (*tantalize*). Eles são desejados porque não são possuídos na realidade; se o fossem, não haveria falta".[36] Assim, a fome é um "seio mau", uma situação ruim, uma má experiência emocional, visto que causa no lactante uma dor cuja origem ele não consegue situar com precisão.

Suponhamos, contudo, que, em regra geral, o seio traga ao lactante uma resposta "quase conveniente e satisfatória" (*good enough*) e lhe proporcione não somente o leite, "mas também sensações de segurança, de calor, de bem-estar, de amor".[37] Bion nos convida agora a supor que "o lactante [tem] necessidade de — é de propósito que não digo 'deseja'", precisa ele "— apropriar-se do leite como tal e das sensações a ele associadas", de forma a torná-los seus. A fome, na qualidade de que "seio mau", é o fenômeno incontestável que surgiu primeiro e que o lactante mandou para longe, evacuou na direção da mãe — seja chorando e gritando,

---

34 Wilfred R. Bion, *Aux sources de l'expérience*, op. cit., p. 52.
35 *Ibid.*, p. 51.
36 *Ibid.*, p. 103.
37 Retive do trabalho de supervisão que realizei com Joyce McDougall — e, depois, da relação de amizade que nos aproximaram até o final de sua vida — que "um lactante tem necessidade menos de alimento do que de ser alimentado por alguém que adora alimentá-lo".

seja defecando, seja associando os dois — a fim de que o leite e as palavras e os gestos reconfortantes, que serão recebidos como um "seio bom", disponham de um lugar no espaço indiferenciado compartilhado pela mãe e a criança.[38] O "seio mau" é, cronologicamente, o primeiro a ser sentido e "pensado"; ao passo que o "seio bom", que alivia o desconforto e a dor, só aparece num segundo momento. "O seio bom e o seio mau", escreve Bion, "são ambos sentidos como tão reais e concretos quanto o leite. Cedo ou tarde, o seio 'desejado' vem a ser sentido como uma 'ideia de um seio faltante', e não mais como um seio mau presente".[39] Enquanto ideia comunicada e veiculada pela mãe, a "ideia de um seio faltante" esteia a sensação de fome — que é uma coisa em si, um elemento beta — num nível outro que não o da fisiologia e permite que ela figure, na psique nascente do lactante, na categoria de elemento alfa. "A componente física", escreve Bion, "— o leite, o desconforto da saciedade ou o contrário — é imediatamente acessível aos sentidos e nós podemos, então, atribuir aos elementos beta uma prioridade cronológica em relação aos elementos alfa".[40] Assim, a mãe — graças à função alfa de que dispõe e que exerce através de sua "*rêverie*" — transforma os elementos beta (fome, dor, desconforto, fezes) evacuados por seu bebê em elementos alfa (alimento, amor, apaziguamento, cantiga, tranquilização).

Destruição da função alfa

Mas, muito evidentemente, a resposta da mãe é sempre "diferida", no tempo, em relação às primeiras manifestações expressas pelo

---

38 "Espaço intermediário" ou "espaço transicional", na terminologia de Winnicott.
39 Wilfred R. Bion, *Aux sources de l'expérience*, op. cit., p. 51; tradução minha.
40 *Ibid.*, p. 52.

bebê. É preciso, então, levar isso em conta e acrescentar a esse encadeamento lógico a dimensão "crono-lógica" indissociável de tal processo. Vários fatos devem ser considerados. Como dissemos, o leite e os outros aportes oferecidos pela mãe não estão necessariamente em condições de satisfazer plenamente o lactante, seja porque nunca correspondem completamente ao objeto esperado; seja porque produzem sofrimentos ligados ao desconforto que podem vir em seguida à amamentação (dor no estômago, sensação de estufamento, necessidade de evacuar etc.); seja porque esse aporte apaziguador fez cessar uma experiência que o lactante estava explorando; seja, por fim, porque a resposta materna demorou demais. Em todos os casos, a criança vive uma frustração que se transforma em sentimento de frustração, e é o grau de tolerância ou de intolerância a essa frustração que se torna o elemento predominante no devir da transformação da experiência emocional em elementos alfa e em ampliação da função alfa. Não se deve negligenciar a parte que cabe à criança na aceitação ou na não aceitação da solução oferecida pela mãe (leite, mas também segurança, calor, bem-estar, amor) e, sobretudo, nas consequências que a anuência ou a recusa provocam como confusão e como distúrbios na mãe. De igual maneira, indica Bion, os nossos pacientes são amplamente capazes de suscitar emoções no analista, e são essas emoções que geralmente são alocadas no termo "contratransferência". Mas, continua Bion, "a teoria da contratransferência oferece uma explicação meio satisfatória, apenas: ela vê nessa manifestação apenas um sintoma das motivações inconscientes do analista e deixa, portanto, inexplicada a contribuição do paciente".[41] Voltaremos a isso.

O que chama a nossa atenção, no momento, refere-se à escolha do lactante, na situação em que ele se encontra, de aceitar ou de

---

41 *Ibid.*, p. 41.

recusar a oferta materna — constituído, no princípio, de alimento e cuidados, mas nem sempre.

Que se trate daquilo que o lactante experimenta corporalmente ou da forma como ele acolhe — ou não — a resposta proposta pela mãe, ele se engaja na experiência repetida de uma situação no decorrer da qual muitos aspectos emocionais vão aparecer. Essas emoções intensas, como se viu, não são assimiláveis tais quais pelo aparelho psíquico e necessitam ser transformadas por intermédio da função alfa da mãe, se ela dispõe dessa função e se o lactante aceitou que dela a mãe faça uso. Cumpre efetivamente precisar que, de um lado, nem todos os adultos dispõem de um mesmo grau de elaboração da função alfa; e que, por outro, os desvios constatados acarretam diferenças na forma de tratar as crianças no decorrer das primeiríssimas trocas. Uma mãe — desconcertada, por mil e uma razões, pela chegada de seu bebê — logo se vê incapaz de fornecer ao seu filho o ambiente seguro de que ele precisa para aproveitar, como deveria, as primeiras experiências. A instalação da função alfa se vê perturbada e, diante da impossibilidade que o lactante experimenta de transformar as coisas em si (elementos beta) em elementos alfa, ele não tem outro recurso a não ser utilizar, em excesso, a identificação projetiva maciça para "livrar a psique de um aumento de excitações",[42] como indicava Freud. Também pode ocorrer o inverso: "Pode acontecer", declara Bion, "de um bebê não poder entrar em contato com o seio" — que se recusa a esse gênero de contato —, "mas ele pode, muito rapidamente, seguir a mãe com o olhar. É possível, então, que se tenha uma boa relação com uma mãe que não está propriamente em contato com o bebê".[43]

---

42 Sigmund Freud, "Formulations sur les deux príncipes...", *op. cit.*, p. 138.
43 Wilfred R. Bion, *Séminaires cliniques, op. cit.* Segunda parte: *Brasília*, Capítulo 20, p. 116.

Assim, diversas formas de entraves ao estabelecimento de uma boa função alfa aparecem por diferentes razões. Bion afirma que um outro elemento é suscetível de impedir o lactante de se beneficiar dos recursos da experiência emocional, uma vez que esta se encontra perturbada. Ele escreve:

> *O lactante recebe do seio o leite e outros confortos materiais; mas também amor, compreensão, alívio. Suponhamos que a iniciativa do lactante seja entravada pelo medo da agressividade, a sua própria ou a de outrem. Se a emoção é suficientemente forte, ela inibe o impulso do lactante a encontrar seus meios de subsistência. O amor do lactante ou da mãe, ou de ambos, acentua bem mais que diminui esse entrave, em parte porque o amor é inseparável da cobiça do objeto amado, em parte porque o amor é sentido como algo que suscita inveja e ciúme num objeto terceiro que se encontra excluído. O papel desempenhado pelo amor corre o risco de passar despercebido porque é eclipsado pela cobiça, pela rivalidade e pelo ódio.... A violência da emoção só pode reforçar esse entrave porque a violência não se distingue da destrutividade, e da culpa e da depressão que vêm em seguida.*[44]

Assim, o medo da agressividade — tanto interna quanto externa — corre o risco de privar o lactante da possibilidade de receber o que vem do outro. Como evocado acima, a avidez com relação ao objeto muito fortemente desejado (o seio) pode desencadear uma recusa de se servir dele, ou até mesmo de se apropriar dele, e

---

44 Wilfred R. Bion, *Aux sources de l'expérience*, op. cit., pp. 27-28.

ataques no intuito de danificá-lo. Ou então, fato clínico incontestável cuja origem se situa nas primeiríssimas experiências de instalação da função alfa, constata-se a instalação de uma clivagem de um tipo muito particular — uma "clivagem forçada" (*enforced splitting*), escreve Bion; "clivagem entre a satisfação material e a satisfação psíquica" —, que tem como meta "dar ao lactante a possibilidade de ter aquilo que, na vida, chama-se de 'comodidades materiais', sem que isso venha acompanhado do reconhecimento da existência de um objeto vivo do qual elas proveem".[45]

Nessa ocasião, Bion evoca um ponto com o qual não nos parece possível necessariamente concordar, por causa da fidelidade a Melanie Klein que Bion demonstrava — ao menos até o falecimento desta — e da qual ele teve dificuldades de se desfazer. Mas pode ser que seja um ponto menor, um mau gosto mínimo no edifício geral bioniano.

A discordância que menciono refere-se ao fato de que as recentes pesquisas no campo psicanalítico — as de Laura Dethiville, em particular, a propósito de Donald W. Winnicott[46] — tendem a mostrar que os sentimentos de amor, de ódio, de inveja etc., supõem minimamente uma organização pulsional globalmente unificada. Noutros termos, nos primeiríssimos momentos da vida, as diversas partes do eu em curso de constituição e a indiferenciação ainda atual entre o bebê e a mãe talvez ainda não permitam que já se fale em amor, em ódio, em inveja — que supõem personalidades relativamente unificadas suscetíveis de experimentar sentimentos "inteiros". A não integração é uma ideia fecunda. Ela proíbe que se fale em amor ou em ódio, visto que esses dois sentimentos

---

45 *Ibid.*, p. 28; tradução minha.
46 Laura Dethiville (2008), *Donald W. Winnicott. Une nouvelle approche*. Paris: CampagnePremière/; *La Clinique de Winnicott*. Paris: CampagnePremière/, 2013.

supõem a existência de uma personalidade unificada, isto é, integrada. Mas nosso vocabulário não conhece outra palavra para dizer que o lactante *ama* o seio ou o *odeia*, pois aceitar ou recusar são somente descritivos. Talvez, com efeito, não se justifique falar, de forma definitiva e terminante, em sentimentos inteiros, ou até em sentimentos experimentados por uma personalidade considerada unificada de forma permanente. É bem verdade que se pode amar apenas as mãos de alguém, ou somente a sua voz, ou ambos; ou o seu cheiro, ou o seu jeito de andar etc.; e, em casos como esse, tem-se de lidar com aquilo que a metapsicologia, em geral — e não somente freudiana —, chama de "pulsões parciais", mesmo numa pessoa cujas diversas pulsões estão globalmente unificadas. A experiência nos demonstrou que uma desorganização interna permanece sempre possível quando um indivíduo está vivendo uma situação emocional intensa.[47] A *fortiori*, essa fragmentação deve ser considerada como "a" realidade que o lactante descobre, quer se trate da realidade espacial (útero materno, vagina, mãos do obstetra, sala de parto, maternidade, carro, domicílio, quarto dos pais, quarto do bebê, sala etc.), da realidade temporal (tempo de repouso, para acordar, de esperar para ser alimentado, de mamar, de digestão, de exploração visual, auditiva, tátil etc.), da realidade sensorial (essa dor na barriga está dentro ou fora de mim?; é graças aos meus olhos ou à minha rede nervosa interna?) ou da realidade

---

[47] Lacan evocou a mesma inversão a partir de sua leitura do "complexo do próximo" tal como ele é desenvolvido por Freud no "Projeto". Visto que, em Freud, o próximo é sempre e simultaneamente a "pessoa muito atenciosa" e aquela que é responsável pelo primeiro desprazer — ensinando ao sujeito a sua própria divisão —, Lacan força o contraste até certo paroxismo. Em se apoiando no ensino de Sade e na desunião das pulsões parciais observada em certas condições extremas, Lacan indica que "o corpo do próximo se fragmenta" em função dos desejos que tenho por ele; "o Outro se desfaz". Jacques Lacan (1986), *Le Séminaire, Livre VII: L'Éthique de la psychanalyse (1959-1960)*. Paris: Seuil, pp. 237-238.

dos sentimentos dos quais ele vai progressivamente tomando ciência (inveja, ciúme, ódio, amor etc.).

De outro ponto de vista, a vontade, para ficar só nesse exemplo, pode ser qualificada como primária se conservarmos a ideia de "só-depois", cuja importância não foi desmentida no seio do ferramental conceitual, com todo o seu valor no arsenal descritivo do funcionamento psíquico. O que pode ser descrito, num momento precoce da vida de um lactante, pelo termo "avidez" pode ser renomeado, num momento mais tardio, pelo termo "vontade", e vice-versa. Como indicado acima, "avidez" é um termo descritivo, ao passo que "inveja" e "amor" são sentimentos (e talvez não exista nenhum meio de localizar manifestações de sentimentos num lactante). De todo modo, acrescenta Bion, parece que a inveja nasce "maciçamente", porque ela é "uma função da relação"[48]. Deve-se juntar a isso o fato de que os sentimentos com que se depara — se é que eles existem —, experimentados nesses períodos precoces, reservam um amplo espaço para as diversas formas de severidade que se seguem, prefigurando a importância que o supereu tem nos primeiríssimos meses.

Essas reflexões, que têm uma importância real no debate psicanalítico, ainda demandam uma precisão suplementar. Toda elaboração e todo desenvolvimento teóricos da psicanálise são tributários da terminologia que os autores empregam para fornecer uma explicação o mais completa possível dos processos psíquicos inconscientes que eles procuram fazer com que se reconheça. Ao longo de sua vida, Bion lamentou a inadequação das palavras para dar conta dos mecanismos psíquicos que lhe pareciam estar em ação nos "distúrbios do pensamento" que ele encontrou em seus pacientes e para relacionar esses distúrbios com os acontecimentos

---

[48] Wilfred R. Bion, L'Attention et l'interprétation, *op. cit.*, p. 138.

psíquicos que supostamente deveriam ter ocorrido na origem: "O problema imposto pela experiência psicanalítica", escreve ele,

> é a ausência de uma terminologia adequada para descrever essa experiência; e, nesse sentido, ele se aparenta ao problema que Aristóteles solucionou ao supor que as matemáticas lidavam com objetos matemáticos. De igual maneira, convém supor que a psicanálise lida com objetos psicanalíticos e que é pela localização e pela observação desses objetos que o psicanalista deve se interessar.[49]

A isso se acrescenta o fato de que, em se tratando de processos localizados nos primeiríssimos momentos da vida psíquica de um lactante, a sua elaboração, bem como a sua descrição, contêm uma grande parcela de especulação, de fantasia e de "mitologia", tal como escrevia Freud a propósito das pulsões — "A teoria das pulsões é, por assim dizer, a nossa mitologia. As pulsões são seres míticos, formidáveis em sua imprecisão".[50] Assim, os sentimentos de amor e ódio devem ser estudados a partir do fato de que apenas os seres falantes são capazes de dizer deles (e escrever a seu respeito), visto que é corrente sustentar que é necessário ter entrado na linguagem para traduzir e expressar o que se sente. Mas a complexidade dos sentimentos — idealizar e admirar o ser amado, as suas qualidades intelectuais e, sobretudo, estéticas, frequentemente em detrimento do ser que ama, que "transferiu seus investimentos libidinais para o seu objeto de amor" e encontra-se, então, depauperado — justifica, igualmente, que se possa considerar os lactantes

---

49 Wilfred R. Bion, *Aux sources de l'expérience, op. cit.*, p. 87.
50 Sigmund Freud (1989), *Nouvelles Conférences d'introduction à la psychanalyse*. Paris: Gallimard, p. 129.

como sendo seres capazes de ser por isso afetados, visto que são suscetíveis — diferentemente dos adultos, com frequência — de fazer coexistirem movimentos sentimentais contrários no interior de sua área de trocas.

Bion acrescenta, assim, que, do ponto de vista do desenvolvimento, "a vontade suscitada por um seio que oferece amor, compreensão, experiência e sabedoria impõe [ao lactante] um problema que só pode ser resolvido pela destruição da função alfa".[51] Com isso, o vínculo interior-exterior conhece um risco de ruptura porque será constituído não de elementos alfa suscetíveis de serem reutilizados, mas de elementos "indigestos" simplesmente aglutinados (e não tecidos), que Bion chama de "elementos beta". Essa observação nos permite compreender melhor as manifestações de franca oposição que se desencadeiam em nossos pacientes quando damos provas, para eles, de uma bondade mediana.

Retorno à contratransferência

Vimos que a função alfa, para se desenvolver num indivíduo que aceitou fazê-la sua, teve de ter como modelo o contato com uma outra pessoa, a qual dispõe dessa função. A recusa dessa função ou a sua destruição, cada vez que ela seria suscetível de ser estabelecida, traduz-se num aglomerado de elementos beta, como acabamos de mencionar, que forma aquilo que Bion chama de "tela beta", uma espécie de parede — e não mais membrana — que contraria toda troca. "Graças à tela beta", escreve Bion,

> o paciente... tem a capacidade de suscitar emoções no analista; as associações que ele fornece são elementos

---
51 Wilfred R. Bion, *Aux sources de l'expérience, op. cit.*, p. 28.

> da tela beta visando suscitar interpretações [no analista], ou todo e qualquer outro tipo de resposta, que não têm tanto a ver com a necessidade de receber uma interpretação psicanalítica quanto com a de provocar um transtorno emocional.[52]

Eu mencionava, acima, a decisiva contribuição de Bion para a questão da contratransferência, fazendo intervir a "contribuição do paciente". É preciso acrescentar a isso outros desenvolvimentos, dentre os quais o de León Grinberg, que propõe distinguir a contratransferência tradicional, se assim posso dizer, daquilo que ele chama de "contraidentificação projetiva". Para ele, como para todo analista, a reação contratransferencial é a resposta do analista fundamentada na reativação de suas próprias angústias e conflitos suscitada pela problemática do paciente. Na contraidentificação projetiva, "a reação do analista é, em grande parte, independente de seus próprios conflitos e depende essencialmente, e até mesmo exclusivamente, da intensidade e da natureza da identificação projetiva do analisando".[53]

Se nos lembrarmos agora do fato de que os elementos alfa entram, como dissemos, na composição dos pensamentos de sonho e dos mitos, compreenderemos as razões pelas quais Bion sustenta a ideia de que, "se o paciente não pode transformar sua experiência emocional em elementos alfa, ele não consegue sonhar". "A função alfa", escreve ele,

---

52 Wilfred R. Bion, *Aux sources de l'expérience*, op. cit., p. 41.
53 León Grinberg (1962), "On a Specific Aspect of Countertransference Due to the Patient's Projective Identification", *Int. Journal of Psycho-Analysis*, vol. XLIII; tradução minha.

> *transforma as impressões dos sentidos em elementos alfa, que são semelhantes — e talvez até idênticos — às imagens visuais com as quais os sonhos nos familiarizaram, a saber: esses elementos que, segundo Freud, entregam o seu conteúdo latente uma vez que o analista os interpretou. Freud mostrou que uma das funções do sonho é preservar o sono. O fracasso da função alfa significa que o paciente não consegue sonhar; logo, não consegue dormir.[54]*

Parece, de fato, particularmente pertinente explicar muitas das insônias dos nossos pacientes (e as nossas próprias) pela impossibilidade ou o medo — por múltiplas razões — de sonhar. Bion acrescenta inclusive que, "como a função alfa coloca as impressões dos sentidos da experiência emocional à disposição do pensamento consciente e do pensamento do sonho, o paciente que não pode sonhar não pode nem dormir, nem despertar".[55] Ele não dispõe dos elementos que permitem apreciar as particularidades do sono e do despertar; e ele não pode, então, situar o nível ou o grau de realidade no qual se situa.

Reversão da função alfa

Toda "realização" da experiência emocional requer pesquisar a experiência subjacente da qual ela é oriunda; e, uma vez mais, é em sua experiência clínica com pacientes psicóticos que Bion encontrou muitos exemplos disso. No "contato com um paciente psicótico", escreve ele, "o analista não encontra uma personalidade, mas

---

54 Wilfred R. Bion, *Aux sources de l'expérience, op. cit.*, p. 25.
55 *Ibid.*, pp. 25-26.

a improvisação de uma personalidade, organizada às pressas, ou talvez de um humor. É uma improvisação de fragmentos...".[56]

O que isso quer dizer, senão que o analista está lidando aí com uma personalidade "deficitária", dotada de capacidades reduzidas pela presença da dimensão possivelmente patológica do mecanismo da identificação projetiva, tal como Melanie Klein o havia descrito? Na concepção kleiniana, com efeito — na qual a clivagem concerne a elementos inassimiláveis pelos quais o paciente pode se deixar afetar (coisas vistas, ouvidas ou sentidas) —, acontece muito frequentemente de serem projetadas, ao mesmo tempo que os próprios elementos, partes da personalidade devolvidas à percepção da realidade de onde esses elementos provêm. Ademais, certas funções da personalidade que concernem às relações com a realidade — atenção, memória, julgamento, pensamento — são, elas mesmas, fragmentadas e projetadas nos objetos sobre os quais se efetua a identificação projetiva, objetos que conservam a função de origem (visão, audição etc.). Assim, com a reversão da função alfa, não é mais por elementos beta que o sujeito é invadido, e sim por aquilo que Bion chama de "objetos bizarros", que são objetos (externos) dotados de partículas das funções expulsas quando do recurso à identificação projetiva. Assim Bion pode escrever que,

> *aos olhos do paciente, cada partícula é constituída por um objeto real que é encapsulado em um fragmento da personalidade que a engoliu. A natureza dessa partícula completa dependerá, em parte, do caráter do objeto real — um gramofone — e, em parte, do caráter da partícula da personalidade que a engoliu. Se o*

---

[56] Wilfred R. Bion (1992), *Cogitations*. London: Karnac Books. Em francês: *Cogitations*. Paris: In Press Éditions, 2005, p. 79; grifo meu.

fragmento da personalidade tem a ver com a visão, o gramofone tocando será sentido como um objeto que espia o paciente; se tem a ver com a audição, o gramofone tocando será sentido como um objeto que escuta o paciente.[57]

Vê-se, assim, o quanto a reversão da função alfa causa danos duradouros suscetíveis de destruir toda e qualquer esperança de reatar com a *capacidade de estabelecer um contato*. Repitamos: "O espetáculo que se oferece ao analista", escreve Bion, "não deixa de lembrar, para retomar a analogia de Freud, o do arqueólogo que descobre em seu sítio de escavação os vestígios não tanto de uma civilização primitiva, mas de uma catástrofe primitiva".[58] E ele acrescenta: "Temos menos de lidar, na análise, com uma situação estática que nos seria facultativo estudar calmamente do que com uma catástrofe que permanece, ao mesmo tempo, mortalmente eficaz e incapaz de apaziguamento".[59]

Assim, para Bion, a questão da função alfa é, além daquela da identificação projetiva, uma oportunidade a mais para desenvolver a ideia segundo a qual é no encontro com o outro, no vínculo com o outro e nas trocas com o outro que se situam os fundamentos da personalidade individual. Assim como ele evocava, para o bebê, um encontro com o seio, ele também descreve aqui um *encontro* entre paciente e analista. Aqui ele não utiliza um conceito.

Vê-se também que, nessa teorização, nenhuma emoção pode existir sem estímulo não-eu, ou externo, concepção que condiz

---

[57] Wilfred R. Bion (1957), "Différenciation des personnalités psychotique et non psychotique". In: *Réflexion faite, op. cit.*, p. 56.
[58] Wilfred R. Bion (1957), "L'arrogance". In: *Réflexion faite, op. cit.*, p. 99.
[59] Wilfred R. Bion (1959), "Attaques contre la liaison". In: *Réflexion faite, op. cit.*, p. 114.

com as formulações freudianas dos investimentos psíquicos dirigidos a objetos como fontes e como metas das pulsões.

Paralelamente, quando uma experiência emocional ocorre, se ela não é elaborada em forma de representações simbólicas, a "soma de excitação" (aspecto quantitativo) deve ser evacuada de uma maneira ou de outra para fora do psiquismo (pelo viés da identificação projetiva). A atenção dedicada à experiência emocional permite fazer com que se enfatize a importância da simbolização do sentido (função alfa) que as emoções mencionadas englobam. Mas, ao oposto da simbolização, a ausência de simbolização se nota nas situações clínicas que evidenciam a pesquisa de estados nos quais predominam a ausência de encontro e a ausência de pensamento. Noutros termos, por uma "fuga das experiências emocionais". Bion fala então em "colapso dos pensamentos nascentes" e descreve estados que fazem surgir "elementos beta com vestígios de eu e de supereu". Ele escreve:

> *A formação de símbolos começa a entrar em andamento, mas, diante da dor psíquica que ela encontra, canibaliza aquilo que começou a ganhar forma; os cacos que disso resultam têm estilhaços de sentido presos nesses fragmentos.*[60]

Não é surpreendente, então, ver se configurarem elementos beta indigeríveis — ou até objetos bizarros — através de alucinações. "Uma manobra como essa", escreve Bion, "visa menos afirmar do que renegar a realidade; ela visa menos representar uma experiência emocional do que oferecer dela uma representação

---

60 Citado por Donald Meltzer em "Qu'est-ce qu'une expérience émotionnelle?". In: *Études pour une Métapsychologie Élargie. Applications cliniques des idées de Wilfred R. Bion*. Larmor-Plage: Éditions du Hublot, 2006, p. 30.

deformada (*misrepresent it*) de maneira a fazê-la aparecer mais como uma realização do que como uma busca por realização".[61]

Assim, como dissemos, o paradigma da experiência emocional encontra-se ilustrado pelo encontro com o seio que põe em andamento a instalação da função alfa. Esse encontro, contudo, não deixa de ter seu par negativo, a perda desse mesmo seio, ou "não-seio" (*no-breast*), equivalendo à ideia de um seio faltante ou a uma ausência de seio — ou seja, a um seio mau. Mas, com um pouco de sorte, essa experiência, se ela proporciona, como diz Bion, "a ideia de um não-seio", oferecerá ao mesmo tempo ao sujeito uma ferramenta muito preciosa para pensar a ausência. "Temos de supor", escreve Bion, "que o seio bom e o seio mau são experiências emocionais que se produzem desde o início da vida".[62]

---

61 Wilfred R. Bion, *Aux sources de l'expérience, op. cit.*, p. 66.
62 *Ibid.*, p. 52.

4. O negativo em ação

Enquanto conceito, o "negativo" sempre acompanhou a história da psicanálise, e isso desde a sua origem. Primeiro porque o próprio termo "inconsciente", desde os *Estudos sobre a histeria*[1] publicados com Joseph Breuer, é empregado por Freud para designar aquilo que não é consciente. Em segundo lugar porque, em 1895, no "Projeto para uma psicologia científica",[2] Freud se pergunta como o aparelho neurônico — é nesses termos que ele se exprime à época — funciona para operar a distinção entre a reminiscência alucinatória provocada pelo investimento dos traços mnésicos e a percepção atual do objeto. Noutros termos, como é que o aparelho ψ (psi) diferencia entre o que vem de dentro — que é, portanto, referível ao passado — e o que vem de fora — e que é, portanto, "atual". Sua resposta é sem ambiguidade: por diferenciação de energia! Os neurônios ψ (psi) reservam os investimentos

---

[1] Joseph Breuer, Sigmund Freud (1956), *Études sur l'hystérie*. Paris: Presses Universitaires de France.
[2] Sigmund Freud (1895), "Esquisse pour une psychologie scientifique". In: *La Naissance da psychanalyse, op. cit.*

canalizados no interior em prol do interesse adaptativo do Eu nascente. Pois se o Eu não pode diferenciar percepção e alucinação, o movimento na direção do objeto corre o risco de se produzir quando este não está realmente presente — logo, sem satisfação. Freud introduz, então, um "não" à descarga alucinatória graças a um "índice de realidade". Negação e realidade estão associadas.

De igual maneira, em 1905, Freud emprega o "negativo" para opor a neurose à perversão. "A neurose", escreve ele, "é, por assim dizer, o negativo da perversão".[3]

De novo, em 1911 — em "Dois princípios do funcionamento mental" —, Freud, retomando a diferenciação entre percepção e alucinação, escreve:

> *Foi apenas a persistente ausência da satisfação esperada, a decepção, que acarretou o abandono dessa tentativa de satisfação por meio da alucinação. Em vez disso, o aparelho psíquico tem de se resolver representando o estado real do mundo externo.*[4]

E então precisa:

Acrescento, como complemento, que uma tentativa de explicação da alucinação deveria ser feita primeiro não para a alucinação positiva, mas para a negativa"[5] — a primeira sendo aquilo que a psiquiatria qualifica como "percepção sem objeto", ao passo que a

---

3 Sigmund Freud (1962), *Trois Essais sur la théorie sexuelle*. Paris: Gallimard, p. 54.
4 Sigmund Freud (1911), "Formulations sur les deux principes du cours des événements psychiques". In: *Résultats, idées, problèmes, op. cit.*, p. 136.
5 Sigmund Freud (1968), "Complément métapsychologique à la théorie du rêve". In: *Métapsychologie*. Paris: Gallimard, 1968, p. 142.

segunda corresponde mais a uma "não-percepção de um objeto, no entanto, presente".[6]

É sobretudo com o artigo "A negação"[7] (1924) que o negativo assume toda a sua importância enquanto operador indispensável ao funcionamento psíquico.

Parece, então, que os conceitos centrais da psicanálise encobrem, graças à sua potencialidade de reversão, o índice de negatividade que um certo número de autores, depois de Freud, empenharam-se em desvelar.[8] André Green, por exemplo, recorda essa evidência segundo a qual, "em Freud, o objeto aparece no ódio, isto é, na ocasião da tomada de consciência da sua existência em estado separado".[9] Separação que deve ser considerada, de forma absoluta, em relação ao amor. Se, com efeito, a realização do amor se encontra na fusão, tão raramente realizável, então não há lugar melhor que a separação — o sofrimento — para o objeto nos aparecer, assim como o eu aparece ao ser diferenciado do isso. Há lugar, então, para o supereu.

Seria preciso desenvolver o sentido que a separação definitiva, a perda, adquire na melancolia. Seria preciso igualmente se delongar no mistério representado pela "reação terapêutica negativa" como obstáculo à progressão do tratamento. São formas do negativo que "celebram indefinidamente o seu naufrágio".[10] O fato é

---

6 Cf. a experiência de Freud com Dora relatada no Capítulo 1, p. 46.
7 Sigmund Freud (1925), "La Négation". In: *Résultats, idées, problèmes*, vol. II. Paris: Presses Universitaires de France, 1985, pp. 135-139.
8 Entre eles citarei: Jean Guillaumin (1987), *Entre blessure et cicatrice. Le destin du négatif dans la psychanalyse*. Seyssel: Champ Vallon; (1988) *Pouvoirs du négatif dans la psychanalyse et la culture*. Seyssel: Champ Vallon; André Missenard et al. (1989), *Le Négatif, figures et modalités*. Paris: Dunod; André Green (1993), *Le Travail du négatif*. Paris: Minuit.
9 André Green, *Le Travail du négatif, op. cit.*, p. 51.
10 *Ibid.*, p. 87.

que são essas separações que condicionam o estabelecimento e a existência de laços entre as entidades, uma vez que elas são distintas umas das outras.

Assim, em psicanálise, o negativo se refere:

- ao que falha, ao que falta, ao que é negado; o negativo possui o poder de conferir retroativamente ao positivo que lhe preexistia um sentido que jamais teria podido ser alcançado de outro modo;

- ao que ficou pendente na constituição dos continentes e contidos psíquicos: por exemplo, algo esteve e não está mais (o que a privação — ou, na verdade, a deprivação — assinala); ou algo que teria podido estar e não esteve; ou algo que, apesar de ter estado, não esteve o suficiente — é o caso de todas as frustrações;[11]

- ao que é da alçada da diferenciação e, primeiro, da diferenciação eu/não-eu — isto é, ao que, no espaço psíquico, tem o estatuto daquilo "que não é": não-eu, não-lugar, não-experiência, não-coisa (como veremos). Essa oposição reúne as perguntas que toda criança se faz sobre tudo aquilo que não é ela: o não-eu, o não-você; sobre o que não são as coisas e sobre o que não são as palavras. Ela interroga, assim, o que ela era quando não existia, o que ela não é naquilo que ela é, o que ela não é e nunca será. Perguntas assim só podem ser feitas por um indivíduo cujo pensamento constituiu-se em se apoiando na experiência corporal e psíquica e na fala de um outro;

---

[11] Deveríamos nos delongar sobre o proveitoso trabalho efetuado por Jacques Lacan a propósito da categoria de falta (real, simbólica, imaginária) e do tipo de objeto (*ibid.*) que está em questão na trilogia "privação – frustração – castração" por ele evidenciada.

- ao que constitui a "diversidade", e não somente a oposição, em relação à identidade e à unidade (fusionais). Desse ponto de vista, tal coisa ou tal pessoa são percebidas em relação ao que não é ela — para o bebê, papai não é mamãe; e bebê é mamãe-e-papai, sem ser nem-mamãe-nem-papai. "A determinação é negação", afirmava Spinoza. De sua parte, Bion indica: "Defino a definição como sendo *essencialmente negativa*";[12]

- ao que, num grupo, é rejeitado por seus membros e cujo destino se tem por onde interrogar, quando se trata de determinar se aquilo que é rejeitado o é no espaço psíquico comum ou para fora — de forma a constituir o grupo como continente. É uma questão sobre a qual voltaremos, igualmente;

- à relação transferência/contratransferência, que parece, à primeira vista, poder ser tratada através de suas modalidades de oposição.

Em função desses diferentes domínios, três modalidades do negativo estão no princípio do trabalho do aparelho psíquico: a) a necessidade que tem a psique de produzir negativo; b) uma posição relativa do negativo em relação a um possível; c) uma localização do negativo dentro ou fora do espaço psíquico.

Desse ponto de vista, no seio do espaço psíquico, o negativo contém — pelo menos — três conotações: a) a da ausência de representação, ou até de representabilidade; b) a de um destino infeliz ou nocivo — para o sujeito e para seu entorno — do funcionamento psíquico; c) a, mais geral, da falha, da falta, no sentido ontológico do termo (cf. Bartleby, *I would prefer not to*).

---

12 Wilfred R. Bion, *Transformations*, op. cit., p. 103, grifo do autor.

O negativo é, então, entendido como comprometido com o seu contrário, o positivo, numa relação de necessidade recíproca: o segundo não pode existir e ser pensado sem o limite que ele encontra no primeiro, o qual só tem realidade em razão de faltar ao segundo. Essa relação de necessidade recíproca, raramente percebida, é maravilhosamente traduzida por Kafka em seu célebre aforismo: "Ainda nos impõem fazer o que é negativo; o positivo já nos foi dado".[13]

Assim, para o aparelho psíquico, o negativo é do foro da necessidade de efetuar operações de rejeição, negação, renegação, repúdio, renúncia ou apagamento a fim de preservar um interesse maior da organização psíquica, a do próprio sujeito ou a dos sujeitos aos quais ele está ligado num conjunto. A noção de obrigação evocada ressalta, ao mesmo tempo, a constrição exercida no aparelho psíquico para efetuar tais operações e a ligação que se estabelece entre o que foi expulso, negado, apagado ou recalcado e o que se encontra, por isso mesmo, preservado. Essas negatividades são necessárias para que se formem e se conservem diferentes formas de vínculo.

Deve-se, assim, levar em conta outra dimensão do negativo, essencial no campo psicanalítico. Para Freud, o negativo reúne as operações psíquicas que — do recalcamento originário (*Urverdrängung*) à rejeição (*Verwerfung*), passando pela negação (*Verneinung*), a clivagem (*Spaltung*) e a renegação (*Versagung*) — constituem os mecanismos de defesa primordiais do eu. São esses mecanismos de defesa primários que visam proteger o vínculo do eu com o objeto, vínculo constantemente atacado por outro aspecto do negativo: a atividade de desligamento (*Entbindung*) inerente à controversa pulsão de morte. A ruptura desse vínculo

---

13 Franz Kafka (1957), "Méditations sur le péché, la souffrance, l'espoir et le vrai chemin". In: *Préparatifs de noces à la campagne*. Paris: Gallimard, p. 39.

deixaria o eu se tornar presa das angústias de anulação, de vazio e de aniquilamento.

A expansão do negativo na clínica anglo-saxã

Depois de Freud, um certo número de psicanalistas prosseguiu na mesma via, atribuindo um espaço privilegiado ao negativo. Winnicott foi um deles. Evocando uma paciente que, bem antes de estar em tratamento com ele, havia feito um primeiro tempo de análise com um psicanalista com o qual ela tinha estabelecido uma transferência passional, ele escreve: "O negativo dele era mais importante que o meu positivo"[14] — de tanto que a paciente passava as sessões lamentando o tempo passado com o outro, dando assim, como escreve Winnicott, toda a sua importância ao "aspecto negativo das relações". Nessa ocasião, ele sugere que as experiências traumáticas sofridas pela paciente quando criança haviam produzido um estado em que *apenas o que é negativo é real*. Noutros termos, a presença do objeto não chegava a modificar o modelo negativo, que se tornou a característica das experiências vividas pelo sujeito. O negativo se impôs como uma relação objetal organizada, "independente da presença ou da ausência do objeto".[15]

De sua parte, Bion — estudando os "ataques à ligação" ("Attacks on Linking") — mostra, antes de mais nada, que o interesse desses dois autores dirigiu-se a casos considerados como se opondo às possibilidades do tratamento clássica. Ao lê-los, ele não tem nenhuma dúvida de que tiveram de adaptar suas disposições

---

14 "The negative of him was more important than the positive of me". Cf. D. W. Winnicott (1975), "Objets transitionnels et phénomènes transitionnels". In: *Jeu et Réalité*. Paris: Gallimard, p. 36.
15 André Green, *Le Travail du négatif, op. cit.*, p. 15.

psíquicas pessoais (suas "contratransferências") às particularidades dessas componentes mentais inabituais e pouco conhecidas.

Ademais, parece difícil, de tão forte que são as ressonâncias, não relacionar a expressão "ataques à ligação" com o conceito de "desligamento" proposto por Freud como significativo dos mecanismos em ação na suposta pulsão de morte.

Evoquemos ainda, nessa enumeração, uma das noções mais controversas no campo psicanalítico e, contudo, das mais utilizadas na clínica anglo-saxã: a regressão.[16] "Winnicott diz que os pacientes necessitam regredir", escreve Bion em 1960; "Melanie Klein diz que não devem fazê-lo; eu digo que eles são regredidos".[17] A regressão, tal como se pode ser levado a encontrar nos tratamentos — e se ela tem uma pertinência —, testemunha, de fato, uma intolerância a suportar os sacrifícios necessários à realização do trabalho do negativo indispensável ao desenrolar da análise (suspensão da presença, intervenção do contrainvestimento e outros mecanismos de defesa etc.)[18] — logo, de uma incapacidade de se desprender da positividade.

Last but not least, não se pode deixar de evocar algumas observações de Bion em suas *Memórias de guerra*,[19] em que ele indica que é graças a mecanismos de despersonalização mecânica — que o tornaram impermeável e inacessível ao que se desenrolava diante

---

16 Cf. igualmente, a esse respeito, a polêmica que opôs Jacques Lacan a Wladimir Granoff a propósito dessa noção; polêmica que levou o primeiro a declarar: "O senhor não vai nos querer fazer acreditar que é um bebê que chora no seu divã". Cf. Wladimir Granoff (2001), "Faux problème ou vrai malentendu", seguido de "Les enjeux et les conséquences". In: *Lacan, Ferenczi et Freud*. Paris: Gallimard, p. 129.
17 Wilfred R. Bion (1960), "La technique analytique". In: *Cogitations, op. cit.*, p. 158; grifo do autor.
18 *Ibid.*; grifo meu.
19 Wilfred R. Bion, *Mémoires de guerre, op. cit.*

de seus olhos — que ele se "protegeu" de uma forma definitiva de desintegração psicótica, a qual teria feito o seu frágil narcisismo ir pelos ares. De forma eminentemente paradoxal, Bion convenceu-se da evidência dessas experiências negativas salvadoras.

Bion e o negativo

Com Bion, a primeira menção do negativo como operador indispensável do funcionamento psíquico encontra-se quando ele menciona a necessidade de não confundir *nothing* e *no-thing* — distinção impossível de traduzir, a não ser enfatizando a diferença entre a "não-coisa" (a ausência da coisa) e o "nada" (a inexistência). Trata-se de distinguir dois tipos diferentes de elaboração da falta — como evocamos anteriormente, um conceito central, assim como em Lacan —, conceito que Bion utiliza para ultrapassar o que percebia como sendo a intrínseca "positividade" de Melanie Klein, que só conseguia conceber o espaço psíquico como pleno, ainda que, nessa saturação, ela promovesse objetos bons e maus — como se, para ela, não houvesse lugar para não-presença.

Aliás, para Bion, todo o problema da estrutura psíquica reside nas duas únicas saídas possíveis diante da frustração: elaborar ou evacuar. Na primeira, a negatividade se impõe em razão da ausência de satisfação esperada; na segunda, a solução consiste em evacuar a frustração, isto é, em se esforçar por considerá-la inexistente.

Bion iniciou-se nesse modo de pensamento através de leituras; em particular, a de John Keats, o poeta inglês que, numa carta a seus irmãos George e Tom datada de 22 de dezembro de 1817, escreve: ". . . fiquei impressionado com a qualidade que contribui para formar um homem realizado (*a Man of Achievement*), particularmente em literatura, e que Shakespeare possuía tão grandemente — estou falando da capacidade negativa (*Negative Capability*), quando um homem é capaz de permanecer na incerteza, nos mistérios, nas dúvidas, sem correr irritado atrás do fato e da razão".[20] Além do mais, é preciso lembrar que — na esteira do pensamento freudiano, mas também ultrapassando-o — Bion, para definir os laços fundamentais que unem pessoas a outras pessoas ou a "objetos não-eu", apoiou-se no amor (L) e no ódio (H) definidos por Freud a partir de suas origens pulsionais, com os destinos que se sabe: a reversão em seu contrário faz surgir o ódio lá onde imperava o amor. O inverso é igualmente possível, no sentido em que a reversão do ódio como sentimento primeiro pode fazer — em particular no decorrer de um tratamento — surgir o amor.

Mas Bion estima que essa visão binária não dá conta da considerável variedade, levando em conta os graus possíveis, das modificações que esses sentimentos podem sofrer. A experiência, com efeito, nos faz encontrar muitas situações em que a cessação do amor se resolve não no ódio, mas no desamor (−L), ou até na indiferença. De igual maneira, a extinção do ódio não desemboca necessariamente no amor, mas simplesmente no abandono do ódio (−H). E, como evocamos anteriormente, um terceiro tipo de vínculo — essencial no pensamento bioniano — encontra-se no conhecimento (K), que constitui um ultrapassamento dos laços sentimentais que são o amor e/ou o ódio que se pode experimentar em relação a um objeto. O conhecimento é, aos olhos de Bion, o vínculo mais prezado em termos de valores sociais e culturais que um indivíduo pode desenvolver com objetos de seu mundo — valor que necessita desdobrar o conjunto das componentes que

---

20 John Keats (1952), *Letters*. Org. M. B. Forman. London: Oxford University Press. Cf. também Sylvie Crinquand (2000), *Lettres et poèmes de John Keats: portrait de l'artiste*. Éditions Universitaires de Dijon/Presses Universitaires du Mirail.

conduzem a esse resultado. É o fim buscado pelo trabalho psicanalítico, que visa adquirir um conhecimento de si — através de suas próprias buscas e do recurso oferecido pelo vínculo que une o paciente e o analista — a fim de que o analisando possa, "com conhecimento de causa", escolher entre a modificação e a manutenção de sua economia psíquica.

Todavia, o processo que consiste em "aprender com a experiência" não pode se desenrolar sem encontrar momentos dolorosos que correm o risco de refrear, imobilizar ou reverter o curso das descobertas que levam à tomada de consciência. Em casos como esse, o vínculo K desaparece e dá lugar ao vínculo –K, que ergue toda sorte de obstáculos ao crescimento de conhecimentos. Bion precisa: "K representa o vínculo que já defini; –K representará, então, o vínculo definido pela IN-compreensão (*NOT-understanding*), isto é, a má-compreensão (*mis-understanding*[21]). Captaremos melhor as implicações se precisarmos que –L não é idêntico a H e que –H não é idêntico a L".[22] Esse "conhecimento negativo" (–K) serve-se igualmente de noções como o mal-entendido e o des-conhecimento.

Pode acontecer de, no decorrer de um tratamento, sermos levamos a constatar tal reversão, que Bion frequentemente designa pelo termo "perspectiva reversível". "A perspectiva reversível", escreve ele, "é um sinal de dor; o paciente reverte a perspectiva para tornar estática uma situação dinâmica. O trabalho do analista consiste [então] em restituir o seu caráter dinâmico a uma situação estática e permitir, assim, que essa situação se desenvolva".[23] Vê-se, aqui, que o analista — assim como o paciente — pode

---

21 Para a qual Laura Dethiville propôs o termo "mécompréhension" [descompreensão].
22 Wilfred R. Bion, *Aux sources de l'expérience*, op. cit., p. 70.
23 Wilfred R. Bion, *Éléments de psychanalyse*, op. cit., pp. 60-61.

recorrer, também ele, à perspectiva reversível, e isso com um objetivo muito determinado. Mas essa reversão pode ser o ponto de partida de uma "escalada" em que o paciente, se ele se der conta de que o analista é sensibilizado por essa situação, vai se aplicar a manobrar de modo a entrar em acordo com as interpretações do analista, a entrar em formas de delírio "simultaneamente estático e evanescente", ou até a recorrer a "alucinações visuais invisíveis" para tentar imobilizar a situação de novo. "A situação", nota Bion, "é instável e perigosa", pois a razão que está na origem dessas manobras é a dor, a dor sentida diante de toda tentativa de mudança. "É, [portanto], a qualidade dinâmica da interpretação que suscitou reações de fuga".[24]

Assim, não há análise que possa permitir se poupar da dor. Uma análise deve ser dolorosa, sem o que ela passaria ao largo das principais razões pelas quais o paciente desejou empreendê-la. Mesmo que se sustente o fato de que

> *uma análise bem-sucedida acarreta uma diminuição do sofrimento, . . . isso só faz ocultar a necessidade, mais ou menos evidente conforme o caso, em que se encontra a experiência analítica de aumentar a capacidade de sofrimento do paciente — ainda que o paciente e o analista possam, ambos, almejar diminuir a dor propriamente dita.*[25]

É uma saída possível e honrosa, muito preferível a outras coisas que podem advir da situação analítica. Para tais configurações, Bion se permite esta forma de advertência:

---

24 *Ibid.*, p. 62.
25 *Ibid.*, pp. 62-63.

> Aos pacientes ciosos de provar a sua superioridade sobre o analista botando abaixo suas tentativas de interpretação, pode-se invocar que eles se mal-compreendem (sic) sobre as interpretações com o único fim de demonstrar que uma aptidão a se mal-compreender (mis-understand) é superior à de compreender (understand). Uma interpretação fundamentada nessa intuição pode conduzir a novos desenvolvimentos na análise. Diante do paciente que sofre de um distúrbio do pensamento, a interpretação que ressalta essa ausência de compreensão pode aclarar as coisas, mas ela não faz com que elas avancem de verdade.[26]

A destruição da capacidade analítica

Num de seus artigos mais célebres, "Attacks on Linking" (Ataques à ligação, 1959), Bion evoca vários casos de pacientes que procuravam "destruir tudo o que podia vincular dois objetos entre si". Aqui também não se está longe, na leitura desses exemplos clínicos, do Freud que menciona situações em que o eu do paciente, para se preservar das fragmentações que ele corre o risco de sofrer, chega a se fissurar e a se dividir.

Assim, para Bion, o negativo se declina de diferentes formas. Mais precisamente, retomando aqui o que foi mencionado no capítulo anterior, é evidente — na exposição dos fenômenos desencadeados no paciente gravemente perturbado pela utilização que o analista faz de sua função alfa — que "a vontade suscitada por um seio que oferece amor, compreensão, experiência e sabedoria

---

26 Wilfred R. Bion, *Aux sources de l'expérience, op. cit.*, p. 116.

impõe um problema que só pode ser resolvido pela destruição da função alfa".[27] Bion acrescenta que, como o estado do paciente encontra a sua origem na necessidade de se livrar das complicações emocionais acarretadas pela tomada de consciência da vida e a relação com objetos vivos, "o paciente parece incapaz de experimentar gratidão ou de se preocupar consigo mesmo e com outrem".[28] Ele experimenta, poderíamos dizer, uma forma de *ruthless love*, de amor primitivo impiedoso — através do qual ele se esforça simplesmente por recobrar sua ameaçada onipotência. Ele, então, acha todas as interpretações ruins, sem exceção; e, no entanto, precisa receber sempre mais. Acontece até, precisa Bion, de "a crença na existência de um objeto mau [ser] afirmada unicamente com o fim de exprimir uma difamação invejosa de um objeto bom".[29] Em casos semelhantes, não se está muito longe da situação evocada algumas linhas acima; situação na qual o paciente, por proteção contra toda tentativa de avanço, recorre a uma rejeição de tudo o que lhe é externo.

Assim se instaura uma relação da qual seria preciso dizer que nada tem de relação. Quando a função alfa é defeituosa, Bion nota, com razão, que o analista não tem dificuldade de se sentir depositário de uma parte da personalidade do paciente — "a parte sadia ou não psicótica de sua personalidade" —; e que, por causa disso, no consultório do analista, tudo se passa como se a situação se caracterizasse por uma espécie de divisão entre analista e paciente, divisão constituída de elementos beta aglomerados e, portanto, incapazes de se ligar entre si — uma divisão "imprópria à instauração de um consciente e de um inconsciente", que Bion denomina "tela beta". Mesmo a interpretação visando permitir ao paciente tomar consciência de que ele despeja uma torrente de material unicamente

---

27 *Ibid.*, p. 28.
28 *Ibid.*, p. 29.
29 *Ibid.*, p. 57.

com o objetivo de destruir, a capacidade analítica do analista permanece sem efeito, pois o paciente a considera uma acusação e denuncia no analista "uma resposta que comporta uma forte carga de contratransferência".[30] Todavia, esse estilo de observação também carrega, em si mesmo, um índice diferente: como escreve Bion, "na medida em que se trata de uma conduta deliberada, a intenção que o anima deve ser controlada e ditada pela parte não psicótica da personalidade".[31] Isso deve significar que "o paciente aspira a um verdadeiro material terapêutico; noutros termos, que ele aspira à verdade e que as suas pulsões que estão voltadas para a sobrevivência são superexploradas com a finalidade de extrair a cura de um material terapeuticamente pobre".[32]

Uma outra abordagem do mesmo problema oferece um ponto de vista novo sobre a questão — já evocada — da inveja, conceito importante da teoria kleiniana que Bion reutiliza conforme as suas próprias necessidades. Ele escreve:

> *Descrevi o papel da identificação projetiva em K como uma relação comensal[33] entre ♀ e ♂. Em –K, ... a relação de ♀ com ♂ é representada por ♀+♂, em que + pode ser substituído por Inveja. Se me sirvo dessa formulação para representar o lactante e o seio ... e se tomo como modelo uma situação emocional em que o lactante sente medo de estar morrendo, o*

---

30 *Ibid.*, p. 40.
31 *Ibid.*, p. 124, n. 10.1.
32 *Ibid.*
33 "Comensal" se diz: 1) de uma pessoa que come habitualmente na mesma mesa que uma outra — logo, de um companheiro de mesa —; 2) de um organismo que se associa habitualmente a outro sem lhe causar dano. Bion utiliza com frequência esse termo para qualificar uma relação benéfica, opondo-a à "parasítica" — que designa uma relação estabelecida em detrimento final de ambos.

> *modelo que construo é o seguinte: o lactante cliva e projeta seu sentimento de medo no seio, simultaneamente à inveja e ao ódio que o seio imperturbável suscita. A inveja impossibilita uma relação comensal [... e, por isso,] em –K, o seio é sentido invejosamente como aquilo que retira o elemento bom ou estimável no medo de morrer e reintroduz no lactante um resíduo desprovido de qualquer valor. O lactante que, no início, tinha medo de morrer encontra-se doravante digladiando com um terror sem nome.*[34]

Em –K, o objeto reintroduzido — e não reintrojetado, como teria sido numa relação situada sob a égide de K — possui características das quais a primeira é, escreve Bion,

> *aquilo que só posso chamar de "ausencialidade" (without-ness). É um objeto interno sem exterior.*[35] *É um canal alimentar sem corpo. É um supereu que não possui praticamente nenhuma das características do supereu tal como se o entende em psicanálise: é um "super"-eu ("super"-ego). É uma invejosa afirmação de superioridade moral sem moral nenhuma. Em resumo, é o resultado de um despojamento (stripping) invejoso ou do desnudamento (denudation) invejoso de tudo o que há de bom — resultado, ele próprio, destinado a prolongar o processo de despojamento descrito [anteriormente] e que, na origem, ocorre en-*

---

34 *Ibid.*, pp. 117-118; tradução minha.
35 E não "sem interior", como indicado na tradução francesa.

tre duas personalidades. O processo de desnudamento prossegue até que $-\male\ -\female$ não represente nada além de uma superioridade-inferioridade vazia que, por sua vez, degenera em nulidade.³⁶

Além disso, precisa Bion, a violência dos processos projetivos pode ser tal que "ultrapasse em muito apenas o medo de morrer". Nesse caso, acrescenta ele, "tudo se passa como se o lactante evacuasse a sua personalidade inteira".³⁷ Não deixaremos, contudo, de ficar impressionados com o fato de que Bion possa considerar que existe um "elemento bom ou estimável no medo de morrer", mas ele explica, algumas linhas abaixo, que "a vontade de viver (*the will to live*), que precede necessariamente o medo de morrer, faz parte da 'bondade' que o seio invejoso retirou".³⁸

Voltemos agora à clínica. É claro, num nível fundamental, que "frustração" é aquilo que o paciente experimenta primeiro, porque ele sofre, sobretudo, com a "consciência de uma necessidade não satisfeita". Retomando o modelo que o lactante representa, Bion acrescenta que "o lactante se sente frustrado se supomos a existência de um aparelho que permite experimentar a frustração" — aparelho fornecido pela "consciência como 'órgão dos sentidos para a percepção das qualidades psíquicas'".³⁹

O lactante tem necessidade de quê? Ele necessita de um seio, é claro! É claro, escreve Bion, que "a ingestão do leite, do calor, do amor pode ser sentida como a ingestão de um seio bom". Mas, mais frequentemente, a "necessidade de um seio" (*need for the breast*), assim como ele escreve, "é um sentimento e esse

---

36 *Ibid.*, p. 119.
37 *Ibid.*, p. 118.
38 *Ibid.*
39 *Ibid.*, p. 51.

sentimento [desagradável] é . . . um seio mau (*bad breast*)". Em consequência, "o lactante não experimenta o desejo de um seio bom; mas ele experimenta, em contrapartida, o desejo de evacuar um mau".[40] Pois, "sob a dominação do seio mau, a princípio incontestado, a ingestão do alimento pode muitíssimo bem se confundir com a evacuação de um seio mau". De toda forma, "cedo ou tarde, o seio 'desejado' (*wanted*) vem a ser sentido como uma 'ideia de um seio faltando' (*idea of a breast missing*), e não mais como um seio mau presente". Noutros termos, o seio desejado-mas-ausente (*wanted but absent*) é um seio mau. É essa, aliás, a razão pela qual Bion escreve que todo objeto necessitado (*needed*, e não somente *wanted*) é um objeto mau. "Todos os objetos de que se necessita (*needed*) são maus objetos porque excitam a cobiça (*tantalize*). Eles são necessitados (*needed*) porque não são possuídos na realidade.... Como não existem, são objetos particulares que diferem dos objetos existentes"[41] — como é existente o leite após ter sido ingerido! —, na medida em que parecem muitíssimo com ideias pensadas ou por pensar.

Com isso, o pensamento de um seio faltante (*missing breast*) ou de um "não-seio" ("*no-breast*") — pensamento que se pode igualmente designar com o nome de "não-seio" ("*no-breast*") — equivale à ausência de uma coisa (*no thing*)? "Se não há uma

---

40 *Ibid.*, p. 51; tradução minha. Em inglês, *to want* quer dizer, primeiramente, "carecer de", e só depois "desejar". *He knows what he wants* significa "Ele sabe o que lhe falta". A propósito dessa dinâmica, permitam-me mencionar uma observação de Gilles Deleuze, que, no decorrer de uma entrevista com Claire Parnet sobre o pintor Francis Bacon, declarou que, quando o pintor pegava uma tela branca com o intuito de pintá-la, "ele não tinha de preencher uma superfície branca, mas sim esvaziar, desentulhar, desimpedir" a tela de tudo o que ela contém de incômodo e que lhe "satura" a superfície. Cf. Gilles Deleuze (1984), *Francis Bacon. Logique da sensation*. Paris: La Différence, p. 57.
41 *Ibid.*, p. 103; tradução minha.

"coisa" (*no "thing"*), escreve Bion,[42] uma "não-coisa" (*"no-thing"*) é um pensamento; e é porque há uma "não-coisa" que se reconhece que 'ela' deve ser pensada?"[43]

Para responder a essa pergunta, Bion considera, mais uma vez, o lactante como modelo. "Suponhamos", escreve ele,

> *que a criança pequena foi alimentada, mas tem a sensação de não ser amada. Aí também ela tem consciência da necessidade de um seio bom e, mais uma vez, essa "necessidade de um seio bom" é um "seio mau" que deve ser evacuado . . . . Poderíamos supor que o lactante sente que esse seio mau-"necessidade de um seio" poderia ser evacuado se defecasse ao mamar; nesse caso, ela associaria um ato físico a um resultado que chamaríamos de uma mudança de estado de espírito da insatisfação à satisfação.*[44]

Assim, "a intolerância à frustração pode ser tão marcante que a função alfa seria dificultada pela evacuação de elementos beta".[45]

Mas há coisa pior! Se, como descreve Bion,

> *o bebê tem consciência da existência, dentro dele, de um seio muito mau, um seio que não está "ali" (not there) e que, ali não estando, desperta nele sentimentos dolorosos. Este objeto é sentido como devendo ser*

---

42 Isto é, uma "coisa" que permita a transformação de uma pré-concepção em uma concepção graças ao encontro com uma realização positiva.
43 Wilfred R. Bion, *Aux sources de l'expérience, op. cit.*, p. 52.
44 *Idem*; tradução minha.
45 *Idem*; tradução minha.

"evacuado" pelo sistema respiratório ou pelo processo que consiste em "engolir" um seio satisfatório. O seio engolido não se distingue de um "pensamento", "pensamento" que depende da existência de um objeto efetivamente introduzido na boca. Em certas condições, determinadas pelos fatores da personalidade, o processo de sucção e as sensações que o acompanham são equacionados à evacuação do seio mau. O seio, a coisa em si, não se distingue de uma ideia no espírito (in the mind). Reciprocamente, a ideia de um seio no espírito não se distingue da própria coisa na boca. Vou me ater, por agora, a duas situações: uma é a existência de um seio real, não se distinguindo de uma experiência emocional — que, por sua vez, é coisa em si e pensamento, mas em estado indiferenciado; outra é a existência de uma péssima "necessidade de um seio"-seio mau que é, também ela, um objeto composto de experiência emocional e de coisa em si até então indiferenciadas . . . . É assim que um lactante contendo um seio mau-"necessidade de um seio" esforça-se por evacuá-lo. Ele pode fazê-lo mamando o seio; ele pode, igualmente, evacuá-lo pelo sistema respiratório ou, ainda, vendo o seio real; para tanto, é preciso que um seio real esteja à vista, isto é, numa posição em que estar à vista é a mesma coisa que estar à vista do espírito (in the mind's eye), os dois sendo a mesma coisa que estar na boca. Quando todos esses acontecimentos consistem em evacuações do seio mau-"necessidade de um seio", é claro que, se não se encontra seio disponível na realidade, o "não-seio"

> será sentido não somente como mau em si, mas também como "piorado", porque traz, por assim dizer, a prova tangível de que esse seio mau foi evacuado com sucesso.... O termo exato para descrever o objeto sentido pelo lactante como existente seria "objeto bizarro" mais que "elemento beta".[46]

Breve desvio pela Grade

À medida que ia elaborando os eixos principais das suas contribuições teóricas inovadoras, Bion foi progressivamente se dedicando a construir, essencialmente para ele próprio, um instrumento que deveria lhe permitir "situar" em que níveis os enunciados — os "elementos" da psicanálise — são trocados dentro de uma sessão. Ele chamou esse instrumento de "Grade" (*the Grid*) e o estabeleceu um pouco como o químico Dmitri Ivanovitch Mendeleiev concebeu a sua "Tabela periódica dos elementos, na qual são repertoriadas as massas atômicas dos elementos (por exemplo, a platina, o irídio, o potássio, o césio etc.) ordenados segundo a "valência"[47] — termo que Bion também importou para o campo psicanalítico.[48] Já que detalharemos mais adiante essa ferramenta, nós nos contentaremos aqui com apresentá-la sucintamente.

---

46 *Ibid.*, pp. 76-77; tradução minha.
47 A valência de um elemento químico é o número máximo de ligações que ele pode formar com outros elementos em função de suas configurações eletrônicas. Não é surpreendente, portanto, que esse termo tenha sido importado por Bion para o vocabulário psicanalítico.
48 Não nos surpreenderemos, tampouco, com o fato de que o processo de explicação da Grade tenha encontrado o seu lugar no livro de Bion intitulado *Elementos de psicanálise*.

	Hipótese definidora 1	Ψ 2	Notação 3	Atenção 4	Indagação 5	Ação 6	...n
A Elementos β	A1	A2				A6	
B Elementos α	B1	B2	B3	B4	B5	B6	...Bn
C Pensamentos oníricos, sonhos, mitos	C1	C2	C3	C4	C5	C6	...Cn
D Pré-concepção	D1	D2	D3	D4	D5	D6	...Dn
E Concepção	E1	E2	E3	E4	E5	E6	...En
F Conceito	F1	F2	F3	F4	F5	F6	...Fn
G Sistema Dedutivo Científico		G2					
H Cálculo algébrico							

A Grade tem dois eixos: um, vertical, de A a H,[49] designa o grau de evolução dos pensamentos, dos mais rudimentares aos mais evoluídos; o outro, horizontal, de 1 a n, detalha os usos interpretativos que podem ser feitos desses pensamentos.

Tomemos agora um exemplo. No decorrer de uma análise, como vimos, o material pode chegar a sugerir que o paciente, somente algumas semanas depois de ter vindo ao mundo, ficou com medo de morrer — medo que uma pessoa atenciosa do seu círculo próximo soube identificar e, portanto, tratar de maneira que o bebê pôde superá-lo com calma. Em termos de elementos, o medo de morrer, que é um elemento beta, foi modificado pela pessoa

---

[49] Essa letra não tem nada a ver com o vínculo H evocado anteriormente, que representavam *haine* ("H" [*hate*]).

bondosa que fez dele um elemento alfa, integrável pelo lactante. Segundo as categorias da grade, o medo de morrer, situado em A1, foi transformado num medo suportável, situado em B1.

No que concerne ao negativo, é a Coluna 2 da grade, a Coluna ψ, que nos interessa muito particularmente. Por quê? Porque, nas palavras do próprio Bion, a Coluna 2 acolhe "toda uma série de categorias correspondendo aos enunciados manifestamente falsos, e de preferência reconhecidos como tais tanto pelo analisando quanto pelo analista".[50] Noutros termos, ela reúne os elementos falsos e enganadores de que fazem uso tanto o analisando quanto o analista com o único objetivo de introduzir um princípio de contradição lá onde uma única proposição não permite determinar o "valor" que ela encobre. "Ela conserva [igualmente] enunciados que se opõem a todo desenvolvimento que possa acarretar modificações catastróficas na personalidade do paciente".[51] Ela também visa, portanto, "manter o conhecimento afastado".[52] A título de exemplo, quando digo que o analista, tendo escolhido utilizar a grade, reconhece o seu valor, estou indicando, assim, que ele tem dela uma preconcepção (a ser situada na Linha D). Mas, se descubro que esse analista se serve dela para expressar sentimentos e pensamentos críticos com relação a esse instrumento, então classificarei esses sentimentos e esses pensamentos em D2. A Coluna 2, acrescenta Bion, pode ser "substituída por um sentido negativo dado no eixo horizontal".

Assim "todos os "usos" 1↔n podem ser empregados num sentido negativo, como uma barreira contra o desconhecido ou contra algo conhecido, porém detestado".[53] Quando um psicanalista, por

---

50 Wilfred R. Bion, *Entretiens psychanalytiques, op. cit.*, p. 214.
51 *Ibid.*, p. 215.
52 Wilfred R. Bion, *Éléments de psychanalyse, op. cit.*, p. 96.
53 *Ibid.*, p. 97.

exemplo, termina uma sessão declarando ao seu (ou sua) paciente: "Continuamos na próxima", bem se pode apostar que ele ignora como colocar um fim na presente sessão com a utilização de palavras mais apropriadas. Ele sabe, em contrapartida, como enviesar o processo analítico introduzindo, antecipadamente, o início da sessão seguinte!

A *dimensão psicológica da mentira*

Esse "uso" da mentira, que não deixa de evocar a importância que Jacques Lacan conferiu a ela,[54], é, para Bion, o sinal de que se está na presença de "uma forma de perturbação profunda" que requer "fazer uma distinção entre um enunciado enganador e um enunciado falso, esse último competindo mais a uma insuficiência do ser humano, analisando ou analista, que não pode se fiar em sua capacidade de perceber a "verdade"; o mentiroso, por sua vez, deve estar seguro de seu conhecimento da verdade, para estar certo de não se deparar com ela acidentalmente".[55]

Para Bion, ser um mentiroso requer ser "inteligente e sofisticado". O paciente, escreve ele, "provoca o analista de todas as formas para levá-lo a fazer interpretações que deixam a defesa intacta e, por fim, a aceitar a mentira como princípio de trabalho de uma eficácia superior".[56] Por uma pirueta que ele é capaz de dar, oferece ao leitor um elogio do mentiroso "exposto na forma de fábula", na qual ele demonstra que

---

54 "A linguagem do homem, esse instrumento da sua mentira, é atravessada de ponta a ponta pelo problema da sua verdade". Jacques Lacan (1946), "Propos sur la causalité psychique". In: *Écrits*. Paris: Seuil, 1966, p. 166.
55 Wilfred R. Bion, *Entretiens psychanalytiques, op. cit.*, p. 215.
56 Wilfred R. Bion, *L'Attention et l'interprétation, op. cit.*, p. 171.

> *os mentirosos deram provas de coragem e de resolução em se opondo aos homens de ciência que, com suas doutrinas perniciosas, são capazes de despojar as suas vítimas de todo e qualquer fio de ilusão sobre si, deixando-os sem nada da proteção natural necessária à preservação de sua saúde mental diante do choque da verdade.... Não é demasiado dizer que a raça humana deve sua salvação a esse pequeno grupo de mentirosos preparados para sustentar a verdade com as suas mentiras, mesmo diante de fatos indubitáveis.*[57]

Mas, para além de seu aspecto divertido, essa parábola lhe serve para sustentar também uma ideia inovadora, segundo a qual "o mentiroso necessita de um público" — algo de que aquele que diz a verdade pode se abster! O mentiroso necessita de um público — de um analista, por exemplo — porque é preciso alguém para atestar a sua capacidade de reunir elementos incoerentes segundo um esquema de sua composição que lhes fornece uma coerência e uma significação que eles não teriam sem isso — descrição, precisa Bion, que "não difere da transformação da posição paranoide-esquizoide em posição depressiva".[58] Essa já é, para o mentiroso, uma maneira de dar provas de que ele é capaz de efetuar essa passagem.

Além disso, afirma Bion,

> *a mentira precisa de um pensador (thinker) para pensar, ao passo que a verdade ... não necessita de*

---

57 *Idem.*
58 *Idem.*

*um pensador.*⁵⁹ ... *O pensamento conforme à verdade
... aguarda a vinda do pensador que chega à significação por meio do pensamento conforme à verdade
..... Ao contrário, a mentira adquire existência em virtude da existência epistemologicamente anterior do mentiroso. Os únicos pensamentos aos quais um pensador é absolutamente essencial são as mentiras.*⁶⁰

Dessa suposição decorre o fato de que se "pode então considerar o estado paranoide-esquizoide [o estado díspar] como particular ao pensador [mentiroso] que se mostra ser perseguido por pensamentos que pertencem a um sistema não humano".⁶¹ Eu formularia facilmente a hipótese de que é possível reconhecer o mentiroso através desse critério. É esse, conclui ele, "o vínculo entre hospedeiro e parasita na relação parasítica".⁶²

A mesma conclusão se impõe ao termo *Witz* reportado por Freud em *O chiste e sua relação com o inconsciente*, em que dois judeus se encontram na plataforma de uma estação da Galícia:

"Para onde você está indo?", pergunta um. "Para Cracóvia", responde o outro. "Olha que mentiroso!", grita o primeiro, furioso. "Se você diz que está indo pra Cracóvia, é justamente porque quer que eu pense que está indo pra Lemberg. Só que eu bem sei que você está

---

59 *Idem.*
60 *Ibid.*, pp. 175-176.
61 *Ibid.*, p. 176.
62 *Idem.* A relação parasítica é o oposto da relação comensal (cf. nota 33, p. 153).

mesmo indo pra Cracóvia. Então por que é que está mentindo?"⁶³

Em seu comentário, Freud indica que "essa história de grande valor... deve seu efeito ao emprego da técnica do contrassenso...⁶⁴ emparelhada a uma outra técnica, a da figuração pelo contrário". Efetivamente, "o segundo mente quando diz a verdade, e diz a verdade por meio de uma mentira".

---

63 Sigmund Freud (1905), *Le Mot de esprit et sa relation à l'inconscient*. Paris: Gallimard, 1988, p. 218.
64 Contrassenso do qual Lewis Carroll se fez a voz indiscutível.

5. Gênese e desenvolvimento do pensamento

"Os problemas associados aos distúrbios do pensamento", escreve Bion, "obrigam-nos a pensar o pensamento. Isso levanta uma questão teórica: *como* devemos pensar o pensamento?"[1]

Como vimos: com Bion, o problema tem dupla entrada, e isso por uma razão ligada à sua prática clínica, essencialmente consagrada a psicóticos — ou seja, conforme as suas palavras: pacientes "que sofrem de distúrbios do pensamento". Uma série de interrogações concerne, portanto, "aos processos acionados no pensamento"; uma outra diz respeito a aclarar "os processos acionados no pensamento sobre o pensamento".[2]

Pois não se trata somente de examinar de perto os pensamentos, tais como eles se formaram no espírito perturbado de um indivíduo que atravessou episódios dolorosos e difíceis em sua evolução, a ponto de suas produções mentais terem sido alteradas, ainda que um estudo como esse vá certamente, por contraste, dar

---
1 Wilfred R. Bion, *Aux sources de l'expérience, op. cit.*, p. 82.
2 *Ibid.*, p. 81.

preciosas indicações sobre a gênese dos pensamentos no seio de um espírito dito "não perturbado". Trata-se de se debruçar sobre o aparelho de pensar que ou deu à luz os pensamentos acima evocados, ou teve de acolher os pensamentos encontrados no decorrer de sua maturação e teve de se desenvolver para estar em condição de pensá-los. Dito de outro modo, o que há de característico do pensamento bioniano reside no fato de que: 1) os pensamentos são sempre o produto do encontro entre pelo menos dois espíritos;[3] 2) os pensamentos preexistem ao pensador que os pensa, o que também atesta a existência de pensamentos sem pensador.

Negativo e pensamento: recordando a concepção freudiana

No capítulo anterior, vimos que a negação é o modelo mais eficaz para a atividade da psique, pois ela é, como escreve Freud, "o primeiro grau de independência [da atividade de pensamento] em relação às consequências do recalcamento".[4] Assim Freud já coloca o negativo na fonte dos processos de pensamento: a perda do objeto primeiro de satisfação é afirmada como condição do princípio de realidade e do juízo de existência.

De igual maneira Bion, colocando no fundamento do pensamento a experiência do "não-seio" (*no-breast*), da "não-coisa" (*no-thing*), estabelece uma teoria do pensamento que se origina na ausência primordial da diferenciação sujeito/objeto, depois na ausência do objeto enquanto tal, permitindo a constituição de um

---

3 Cf. esta estupenda frase: "Tudo o que mais tarde será conhecido [...] deriva de realizações da dualidade (*two-ness*), tal como seio e criança pequena". Wilfred R. Bion, "Une théorie de l'activité de pensée". In: *Réflexion faite, op. cit.*, p. 128.
4 Sigmund Freud, "La négation". In: *Résultats, idées, problèmes*, vol. II, *op. cit.*, p. 139.

aparelho de pensar os pensamentos e desembocando no estabelecimento de relações. O pensamento é, assim, pensamento do vínculo e vínculo de pensamentos. Como dizia um de nossos colegas, "pensar é fazer laços".[5]

Se o pensamento é pensamento do vínculo, ele implica uma teoria dos espaços e do tempo psíquico, uma teoria dos continentes e contidos e do só-depois, cuja diferença se sabe conforme se trate do universo neurótico — com a sua capacidade de ligação (essa falsa ligação que é, nele mesmo, a transferência) — ou do psicótico — em quem a massividade da experiência de não-satisfação compele ou à aglomeração fusional sem espaço na transferência dita "psicótica", ou à destruição, mais que à tecelagem, de uma trama psíquica contínua; conforme o negativo seja simples negativação da presença (o "não-seio", a "não-coisa") ou se torne aniquilamento destrutivo.

Sobre a vertente neurótica, esse eixo organizador do negativo faz com que o objeto materno se apague enquanto objeto de investimento primário para dar lugar aos investimentos próprios ao eu nascente da criança, o apagamento do objeto materno desembocando em sua transformação em estrutura.[6]

Negativo e pensamento: a concepção bioniana

Em 1962, em "Uma teoria sobre o pensar", Bion propõe considerar que pensar é acessar um espaço ocupado por não-coisas; é construir e organizar um espaço-tempo finito, "conquistado sobre o

---

5 Horacio Amigorena (1996), *Les Lettres de la SPF*, n. 1. CampagnePremière/.
6 Cf. Jean-José Baranès (1989), "Déni, identifications aliénantes, temps de la génération". In: *Le Négatif, figures et modalités*. Paris: Dunod, p. 92.

infinito vazio e sem forma",[7] regido pelo jogo infinito das equivalências simbólicas destinadas a substituir as coisas persecutórias. Pensar pressupõe, então, um continente dos objetos para pensar, um continente de transformação que se constitui primeiro na função psíquica do outro.

Como se vê, pensar supõe o estabelecimento de laços entre si e o outro, antes que outras espécies de laços sejam declinadas no interior da psique. Pensar é, portanto, para Bion — como para todo inglês —, uma *atividade*, bem expressada pelo inglês *thinking*. "É útil", escreve ele,

> *considerar que a atividade de pensamento* (thinking) *depende do resultado feliz de dois grandes desenvolvimentos psíquicos. O primeiro é o desenvolvimento dos pensamentos* (thoughts). *Eles requerem um aparelho capaz de fazer frente a isso. O segundo desenvolvimento concerne, portanto, a esse aparelho que chamarei provisoriamente de "atividade de pensamento"* (thinking). *Repito, é para fazer frente aos pensamentos* (thoughts) *que a atividade de pensamento* (thinking) *deve surgir.*[8]

Por conta disso, haverá por onde distinguir o pensamento enquanto atividade de pensamento (*thinking*) do pensamento enquanto resultado dessa atividade, e nesse caso, empregaremos o substantivo *thought*. E, algumas linhas adiante: "A atividade de

---

[7] Citação extraída de John Milton (2011), *Le Paradis perdu*, livre III. Paris: Belin.
[8] Wilfred R. Bion (1962), "Une théorie de l'activité de pensée". In: *Réflexion faite, op. cit.*, pp. 125-135.

pensamento é aqui um desenvolvimento imposto à psique sob a pressão dos pensamentos, e não o contrário".[9]

A preconcepção, conceito pivô

Uma breve evocação de fatos anteriormente discutidos revela-se aqui necessária. Como vimos, a transformação, por intervenção da função alfa da mãe, de elementos beta em elementos alfa, coloca à disposição da psique da criança pequena um material que ela pode conservar para produzir pensamentos oníricos (cujo sentido latente aparece quando de sua interpretação), sonhos e mitos pessoais. É esse material que Bion chama de "preconcepção". Sua importância é capital, no sentido em que é do seu acontecimento que depende o processo de pensamento em sua totalidade. Bion precisa:

> *Pode-se classificar os pensamentos, segundo a natureza de seu desenvolvimento cronológico, em preconcepções, concepções ou pensamentos, e, por fim, em conceitos . . . . A concepção é engendrada pela conjunção entre uma preconcepção e uma realização. A preconcepção pode ser considerada, em psicanálise, o análogo do conceito kantiano de "pensamentos vazios". Em psicanálise, encontraríamos o modelo disso na teoria segundo a qual a criança pequena tem uma disposição inata correspondente à espera do seio. Quando a preconcepção entra em contato com uma realização próxima, a saída psíquica é uma concepção. Dito de*

---
9   Ibid., p. 126.

> *outro modo, a preconcepção (a espera inata do seio, o conhecimento a priori do seio, o "pensamento vazio"), quando a criança pequena entra em contato com o próprio seio, une-se à tomada de consciência da realização e acarreta simultaneamente o desenvolvimento de uma concepção. . . . É preciso, então, esperar que as concepções sejam constantemente conjuminadas a uma experiência emocional de satisfação.*[10]

A partir dessa definição, Bion continua de modo lógico: "Limitarei o termo 'pensamento' ao encontro de uma preconcepção com uma frustração.[11] O modelo que vou aventar é o da criança pequena cuja espera do seio encontra a realização de uma ausência do seio capaz de proporcionar uma satisfação. Esse encontro é sentido como um não-seio, ou um seio 'ausente' dentro"[12] — dito de outro modo, uma forma de ausência situada no interior.

O papel da frustração

Um desvio suplementar é ainda necessário para evidenciar a total fidelidade de Bion a Freud no que concerne à forma como encara o processo de que se origina o pensamento. Ele quita, em primeiro lugar, uma dívida com Melanie Klein: "As percepções da experiência emocional", escreve ele, "devem ser elaboradas pela função alfa antes de poderem ser utilizadas nos pensamentos do

---

10 *Ibid.*, pp. 126-127.
11 Noutras ocasiões, Bion declara que se trata da união de uma preconcepção com uma *realização negativa* (p. 128).
12 *Ibid.*, p. 127; tradução minha.

sonho".[13] Noutros termos, o lactante evacua para fora dele, graças ao mecanismo *normal* da identificação projetiva, os elementos inassimiláveis pela sua psique. Com isso, não acontece diferente do lactante descrito por Freud, que, a propósito da descarga motora — primeiro modo de evacuação das experiências desagradáveis —, indica que ela "serve para livrar o aparelho psíquico de um aumento de excitações".[14] A diferença, com Bion, é que ele sustenta explicitamente que a mãe, que geralmente não fica longe da criança, recolhe os elementos inassimiláveis evacuados pelo lactante — nesse estágio, a evacuação pela motricidade constitui um modo de comunicação ao qual a mãe dá um sentido — a fim de transformá-los em elementos integráveis que ela propõe de volta à criança. É por isso que ele se permite escrever: "A atividade que chamamos de 'pensamento' (*'thinking'*) era, na origem, um procedimento visando descarregar a psique de um aumento de excitações, e seu mecanismo é o que Melanie Klein denominou 'identificação projetiva'".[15] Assim como, de sua parte, Freud escrevia: "A suspensão, tornada necessária, da descarga motora é assegurada pelo processo de pensamento . . .". Imagina-se, então, facilmente que — graças ao apaziguamento proporcionado pela mãe — "o pensamento [vem a ser] dotado de qualidades que permitem ao aparelho psíquico suportar o crescimento da tensão de excitação durante o adiamento da descarga".[16]

---

13 Wilfred R. Bion, *Aux sources de l'expérience*, op. cit., p. 24. Cf. Capítulo 3, p. 87.
14 Sigmund Freud (1911), "Formulations sur les deux principes du cours des événements psychiques". In: *Résultats, idées, problèmes*, vol. I, op. cit., p. 138.
15 Wilfred R. Bion, *Aux sources de l'expérience*, op. cit., p. 47.
16 Sigmund Freud (1911), "Formulations sur les deux principes du cours des événements psychiques". In: *Résultats, idées, problèmes*, vol. I, op. cit., p. 138. Essa passagem é retomada integralmente por Bion em *Aux sources de l'expérience*, op. cit., p. 45.

Adiante, Bion volta a essa questão: "Freud escreveu que o pensamento garante a suspensão da descarga motora ("Dois princípios do funcionamento mental"): o pensamento já não serve para descarregar o aparelho psíquico de um aumento de excitações, mas é empregado para modificar de maneira apropriada a realidade. O pensamento seria, então, um substituto da descarga motora, ainda que em momento algum Freud diga que a descarga motora cesse de funcionar como método para descarregar a psique de um aumento de excitações. Mas, através da identificação projetiva, o pensamento vem, ele próprio, assumir a função outrora atribuída à descarga motora — a de livrar a psique de um aumento de excitações; assim como a "ação", ela pode ser levada a modificar o ambiente, conforme a personalidade seja, ela própria, levada a fugir da frustração ou a modificá-la".[17]

Todavia, o lactante de que falamos continua presa de uma frustração e se encontra *devendo pensar*, visto que sua preconcepção (a espera de um seio) encontrou não uma realização positiva — que teria produzido uma concepção —, mas uma realização *negativa*. "A etapa seguinte", indica Bion, "dependerá [pois] da capacidade de a criança pequena tolerar a frustração; ela dependerá, em particular, da decisão que será tomada ou de fugir da frustração, ou de modificá-la".[18]

Elaborar ou fugir da frustração

Tocamos, aqui, no ponto nodal da teoria bioniana do pensamento. Se é interessante tentar imaginar a forma como o pensamento

---

17 Wilfred R. Bion, *Aux sources de l'expérience, op. cit.*, p. 102; tradução minha.
18 Wilfred R. Bion, "Une théorie de l'activité de pensée". In: *Réflexion faite, op. cit.*, p. 127.

nasce no coração ou no *seio* da psique de uma pessoa — e, desse ponto de vista, a teoria de Bion tem tanto interesse quanto qualquer outra, ainda que ela me ofereça a possibilidade de ressaltar que, com Bion, o pensamento tem sua fonte "no seio" —, é mais interessante ainda, supondo que ela tenha se formado graças ao mecanismo que detalhamos, tentar compreender o que esse pensamento se torna na psique da criança pequena em função do destino dado à frustração — esta, bem real.

Enquanto psicanalistas, é com isso que temos de lidar. Ao longo das sessões, os nossos pacientes nos comunicam pensamentos — às vezes silenciosos, é bem verdade — que podem não diferir dos elementos beta que estavam em questão acima. Nós nos encontramos, então, na qualidade de depositários dessas "coisas em si", as quais se espera que nós, graças à nossa função alfa, transformemos, modifiquemos, porque constituem proposições dolorosas e/ou inexatas. É por isso que Bion escreve: "A escolha que chama a atenção do psicanalista é aquela que se faz [no paciente] entre *os procedimentos visando fugir da frustração e aqueles visando modificá-la. Aí está a decisão crítica*".[19] ". . . Desejo", acrescenta ele, "centrar a atenção nos fenômenos geneticamente ligados à coexistência, na personalidade, de sentimentos de frustração, de uma intolerância aos sentimentos de frustração, das emoções que a isso se relacionam e na decisão engendrada por uma tal concatenação de elementos".[20]

Eis aí, então, como Bion encara o processo de emergência de um pensamento: "Se a capacidade de tolerar a frustração é suficiente, o "não-seio" dentro torna-se um pensamento (*thought*), e um aparelho para pensar (*thinking*) esse pensamento (*thought*) se

---

19 Wilfred R. Bion, *Aux sources de l'expérience*, op. cit., p. 46; grifo do autor.
20 *Ibid.*, p. 47.

desenvolve".[21] Essa descrição condiz com a situação descrita por Freud[22] na qual a proeminência do princípio de realidade dá início ao desenvolvimento de uma capacidade de pensar que permite colmatar o vazio da frustração entre o momento em que um desejo (*want*) se faz sentir e o momento em que a ação própria a satisfazer esse desejo leva a essa satisfação. A capacidade de tolerar a frustração permite, assim, à psique desenvolver um pensamento como meio de tornar ainda mais tolerável a frustração suportada.

"Se a capacidade", prossegue ele, "de tolerar a frustração é inadequada, o "não-seio" interno mau — que uma personalidade capaz de maturidade reconhece, no final das contas, como pensamento — coloca a psique na obrigação de decidir entre a fuga da frustração e sua modificação".[23]

Mas com frequência acontece de a incapacidade de tolerar a frustração arrastar o sujeito para uma *fuga* da frustração. Em casos semelhantes, o que deveria ser um pensamento — "um produto da justaposição de uma preconcepção e de uma realização negativa" — torna-se um objeto mau, equivalente a uma coisa em si, devendo ser, portanto, evacuada. No lugar do desenvolvimento de um aparelho de pensamento, desenvolve-se um aparelho hipertrofiado de identificação projetiva. Com isso, precisa Bion, essa psique

> *funciona com o princípio de que evacuar um seio mau equivale a tirar subsistência de um seio bom. O resultado final é que todos os pensamentos são tratados como*

---

21 Wilfred R. Bion, "Une théorie de l'activité de pensée". In: *Réflexion faite, op. cit.*, p. 127; tradução minha.
22 Sigmund Freud, "Formulations sur les deux principes du cours des acontecimentos psychiques", *op. cit.*
23 Wilfred R. Bion, "Une théorie de l'activité de pensée". In: *Réflexion faite, op. cit.*, p. 127.

se não se distinguissem de objetos internos maus.... O ponto crucial é [também aqui] decidir entre a modificação e a fuga da frustração.[24]

Bion examina clinicamente esses critérios para tentar representar para si o tipo de relação que um sujeito mantém com a realidade externa. "O lactante capaz de tolerar a frustração pode se permitir ter um senso da realidade, ser dominado pelo princípio de realidade",[25] pois esse lactante — "com a condição de acrescentar a isso os cuidados maternos" dos quais ele se beneficia, como escreve Freud[26] — pode, com efeito, sustentar que a realidade, na falta de ser inteiramente satisfatória, tenha ao menos a vantagem de ser real (e não alucinada). "Mas", continua ele, "se a sua intolerância à frustração passa um determinado limiar, mecanismos onipotentes são acionados, especialmente a identificação projetiva" — mecanismo que, no mínimo, atesta que esse lactante percebeu o valor da capacidade de pensar como meio de abrandar a frustração sob a dominação do princípio de realidade. E Bion conclui, de forma convincente: "Formulo aqui a hipótese de que a identificação projetiva é uma forma precoce daquilo que, mais tarde, será chamado de 'capacidade de pensar'".[27]

Do pensamento ao conhecimento

Chegando nesse estágio, nós nos vemos feito viajantes que, engajados numa expedição exploratória, chegam ao final do caminho

---

24 *Ibid.*, p. 128; tradução minha.
25 Wilfred R. Bion, *Aux sources de l'expérience, op. cit.*, p. 54.
26 Sigmund Freud (1911), "Formulations sur les deux principes du cours des événements psychiques". In: *Résultats, idées, problèmes*, vol. I, *op. cit.*, p. 137, n. 2.
27 Wilfred R. Bion, *Aux sources de l'expérience, op. cit.*, p. 54.

conhecido e preparam-se para cruzar o limiar que dá acesso ao espaço desconhecido até então. Passar do conhecido ao desconhecido requer fazer uso dos pensamentos, na medida em que eles existam, e do aparelho de pensar os pensamentos, na medida em que ele tenha se desenvolvido, para "conhecer" o mundo que nos cerca — seja esse mundo povoado por objetos ou por pessoas com as quais estamos em relação. É escusado dizer que a condição para abordar esse processo de conhecimento reside na capacidade de suportar a dor que ele corre o risco de engendrar.

Enquanto analistas, não estamos a salvo de dever levar em conta as mesmas condições, quando as relações com as quais lidamos no exercício de nossa prática podem ser agrupadas sob o termo genérico de "transferência" — seja esta positiva, negativa, adesiva, fusional, neurótica ou psicótica.

Vimos que, "conforme a capacidade de tolerar a frustração que a personalidade tiver, uma experiência emocional sentida como dolorosa convocará ou uma tentativa para fugir da dor, ou uma tentativa para modificá-la".[28] Vimos também que "não se pode conceber uma experiência emocional isoladamente de uma relação",[29] mesmo no caso de essa experiência emocional ser uma experiência de pensamento — que, como todo pensamento, vale lembrar, origina-se numa *experiência partilhada* tendo utilizado o mecanismo da identificação projetiva normal. Os laços que Bion propõe como bases de toda relação são L, o amor; H, o ódio; K, o conhecimento — sem nos esquecermos dos seus complementos que são: −L, −H e −K. "Poderíamos pensar", escreve Bion, "levando em conta a complexidade da situação analítica, que não há nenhuma vantagem em registrar simplesmente por meio de um desses três sinais".[30]

---

28 *Ibid.*, p. 66.
29 *Ibid.*, p. 60.
30 *Ibid.*, p. 61.

Mas, na realidade, cabe ao analista "apreciar a complexidade da experiência emocional que se lhe demanda elucidar limitando a sua escolha a esses três laços. Cabe a ele decidir quais são os objetos ligados entre si e qual desses três laços representa da forma mais exata o vínculo real entre esses objetos".[31]

"Imaginemos, a título de ilustração", propõe Bion, "uma situação que todos os analistas conhecem bem: o paciente Smith fala livremente, é cooperativo, amigável; no decorrer de suas associações, diz conhecer um certo psicoterapeuta, Jones, um perfeito estúpido que não sabe quase nada de psicanálise. O paciente o conhece bem e tem boas razões", acrescenta ele, "para detestá-lo. Ele já tratou um de seus amigos, o Sr. May, e os resultados foram pavorosos: o casamento ia bem até o amigo começar o tratamento etc.".[32] Muito evidentemente, trata-se de uma comunicação complexa. Existem diferentes tipos de vínculo: um vínculo entre o paciente e o analista; diferentes vínculos entre o paciente e o psicoterapeuta, entre o paciente e seu amigo, entre o paciente e o analista de seu amigo. O vínculo entre o paciente e o analista é o único de que temos um testemunho direto. Quanto ao relato que o paciente faz dos outros vínculos, o testemunho é majoritariamente indireto. O paciente diz conhecer Jones. "Devemos", escreve ele, "registrar isso como Smith 'K' Jones? Ele diz detestar Jones. Devemos compreender: Smith 'H' Jones? O paciente fala de May dizendo *my friend*. Devemos entender Smith 'L' May? Ou existe no material anterior da análise, ou no comportamento ou entonação do paciente, algo que sugeriria um vínculo do tipo Smith 'L' Sra. May? Mas talvez disponhamos também de um material que sugeriria a existência de uma relação homossexual entre Smith e May?"[33] Na realidade, o problema está menos nisso, para o analista, do que em procurar

---
31 *Idem.*
32 *Ibid.*, p. 60.
33 *Ibid.*, p. 60; tradução minha.

"apreciar a complexidade da experiência emocional" para chegar a formular, numa interpretação — da qual nada diz, *a priori*, que ela vai tocar o paciente —, o que caracteriza a natureza do vínculo.

Assim, prossegue Bion, "a escolha de L, H ou K tem como meta produzir um enunciado", instrumento muito útil ao analista para traduzir fielmente os seus sentimentos. Para fazer isso, ele tem de construir um modelo que respeite uma das componentes essenciais do vínculo que une analista e paciente: o elemento *animado*. A propósito disso, Bion escreve: "xKy, o analista K o analisando, eu K Smith — enunciados que representam uma experiência emocional. Como L e H, K representa um vínculo ativo e faz pensar que, se xKy, então x faz algo a y. K representa uma relação psicanalítica . . . . K não significa que x está em posse de um conhecimento denominado y, e sim que x está empenhado num processo de conhecimento de y e y a ponto de ser conhecido por x.

Ele continua: "O enunciado xKy . . . corresponde aos enunciados de relações que dizemos informados por uma perspectiva científica [e que] deram melhores resultados quando o que havia aí era um objeto inanimado". Então, contrariamente a xLy ou a xHy — relações que contêm um elemento animado intrínseco —, a relação xKy corre o risco de ser mais facilmente mantida "se y é inanimado e se x pode, ele próprio, aproximar-se do inanimado; por exemplo, se x utiliza uma máquina". Dito de outro modo, precisa Bion, "à medida que se introduz uma maquinaria inanimada para substituir o elemento vivo, L, H ou K deixam de existir".[34]

---

34 *Ibid.*, pp. 64-65.

A abstração como condição do crescimento

Assim a atividade K tem como meta "abstrair um enunciado que terá como representar adequadamente uma experiência", e essa abstração visa "representar outras experiências ainda desconhecidas no momento em que a abstração foi produzida".[35] Essa formulação, um pouco árida — e inteiramente orientada para o futuro —, é, no entanto, de uma imensa importância. Ela comporta, com efeito, a possibilidade, para o lactante, de ampliar o seu campo de conhecimento, isto é, em termos mais triviais, de passar *do* seio a *um* seio, isto é: do seio à mamadeira; depois, da mamadeira à comida semissólida etc. Por quê? Porque, "extraindo", de um mamar desejado (logo, mau) — que se desenrola, por exemplo, de uma forma doce e satisfatória, mas que carrega também o traço de um produto amargo com o qual a mãe limpou o mamilo antes de oferecê-lo ao bebê —, as qualidades que esse mamar contém, o lactante abstrai a maldade, o desejo, a doçura, o amargor etc., que são elementos psíquicos que ele estará, em princípio, em condições de utilizar de novo quando de uma próxima experiência, semelhante ou diferente, conhecida ou desconhecida. "Se há um seio bom", escreve Bion, "um objeto doce, é porque ele foi evacuado, produzido"[36] — isto é, "abstraído" da própria experiência, da qual não é possível dizer nada. "E o mesmo para o seio mau", prossegue ele, "o seio desejado, o seio amargo etc. O seio não pode ser percebido como objetivo e tampouco pode ser percebido como subjetivo. Desses objetos doces, amargos, azedos são abstraídos a doçura, o amargor, o azedume. Uma vez abstraídos, eles podem ser novamente aplicados; a abstração produzida pode, em seguida, ser utilizada em situações em que uma realização, que não é a

---

35 *Ibid.*, p. 67.
36 *Ibid.*, p. 78.

realização original de onde foi tirada, aproxima-se dessa abstração".[37] Essa análise levará Bion a propor a ideia segundo a qual "o lactante sente-se em condições de isolar, na experiência total, um elemento que é a crença na existência de um objeto capaz de satisfazer as suas necessidades".[38] Voltaremos a isso.

Assim se observa, em Bion, todo um jogo entre abstração e concretização. "A abstração", escreve ele, "pode ser concebida como uma etapa na publicação que facilita a correlação pela comparação entre a representação que foi abstraída e diversas outras realizações, todas diferentes da realização da qual a representação foi abstraída na origem".[39] "Publicação" — às vezes escrita "public-ação" — representa, para Bion, todo método destinado a tornar pública uma proposição privada, isto é, individual. De maneira absoluta, o fato de comunicar a alguém uma ideia que foi germinada em meu espírito se chama, em termos bionianos, "publicação". Explicação que vale, é claro, para além de um único outro! "A concretização, ao inverso", continua ele, "pode ser concebida como uma forma de publicação que facilita a correlação pelo senso comum [termo muito caro a Bion], isto é, ao enunciar algo de forma que se o reconheça como objeto de um sentido, mas capaz, contudo, de ser experimentado como objeto de um outro sentido, ... de mais de um sentido ou pelos sentidos de mais de uma pessoa".[40]

Para ilustrar o uso de um sentido, de dois sentidos ou do mesmo sentido em várias pessoas, Bion não se priva de se dizer maravilhado — e ele deixa isso claro — quando se dá conta, por exemplo, de que a intuição do heliocentrismo de Aristarco de Samos,

---

37 *Ibid.*
38 *Ibid.*, pp. 78-79. Noutros momentos, Bion substitui "crença" por "preconcepção inata" (p. 89) — expressão mais apropriada.
39 *Ibid.*, p. 68.
40 *Ibid.*

que viveu por volta de 300 a. C., foi confirmada, vários séculos mais tarde, por Copérnico e Kepler.

Por que Bion atribui tanto interesse à abstração? Porque ele constatou, em alguns psicóticos, ou na parte psicótica da personalidade de alguns neuróticos, que "a capacidade de abstração foi destruída" e que, por conseguinte, "a palavra já não é utilizada como o nome de uma coisa, mas como coisa em si". É assim, por exemplo, com a palavra "cachorro", da qual todo mundo sabe que designa "uma classe, e não um animal específico".[41] Noutro momento ele acrescenta: "Um objeto não é percebido e denominado 'cachorro' porque a qualidade de "caninidade" (*dogginess*) foi dele abstraída. O termo "cachorro"... é utilizado quando e porque um conjunto de fenômenos foi reconhecido como estando relacionado, mas *des*-conhecido. O termo é utilizado para impedir que os fenômenos não se dispersem. Uma vez que um nome foi dado e que os fenômenos foram, por isso, vinculados, o resto da história, se assim o desejarmos, pode ser dedicado a determinar o que esse nome significa — o que um 'cachorro' é: o nome é uma invenção que permite pensar e falar de algo antes mesmo de saber o que esse algo é".[42] O mesmo acontece com todo enunciado. Se essa capacidade de abstração foi destruída, é porque, de forma muito provável, a função alfa foi destruída; e porque muito evidentemente toda troca se inscreve, por isso, muito mais certamente na vertente do vínculo –K do que no do vínculo K. Assim é possível a Bion escrever que "a gênese de toda abstração é um fator da função alfa".[43] "Essa hipótese", escreve ele em apoio à sua proposição, "é compatível com a associação estabelecida entre o colapso da função alfa e a predominância de elementos beta que se evidenciam por sua

---

41 Ibid., p. 69. Cf. também, no filme *Bernie*, de Albert Dupontel, a seguinte réplica, típica de um enunciado psicótico: "É um gato, mas é também um felino".
42 Wilfred R. Bion, *Éléments de psychanalyse, op. cit.*, pp. 86-87.
43 *Ibid.*, p. 73.

concretude".[44] Ela permite também, escreve ele algumas páginas adiante, "examinar a importância da abstração que, nesse contexto, pode ser encarada como um aspecto da transformação, pela função alfa, de uma experiência emocional em elementos alfa".[45]

Uma hipótese chamada "Papai"

Eis aqui um exemplo: "Suponhamos", escreve Bion,

> que o lactante repita uma experiência emocional em que os seguintes elementos estejam constantemente combinados: vê-se um homem; ele tem a sensação de ser amado por esse homem e desejá-lo, e escuta a sua mãe repetir: "É o Papai". "Pa-pa-pa", diz a criança. "Isso, Papai", diz a mãe. O lactante abstrai dessa experiência emocional alguns elementos, cuja natureza dependerá, em parte, de cada lactante. Esses elementos abstratos receberão o nome de "Papai" noutras situações em que eles pareçam estar combinados; é assim que se constitui um vocabulário. Isso não é a descrição de um fato; eu lhe confiro o estatuto de um modelo do qual poderei abstrair uma teoria, esperando que essa representação encontre a sua realização correspondente. A teoria que tiro desse modelo é: "Papai" é o nome de uma hipótese. A hipótese chamada "Papai" é um enunciado segundo o qual alguns elementos estão constantemente conjugados. Daí a crian-

---

44 Ibid.
45 Ibid., p. 78.

> *ça pequena encontra um outro que, também ele, diz: "Pa-pa-pa", mas em circunstâncias que não parecem corresponder com as circunstâncias às quais seu próprio Pa-pa-pa é associado. Há um homem, mas não é o certo. E, no entanto, alguns elementos dessa nova situação correspondem a alguns elementos das situações que ele considera realizações correspondentes à sua hipótese chamada "Papai". A hipótese tem de ser revisada de forma a representar essas realizações. Ela pode ser abandonada em prol de uma nova hipótese ou tornar-se um sistema de hipóteses, um sistema científico dedutivo. As experiências continuam e o sistema científico dedutivo chamado "Papai" torna-se cada vez mais complexo.*[46]

Uma hipótese é, portanto, sempre oriunda de uma experiência emocional no interior da qual um determinado número de elementos está em conjunção constante, e essa qualidade particular — o fato de que esses elementos estejam em conjunção constante — confere a essa hipótese o seu valor de abstração.

O que produz uma conjunção constante

Não resulta menos verdadeiro que a "conjunção constante" de certos elementos confere à experiência emocional de que eles são parte integrante uma significação particular. Acabamos de ver isso com a hipótese (termo bioniano) ou o significante (termo lacaniano) de nome "Papai". O lactante abstrai dessa experiência um determinado número de elementos que recebem o nome de "Papai" e

---

46 Wilfred R. Bion, *Aux sources de l'expérience*, op. cit., p. 86; grifo meu.

que, noutras situações em que os mesmos elementos parecem estar novamente combinados, permitem que a criança compreenda que ela se encontra, de novo, na presença de *um* papai, ainda que não se trate do *seu* papai.

É o que acontece, em geral, para todas as palavras, para todas as hipóteses, para todos os significantes, no seio dos quais "apenas alguns elementos, dentre todos aqueles que compõem uma realização, possuem dados ... ligados entre elas; logo, constantemente combinados".[47] A partir desse gênero de situação, a abstração realizada pode, assim como afirma Bion, "assumir a função de uma pré-concepção" que, no caso de um encontro com uma realização positiva, torna-se uma concepção, depois um conceito etc.

Somos levados a nos perguntar por que Bion dá, a essa altura, uma atenção constante a esse gênero de "associação" *a priori* banal. Isso é esquecer — e Bion não se priva de nos lembrar disso — que toda associação entre elementos ligados, por exemplo, por um relato — como é o caso no decorrer de uma análise — introduz uma *causalidade* entre esses elementos e, portanto, possivelmente um sentimento de culpa da parte daquele (ou daquela) que efetua esse relato. É um assunto que abordaremos no capítulo seguinte.

É, portanto, com essa condição — e somente com essa condição — que "a abstração pode assumir a função de uma pré-concepção"[48] e que, conservando um pano de fundo de significação que permite que esse enunciado não seja completamente apartado da realidade, ela é suscetível de encontrar uma realização que modificará essa pré-concepção até transformá-la em concepção, depois em conceito, depois em sistema científico dedutivo, depois em cálculo algébrico... A teoria se torna, assim, mais abstrata e mais englobante, incluindo não somente elementos ideicos evidentes e

---

47 *Ibid.*, p. 88.
48 *Idem*.

constantes — que Bion esquematize servindo-se da letra ψ —, mas igualmente elementos psicológicos não saturados (sentimentos, expectativas, desejos), cujo valor é difícil estimar, ainda que este se torne incontestável — que Bion esquematiza atribuindo a letra ξ. É assim com a componente não saturada (ξ) que ele atribui à dimensão inata ($\mathcal{M}$), a qual, aliada à constante ideica (ψ) inerente a toda preconcepção, produz uma "pré-concepção inata" — $\psi(\xi)$ —, como, por exemplo, para o lactante, "a pré-concepção inata da existência de um seio capaz de satisfazer a sua própria natureza incompleta".[49] A realização do seio permite, então, fazer advir essa pré-concepção à categoria de concepção — ou de pensamento, no caso de realização negativa, como vimos — e classificar essa experiência emocional completa com o rótulo de "objeto psicanalítico".

Uma "preconcepção inata"?

Ler na pena de Bion que o lactante é suscetível de ser portador de uma "preconcepção inata" é de natureza a suscitar o nosso espanto, se admitimos que essa fórmula confirma a ideia segundo a qual nem tudo se passa na inter-relação mãe-bebê e que cada criança vem ao mundo com a sua bagagem própria. Mas por que não? É escusado dizer, com efeito — e a experiência o comprova —, que não há duas crianças que nasçam com os mesmos equipamentos pessoais, individuais, íntimos. Cada lactante é portador de suas próprias equações, independentes de toda transmissão, tirante quando às vezes se fala, e com razão, em herança genética — que conta na personalidade de cada recém-nascido. É essa a parte, em toda experiência emocional, que não pode ser atribuída a quem quer que seja e que permite que não se considere o ambiente — em particular, as mães — como sendo responsável por todos os

---

49 *Ibid.*, p. 89.

contratempos que a criança possa vir a encontrar no decorrer de seu desenvolvimento.

Ao mesmo tempo, é uma das componentes que, a partir de certa idade, contam na produção das abstrações indispensáveis ao lactante para que, da experiência total, ele se sinta em condições de isolar o objeto independente dele, ou, noutros termos, o elemento que lhe assegure "a existência de um objeto capaz de satisfazer as suas necessidades".[50]

"Pode-se produzir", acrescenta Bion, "um número indefinido de enunciados para representar o que o lactante sente.... Pode-se presumir que o lactante tem igualmente a possibilidade de "produzir um grande número de enunciados" e que é a natureza desses "enunciados" que deve, no fim das contas, interessar ao analista".[51] É nessa hipótese que o analista se apoiaria, admitindo que o lactante "tem uma pré-concepção inata da existência de um seio capaz de satisfazer sua própria natureza incompleta".[52]

"Isso não é tudo", acrescenta Bion.

> *A extensão do conceito de um objeto psicanalítico, como as extensões de todos os conceitos biológicos, inclui os fenômenos ligados ao crescimento. O crescimento pode ser considerado positivo ou negativo. Vou representá-lo como ($\pm Y$). Os sinais "mais" e "menos" são empregados para indicar o sentido ou a direção do elemento que eles precedem, como na geometria coordenada. A fim de frisar esse aspecto de sua extensão, vou representar o objeto psicanalítico como $\{(\pm Y)\, \psi\, (\mathcal{M})\, (\xi)\}$. Só o conta-*

---

[50] Wilfred R. Bion, *Aux sources de l'expérience*, op. cit., p. 79.
[51] *Ibid.*
[52] *Ibid.*, p. 89.

to com uma realização determinará se (Y) deve ser precedido pelo sinal de "mais" ou pelo sinal de "menos". A abstração tirada do objeto psicanalítico vai se referir à resolução das opiniões conflituosas do narcis-ismo e do social-ismo (social-ism). *Se a tendência é social (+Y), a abstração vai se referir ao isolamento das qualidades primárias. Se a tendência é narcísica (−Y), a abstração será substituída pela atividade apropriada a −K.*[53]

Segundo Bion, é assim que se constitui, progressivamente, um sistema científico dedutivo no seio do qual cada elemento, cada "objeto psicanalítico", tem a sua lógica própria — mesmo se o sistema, em sua integralidade, possa não corresponder àquilo que, em geral, se chama de "síntese lógica". "A relação", escreve Bion, "entre os elementos de um objeto (psic)analítico pode ser totalmente diferente da relação entre as representações desses elementos no seio do sistema científico dedutivo".[54] Em termos mais concretos, essa frase enigmática sempre me pareceu corresponder à experiência que todo mundo pode ter diante da Pedra de Roseta, esse famoso fragmento de estela gravada do Egito Antigo e que comporta três versões de um mesmo texto, permitindo a decifração dos hieróglifos no século XIX. Todo mundo está de acordo quanto ao fato de que, de cima a baixo, superpõem-se três alfabetos (o egípcio, na forma de hieróglifos; o demótico e o grego); e todo mundo concorda em considerar que o demótico é uma tradução dos hieróglifos e que o grego é uma tradução do demótico. Mas sequer é necessária essa correspondência texto a texto para atribuir um valor inestimável a essa peça única. Pode-se imaginar que, diante do que foi compreendido como sendo três versões do mesmo texto, Champollion

---

53 *Ibid.*, p. 90.
54 *Ibid.*, p. 93.

pôde se comportar como o Freud da "Carta 52" — que se tornou "Carta 112" na edição completa das *Cartas a Wilhelm Fliess* —, que falava em "superposição de estratos", de "traços mnésicos" reordenados e retranscritos, e em "inscrições presentes em diversas formas". Como evocamos acima, ele então enumerava: "Pc", "as percepções"; "Spc", a primeira inscrição das percepções; "Ics (inconsciência)", "a segunda inscrição, ordenada segundo relações talvez *causais*"; "Pcs (pré-consciente)", "a terceira retranscrição".

Freud tem o cuidado de precisar que "as inscrições que se seguem apresentam a produção psíquica de sucessivas épocas da vida" e que "é na fronteira entre duas dessas épocas que a tradução do material psíquico deve ocorrer". Contudo, nada indica que essa tradução se efetue corretamente. "Para alguns materiais", acrescenta ele, "essa tradução não ocorre.... Onde falta transcrição ulterior, a excitação é liquidada conforme as leis psicológicas que estavam em vigor no período psíquico precedente".[55]

Noutros termos, nada permite saber por que, a título de exemplo, nos anúncios transmitidos por rádio durante a Segunda Guerra Mundial, "o gatinho morreu" era a fiel tradução de "a Resistência está se organizando nos Cevenas". Cada um com a sua grade (de leitura)!

Pensamentos sem pensador?

Esse "retorno a Freud" nos permite mensurar a que ponto esse esquema nos impõe levar em conta uma dimensão temporal, visto que Freud apela a uma *sucessão* de inscrições que, segundo o que ele escreve em 1896, se produziram em "sucessivas épocas" da vida

---
55 Sigmund Freud, "Lettre 112 (6 décembre 1896)". In: *Lettres à Wilhelm Fliess. 1887-1904, op. cit.*, pp. 264-265.

— já que ele ainda considera, nessa época, que o princípio de realidade pega o bastão do princípio do prazer em razão da falta de satisfação que a adoção exclusiva do primeiro encontra. Sabe-se que o próprio Freud, em seguida, volta de forma crítica a essa concepção do funcionamento do aparelho psíquico quando escreve, em 1911, que "uma organização como essa, que está inteiramente submetida ao princípio de prazer e que negligencia a realidade do mundo externo, não poderia se manter viva nem por um instante, de modo que sequer teria podido aparecer".[56] Ele revisa, portanto, em vários episódios a sua construção do aparelho psíquico para uma implementação *simultânea* dos dois princípios: o princípio de realidade — requerido para oferecer uma solução "realista" — operando conjuntamente com um outro nível que não o princípio de prazer, mantido para proporcionar uma certa taxa de satisfação.

Bion não deixou de notar esta dificuldade: "O vínculo que une a intolerância à frustração e o desenvolvimento do pensamento é determinante para uma boa compreensão do pensamento e dos distúrbios do pensamento. A formulação de Freud . . . demanda ser modificada caso se queira que os dois princípios coexistam". "O paciente", prossegue ele, "desde o início da vida, tem contato suficiente com a realidade para agir de maneira a engendrar em sua mãe sentimentos que ele não quer para ele próprio, ou que quer encontrar em sua mãe". Essa precisão, decisiva no pensamento de Bion, visa efetivamente fazer da fantasia kleiniana onipotente de identificação projetiva uma realidade; como, por exemplo, no

> *paciente que sente a necessidade de impor aos outros o sentimento de que seria capaz de matar seus pais sexuais se isso devesse ajudá-lo a viver uma relação sexual*

---

56 Sigmund Freud (1911), "Formulations sur les deux principes du cours des événements psychiques". In: *Résultats, idées, problèmes*, vol. I, *op. cit.*, p. 136, n. 2.

e amorosa livre do medo de se matar e de matar sua parceira, como ele seria compelido a fazer se chegasse a observar, nele e em sua parceira, os sinais de uma paixão sexual recíproca.[57]

"Eu", acrescenta ele, "sugeri que, numa forma extrema, isso pode conduzir até ao assassinato — como meio de tornar efetivo no mundo da realidade uma fantasia onipotente de identificação projetiva que, de outro modo, permaneceria simples fantasia onipotente".[58]

Pensamentos anteriores (e não interiores)

Não deixa de subsistir um problema: se os pensamentos surgem numa imediatez que faz funcionar simultaneamente princípio de prazer, princípio de realidade e identificação projetiva, nada nos garante que eles nasçam num espaço psíquico suscetível de acolhê--los e destinado a pensá-los. Isso é razão suficiente, escreve Bion, para sustentar a ideia de que "o problema é simplificado se considerarmos que os 'pensamentos' são epistemologicamente anteriores à atividade de pensamento e que a atividade de pensamento é convocada a se desenvolver como método ou aparelho para tratar os 'pensamentos'".[59] "Deve-se produzir um aparelho que permita pensar o pensamento que já está lá", afirma Bion, não sem audácia.

---

57 Wilfred R. Bion, *Aux sources de l'expérience, op. cit.*, pp. 46, 48. Cf. a declaração do paciente concernindo ao assassinato de seus pais quando da descoberta do prazer que a primeira relação sexual que ele teve lhe proporciona: Sigmund Freud (1909), "Remarques sur un cas de névrose obsessionnelle (L'homme aux rats)". In: *Cinq Psychanalyses*. Paris: Presses Universitaires de France, 1954.
58 Wilfred R. Bion, *Aux sources de l'expérience, op. cit.*, p. 48.
59 *Ibid.*, p. 102.

Mas, "se o paciente não pode 'pensar' com seus pensamentos (*thoughts*), isto é, se ele tem pensamentos, mas não dispõe do aparelho de 'pensamento' (*apparatus of 'thinking'*) que lhe permite utilizar seus pensamentos — em resumo, pensá-los —, disso resulta uma intensificação da frustração" e, portanto, "uma intensificação do recurso à identificação projetiva, único mecanismo suscetível de tratar os 'pensamentos' (*'thoughts'*)".[60] É por isso que Bion escreve:

> *Na psicanálise dos "distúrbios do pensamento", a investigação deve incidir no desenvolvimento e na natureza dos "pensamentos", nos elementos alfa e nos elementos beta, depois na natureza do aparelho desenvolvido para tratar os "pensamentos". . . . A divisão e a anterioridade são epistemológica e logicamente necessárias; dito de outro modo, a teoria segundo a qual um pensamento é anterior à atividade de pensamento é, ela própria, anterior — na hierarquia das hipóteses do sistema científico dedutivo — à hipótese da atividade de pensamento.*[61]

Assim, quando se concebe facilmente, no modo de funcionamento do aparelho psíquico, que existem dois níveis temporais — o primeiro estando situado no momento do surgimento dos pensamentos e o segundo correspondendo ao tempo de desenvolvimento do aparelho de pensar os pensamentos —, isso não muda o fato de que o modelo completo, que tem de levar em conta a simultaneidade dos "Dois princípios do funcionamento mental",

---

60 *Ibid.*, p. 104. O paciente evocado por Bion é, evidentemente, um paciente psicótico.
61 *Ibid.*, p. 105.

supõe igualmente "o exercício de uma capacidade semelhante àquela implementada na visão binocular, essa operação pela qual os dois olhos correlacionam os dois pontos de vista de um mesmo objeto".[62] No fundo, lembra ele, esse correlacionamento não é diferente da "utilização, em psicanálise, do consciente e do inconsciente na apreensão de um objeto psicanalítico".[63] Utilização *simultânea*, mas seria o caso de precisá-la?

O aparelho desenvolvido para tratar os pensamentos

Os pensamentos, que ganham corpo porque surgiu um problema — o do não encontro entre uma pré-concepção e sua realização esperada —, necessitam ser tratados por um aparelho que, no início da vida, é embrionário e que não está adaptado à tarefa que lhe cabe. É o que Bion descreve quando se interroga a respeito da "parte do aparelho psíquico originário que deve ser descartada para constituir o aparelho de que o pensamento necessita".[64] Afastando-se, nesse ponto, de Freud — que via o aparelho reflexo "servir de modelo para o aparelho psíquico engajado na atividade de sonhar" —, ele sugere que "a atividade de pensamento é aquilo que as exigências da realidade impõem a um aparelho que não está adaptado para esse fim"[65] e supõe que

> existia um aparelho que teve, e ainda tem, de se adaptar às novas tarefas impostas pelas exigências da realidade desenvolvendo uma capacidade de pensar. O

---

62 *Ibid.*, p. 106.
63 *Idem*.
64 *Ibid.*, p. 75.
65 *Idem*.

> *aparelho que deve, assim, se adaptar é aquele que, na origem, recebia as impressões dos sentidos relativos ao canal alimentar.*[66]

Por que esse aparelho, e não outro? Porque, precisa Bion, ele havia observado que "algumas locuções demonstravam menos a existência de uma lembrança do que a de 'fatos não digeridos' — expressão que subjaz à utilização do sistema alimentar como modelo dos processos de pensamento".[67] "Mas", continua ele, "o que dizer da utilização de nosso conhecimento do sistema alimentar para formar um modelo... dos processos implementados no pensamento sobre o pensamento?"[68] Na medida em que "a atividade de pensamento é convocada a se desenvolver como método ou aparelho para tratar os 'pensamentos'",[69] é evidente que "deve ser produzido um aparelho que permita pensar o pensamento que já está lá".[70] "Temos", então, acrescenta ele, "razões para acreditar que é a partir das experiências emocionais associadas à alimentação que o indivíduo abstraiu, depois integrou, diferentes elementos para formar sistemas teóricos dedutivos que são, em seguida, utilizados como representações das realizações de pensamento".[71]

A essas precisões, acrescentaremos que existe, apesar disso, uma diferença entre o aparelho de pensar, tal como concebido por Bion, e o sistema alimentar, do qual o primeiro é oriundo, pois o órgão que recebe e que trata os alimentos é "conforme" ao material do qual ele tem de se ocupar, ao passo que o aparelho *de pensar*,

---

66 *Ibid.*, p. 76.
67 *Ibid.*, p. 81.
68 *Idem.*
69 *Ibid.*, p. 102.
70 *Ibid.*, p. 103.
71 *Ibid.*, p. 81.

destinado primeiro a se livrar dos aumentos de excitações, é um aparelho que, "no princípio,... não é adaptado para esse fim".[72]

Em todo caso, o desenvolvimento desse tema — o pensamento, sua gênese, seus devires — é, para Bion, a oportunidade renovada de dizer a importância, para ele, da realidade; e, para o bebê, do *contato com a realidade*.

Uma grade para o pensamento

É hora, agora, de reunir as diferentes proposições discutidas anteriormente de maneira a ordená-las psicogeneticamente — como Bion faz em sua obra *Elementos de psicanálise*[73] — em função de seu grau de desenvolvimento. Esse é, anuncia ele, "um outro modo de classificação do mesmo material [oriundo de sua] experiência com pacientes que apresentam distúrbios do pensamento".

Noutros termos, é expondo o aspecto que nos parece o mais "enrijecido" de sua elaboração que Bion evoca a dimensão que é quase a mais clínica da prática da psicanálise — paradoxo que, sem dúvida, não é um dos menores, em se tratando dele. De qualquer forma, Bion se dedica primeiro a definir como cada "linha" horizontal encontra o seu lugar na grade, visto que cada uma delas representa um estágio de desenvolvimento do pensamento, a partir do elemento mais "arcaico", o elemento beta, até o elemento mais sofisticado — se é que ele existe — situado no nível do cálculo algébrico. Deixo o autor comentar, ele próprio, a grade. A extensão dessa passagem se explica pela incessante abundância do pensamento de Bion que recorre, incessantemente, a pensamentos extremamente profundos,

---

[72] *Ibid.*, p. 75.
[73] Wilfred R. Bion, *Éléments de psychanalyse*, *op. cit.*, pp. 28 e ss.

mesmo quando eles são evocados de forma alusiva (cf., abaixo, os desenvolvimentos dedicados à evocação de um sonho):

1. Elementos β. Esse termo representa a primeira matriz da qual se pode supor que surjam os pensamentos. O elemento β participa, ao mesmo tempo, do objeto inanimado e do objeto psíquico, sem que seja possível diferenciá-los. Os pensamentos são coisas, as coisas são pensamentos; e elas têm uma personalidade.

2. Elementos α. Esse termo representa o resultado do trabalho realizado pela função α sobre as impressões dos sentidos. Os elementos α não são objetos do mundo externo, mas o produto do trabalho realizado sobre os sentidos supostos a se ligarem a essas realidades. São eles que permitem a formação e a utilização dos pensamentos do sonho.

Não creio que seja possível provar a existência de uma realização correspondente aos elementos β, à função α ou aos elementos α, a não ser que alguns fatos observados só possam ser explicados por meio desses elementos hipotéticos. A posição das formulações seguintes é diferente. Pode-se supor que é possível provar a existência dos pensamentos do sonho, das preconcepções etc. Prossigamos:

3. Os pensamentos do sonho. Eles dependem da existência prévia dos elementos β e α. Dito isso, podemos nos ater à elaboração que a teoria psicanalítica clássica dá deles. Eles são comunicados pelo conteúdo manifesto do sonho, mas permanecem latentes enquanto o conteúdo manifesto não tiver sido traduzido em termos mais sofisticados.

	Hipótese definidora 1	Ψ 2	Notação 3	Atenção 4	Indagação 5	Ação 6	...n
A Elementos β	A1	A2				A6	
B Elementos α	B1	B2	B3	B4	B5	B6	...Bn
C Pensamentos oníricos, sonhos, mitos	C1	C2	C3	C4	C5	C6	...Cn
D Pré-concepção	D1	D2	D3	D4	D5	D6	...Dn
E Concepção	E1	E2	E3	E4	E5	E6	...En
F Conceito	F1	F2	F3	F4	F5	F6	...Fn
G Sistema Dedutivo Científico		G2					
H Cálculo algébrico							

Com os sonhos nós abordamos um domínio em que uma prova direta dos fenômenos com os quais lidamos pode ser encontrada. Ao menos temos disso uma prova direta quando um paciente declara ter tido um sonho e começa a contá-lo.

Infelizmente essa garantia se dissipa quando o tema da investigação é o pensamento propriamente dito. O enunciado do paciente que declara ter tido um sonho é geralmente uma prova suficiente para começar a trabalhar, mas deixa de sê-lo se temos necessidade de saber o que realmente se produziu quando o paciente diz ter sonhado. Por exemplo, se um paciente se queixa de uma dor na perna, devemos supor, em função do enquadramento dado, que ele sonhou ter sentido uma dor na perna ou temos de considerar que o conteúdo manifesto do sonho consiste, às vezes, mais numa série de dores do que numa série de imagens visuais que foram verbalizadas e conectadas por meio de um relato?

4. A pré-concepção. Ela corresponde a um estado de espera. É um estado de espírito aberto à recepção de um leque restrito de fenômenos. Uma de suas manifestações precoces poderia ser a espera do seio em que o lactante se encontra. A união de uma pré-concepção com uma realização dá à luz uma concepção.

5. A concepção. Pode-se definir a concepção como uma variável que foi substituída por uma constante. Se representamos a pré--concepção por $\psi(\xi)$ — (ξ) representando o elemento não saturado —, diremos que é da realização à qual a pré-concepção se une que deriva aquilo que vem substituir (ξ) por uma constante. Mas a concepção pode, ela própria, ser empregada como pré-concepção: ela expressa, então, uma expectativa. A união de $\psi(\xi)$ com a realização satisfaz a expectativa, mas também aumenta a capacidade de saturação de $\psi(\xi)$.

6. O conceito deriva da concepção por um processo que visa atravessar elementos que o tornam impróprio para servir de instrumento na elucidação ou na expressão da verdade.

7. O sistema científico dedutivo. Nesse contexto, o termo "sistema científico dedutivo" designa uma combinação de conceitos no seio de hipóteses ou de sistemas de hipóteses pela qual esses conceitos estão conectados logicamente entre si. A relação lógica entre dois conceitos ou duas hipóteses reforça a significação de cada um dos conceitos ou das hipóteses assim conectadas, e

ela exprime uma significação que os conceitos, as hipóteses ou seus vínculos não possuem individualmente. Pode-se dizer, nesse sentido, que a significação do todo é maior que a significação da soma das partes.

8. O cálculo. O sistema científico dedutivo pode ser representado por um cálculo algébrico. No cálculo algébrico, um determinado número de sinais é reunido por meio de um determinado número de regras. Os sinais não têm outra propriedade a não ser aquela que lhes é conferida pelas regras da combinação. $(a + b)^2 = a^2 + b^2 + 2ab$ é uma afirmação das regras de combinação de a e b. a e b não têm outra significação a não ser a de serem substituíveis por números e devem ser compreendidos como podendo ser manipulados no modo definido por $(a + b)^2 = a^2 + b^2 + 2ab$. Em resumo, a afirmação de que a e b têm propriedades equivale a dizer que eles podem ser manipulados conforme regras e que essas regras às quais eles se conformam podem ser deduzidas do enunciado — a exemplo da concepção, esse enunciado conserva, com efeito, uma capacidade de saturação.[74]

As colunas verticais

Bion se atém, em seguida, a dar a significação de cada uma das colunas verticais da grade, de 1 até...n, que ele chama de "eixo dos usos", visto que esse eixo se destina a qualificar o uso que o analista faz dos enunciados linguísticos que são trocados entre paciente e analista.

---

74 *Ibid.*, pp. 28-30.

"Supondo", escreve ele, "que toda sessão analítica seja uma experiência emocional, quais elementos no seio desta é preciso selecionar para mostrar que se trata de psicanálise, e não outra coisa?"[75] Não raro, com efeito, os pacientes vivem a análise como uma experiência fria e não emocional, mas que pode provocar, apesar disso, efeitos apropriados a emoções intensas. "A regra que enuncia que a análise deve ser conduzida numa atmosfera de privação", prossegue Bion, "é geralmente compreendida no seguinte sentido: o analista deve resistir ao impulso de satisfazer os desejos de seus analisandos ou os seus próprios", pois, "em nenhum momento o analista ou o analisando devem perder a sensação de seu isolamento no seio da relação íntima da análise".[76]

"O sentimento de solidão", continua ele, "parece se aproximar, para o objeto examinado, do sentimento de ser abandonado; e, para o sujeito que examina, daquele de se apartar da fonte ou da base da qual a sua própria existência depende.... Em resumo, o desapego não pode ser atingido, a não ser à custa de sentimentos dolorosos de solidão e de abandono...; uma parte do preço a pagar é uma sensação de insegurança".[77]

Em que consiste a psicanálise? "Será que ela implica", ele se pergunta, "a tradução do pensamento numa ação?";[78] ou então, continua ele, "a tradução, por exemplo, do pensamento numa ideia fixa?"

"Na medida em que o analista é incessantemente confrontado à decisão de intervir ou não por meio de uma interpretação", é importante que ele se certifique, tanto quanto possível, da formulação

---

75 *Ibid.*, p. 21.
76 *Ibid.*, p. 22.
77 *Ibid.*, pp. 22-23.
78 Formulação que pode fazer pensar na fórmula de Jacques Lacan segundo a qual a interpretação é um "ato psicanalítico", um ato de fala.

que empregará para construir o enunciado que entende oferecer. Assim, dentre todas as interpretações possíveis, trata-se de determinar aquela que, num dado momento, parece a mais correta — introspecção que exige um verdadeiro senso crítico, quando se percebe que "as interpretações analíticas se revelam teorias sustentadas *pelo* analista a propósito dos modelos e das teorias que o paciente constrói para si *a respeito do* analista".[79]

Se o paciente manifesta que está, digamos, deprimido, a interpretação que o analista oferecerá em forma de "hipótese definidora" (Coluna 1) será formulada de maneira a significar, por exemplo: "O que o senhor, paciente, está vivendo é o que eu e — a meu ver — a maioria das pessoas chamaríamos de 'depressão'".[80] Esse gênero de interpretação, explica Bion, "não se presta a contestação, porque a única crítica aceitável consistiria em mostrar que o enunciado é absurdo por ser contraditório em seus termos".[81] A propósito das hipóteses definidoras, escreve ele por outro lado,

> *é importante observar que elas pressupõem sempre um elemento negativo. Por exemplo: se digo que esse artigo é dedicado à Grade, é desse assunto que ele trata, não de culinária ou de medição etc. De igual maneira, por mais errônea que seja a minha afirmação, por mais evidente que seja para alguém que se trate de medição (ou de culinária, ou de seja lá o que for), as objeções não seriam do domínio dessa discussão nem de nenhuma outra em que a definição foi formulada pelo protagonista. Sua falsidade, ou qualquer outro qualificativo*

---

79 Wilfred R. Bion, *Éléments de psychanalyse, op. cit.*, p. 24; grifo do autor.
80 *Idem.*
81 *Idem*; grifo meu.

> *que a ela se aplique, depende de sua relação com outros elementos do conjunto. Assim, uma frase como "partiremos ao nascer do sol", se ela enuncia uma hipótese de definição concernindo à hora da "nossa" partida, é um enunciado indiscutível que não poderão contradizer nem o astrônomo que o julgaria incorreto do ponto de vista da astronomia, nem o teólogo que veria nesse enunciado uma marca de orgulho (de hybris). Aí está a minha definição de uma hipótese definidora e, como tal, é um ditame não alterável.[82]*

A Coluna 2, ou "Coluna ψ" — denominação retomada em homenagem a Freud, ao seu πρῶτον ψεῦδος (*próton pseûdos*, "primeira mentira") histérico e ao aparelho ψ do "Projeto" e de *A interpretação dos sonhos* —, representa "a realização de tal modo que a angústia experimentada pelo analista diante de uma situação que lhe é desconhecida e lhe parece, portanto, perigosa seja renegada por meio de uma interpretação que visa convencer-se e convencer o paciente que não é nada disso".[83] Ele acrescenta:

> *Todos os analistas reconhecerão aí um sinal de contratransferência que convoca um complemento de análise. Mas, enquanto os analistas não puderem ter toda a análise que eles julgarem desejável, a teoria utilizada como barreira contra o desconhecido continuará a fazer parte do ferramental do analista e do paciente.[84]*

---

82 Wilfred R. Bion (1971), "La Grille". In: *Entretiens psychanalytiques, op. cit.*, p. 214.
83 Wilfred R. Bion, *Éléments de psychanalyse, op. cit.*, p. 24.
84 *Ibid.*, pp. 24-25.

Assim, "a Coluna 2 corresponde aos elementos reconhecidos como falsos... e conserva enunciados que se opõem a todo e qualquer desenvolvimento que possa acarretar modificações catastróficas na personalidade do paciente".[85] Desenvolverei, adiante, um certo número de ideias concernindo a essa "coluna da mentira".

"As Colunas 3, 4 e 5", continua ele,

> são relativamente simples; a Coluna 3 corresponde aproximadamente às ideias de Freud sobre a memória e a notação, tais como descritas por ele em "Dois princípios do funcionamento mental". A Coluna 4 se aproximaria da atenção — livremente flutuante —, essa atenção sendo, na Coluna 5, mais dirigida a um objeto particular.... Pode-se tranquilamente considerar que as colunas de 3 a 5 recobrem um campo da atenção que vai da memória e do desejo à atenção flutuante, geral, até a extrema atenção particular.... A Coluna 6 permite classificar os pensamentos que são estritamente ligados à ação ou que são transformados em ação.

Mas, prossegue ele, o primeiro ponto a aclarar é o da "relação da Coluna 6 com a Linha 1 dos elementos beta". O objetivo que importa, efetivamente, precisa ele, é fazer figurar na grade uma categoria que não tem nada a ver com o pensamento. E ele acrescenta:

> Assim como se pode dizer que o próprio Descartes, com seu conceito de dúvida filosófica, omitiu colo-

---

[85] Wilfred R. Bion (1971), "La Grille". In: *Entretiens psychanalytiques, op. cit.*, p. 214.

car em dúvida a necessidade de haver um pensador — omissão que, estou convencido disso, deveria ser reparada pelos psicanalistas —, penso eu que os psicanalistas deveriam ter a crença inversa, isto é, acreditar numa personalidade sem pensamento. Cada um sabe que, na prática psicanalítica, os pacientes dizem frequentemente "não me ocorre nenhum pensamento" ou "não estou pensando em nada". A resistência ou a renegação que habitualmente se supõem como estando em ação nesses momentos são hipóteses que muito frequentemente deram provas de que seria, no mínimo, perigoso aventar maiores hipóteses sem se apoiar em argumentos convincentes. Contudo, estou seguro de que . . . a linha dos elementos beta daria lugar a tais convicções se se mostrasse útil tê-las. A categoria da Coluna 6 é prevista para receber algo que é, ao contrário, da ordem do pensamento, mesmo se esse pensamento é, em aparência, imediatamente transformado em ação ou — para retornar à formulação de Keats a propósito da capacidade negativa —, uma "ação utilizada como substituto do pensamento, e não uma ação utilizada como prelúdio para o pensamento". Keats, como nos lembramos, diz aqui que a capacidade de tolerar as meias verdades, os mistérios etc., é essencial à linguagem de alcance (language of achievement), por contraste com o processo de pensamento como substituto da ação.[86]

---

86 *Ibid.*, pp. 215-217.

Imaginemos, agora, com Bion, um exemplo:

> O paciente entra e, seguindo uma convenção estabelecida na análise, me dá um aperto de mão. Trata-se, aí, de um fato externo, o que chamei de "realização".... É o [fato] que desejo substituir por uma categoria da grade. Escolherei a categoria da grade da qual a minha observação clínica do comportamento do paciente parece mais se aproximar. Suponhamos que o aperto de mão tenha como meta renegar a hostilidade que o paciente sentiu por mim no decorrer de um de seus sonhos. Sua ação entraria, então, na categoria da Coluna 2 e da Linha C. Seu signo seria, portanto, C2... e se apoiaria no material fornecido pelas associações que seguiram esse início de sessão.[87]

Mas agora, continua Bion, se se supõe que

> o material sugere que meu aperto de mão é vivido pelo paciente como uma investida sexual dirigida contra ele..., esperaria, então, encontrar a categoria na Coluna 1. Se estou convencido, pelo conhecimento que tenho do paciente, de que ele não vive essa experiência como um pensamento ou uma ideia, nem sequer como um sonho, mas como um fato real, estimarei que a categoria se situa na Linha A, a dos elementos β. A categoria ... é, portanto, A1.[88]

---

87 Wilfred R. Bion, *Transformations*, op. cit., p. 20.
88 *Ibid.*, pp. 20-21.

Quando o pensamento é confrontado aos seus limites

No Capítulo 22 de *Aprender com a experiência*, Bion escreve que "as dificuldades experimentadas pelo paciente que sofre de um 'distúrbio do pensamento' não são diferentes daquelas encontradas pelos cientistas . . .; essas dificuldades", continua ele, "são o resultado de um fracasso em se assegurar dos fatos"[89] — e, desse ponto de vista, o homem de ciência não está mais bem provido que o psicótico. O psicótico, como vimos, é incapaz de estabelecer com o analista o equivalente da relação que um lactante pode construir com um seio que dispensa sabedoria material e amor, pois uma relação como essa supõe: 1) que o lactante possa continuar a considerar o seio como um objeto *animado*, e 2) que a função alfa, garantia da existência de uma realidade fora de si, não tenha sido destruída. Ora, é precisamente essa dupla incapacidade que impede o paciente psicótico de transformar uma experiência emocional em elementos alfa. As impressões dos sentidos e as emoções que ele experimenta permanecem inalteradas, alimentando a psique com elementos beta, somente suscetíveis de ser utilizados na identificação projetiva. "Os elementos beta", escreve ele, "não são sentidos como fenômenos, mas como coisas em si . . . . Estamos, então, na presença de um estado de espírito exatamente inverso ao do cientista: este sabe que lida com fenômenos" — isto é, com representações de realidades inatingíveis —, "mas não pode dizer com a mesma certeza se esses fenômenos vêm acompanhados de coisas em si".[90] O mesmo problema se impõe no exercício da psicanálise, na medida em que o objeto psicanalítico, que constitui o objeto das investigações tanto do paciente quanto do analista, *deve*

---

[89] Wilfred R. Bion, *Aux sources de l'expérience, op. cit.*, p. 85.
[90] *Ibid.*, pp. 24-25.

permanecer vivo, em detrimento do paciente psicótico. Essa é a razão pela qual Bion evoca o problema da existência, no campo da psicanálise, dos objetos psicanalíticos e a aparenta "ao problema que Aristóteles solucionou supondo que a matemática lidava com objetos matemáticos".[91] "Convém", portanto, "supor que a psicanálise lida com objetos psicanalíticos e que é pela localização e pela observação desses objetos que o psicanalista deve se interessar na condução do tratamento".[92]

A grade permite agora encerrar o capítulo dedicado à gênese e ao desenvolvimento do pensamento. É preciso reconhecer que ela não constitui o elemento mais fácil de apropriar quando alguém se torna psicanalista, ainda que se possa, a título pessoal, aperfeiçoar-se na pesquisa de como se servir dela, se assim se desejar. E, como Bion nunca "prescreveu" nada em matéria de formação — a não ser uma "de-formação" que oferece possibilidades de encontrar seus próprios movimentos de pensamento —, cabe a cada um apropriar-se dela tal qual ou modificá-la. Acrescentarei, contudo, que me aconteceu de encontrar, alguns anos atrás, num congresso no exterior, um analista que utilizou integral e fielmente a grade para expor os avanços, recuos, bifurcações, relances e outros movimentos psíquicos de uma paciente no decorrer de uma sessão inscrita numa série de sessões que constituíram um giro no tratamento. A facilidade com que ele manejava as denominações de cada casa (D2, F4, C6 etc.) da grade fez de sua conferência um grande momento desse congresso.

---

91 *Ibid.*, p. 85.
92 *Ibid.*

6. A recusa da causalidade

"A forma narrativa está associada à teoria da causalidade", anuncia Bion — que procura, com uma energia pouco comum, realizar, no campo da psicanálise, um ultrapassamento de toda limitação de pensamento. Não é tão frequente um psicanalista se interessar a esse ponto por um domínio que é mais do foro da filosofia, da física, ou até mesmo da lógica — e da lógica matemática, em particular. Sigmund Freud viu a serventia disso quando, na "Carta 112" — uma vez mais —, ele mencionou, a propósito da memória, que a segunda inscrição, aquela que sustenta o inconsciente, é ordenada conforme "relações *talvez causais*".[1] De fato, enquanto Freud conseguiu manter uma linha de pensamento que se apoiava numa constituição do psiquismo descrita em termos de construção tópica reunindo três "instâncias" (o inconsciente, o pré-consciente e o consciente), ele dispunha de um modelo que fornecia os meios de descrever, *via* representações de palavras e traços inscritos, a histeria, o recalcamento, a neurose obsessiva, a neurose de angústia

---

1 Sigmund Freud, "Lettre 112 (6 décembre 1896)". In: *Lettres à Wilhelm Fliess. 1887-1904, op. cit.*, pp. 264-265; grifo meu.

etc. — isto é, as causas que produzem os sintomas para os quais os pacientes vinham demandar um tratamento psicanalítico. Mas, uma vez que Freud teve de ampliar seu campo de estudos, porque o desaparecimento dos sintomas e a suspensão dos recalques esbarravam em resistências inconscientes, indicando assim que provinham da parte inconsciente do Eu, segundo um modelo organizado a partir de então em termos de estrutura — compreendendo o isso, o eu e o supereu —, ele se via confrontado à tarefa de buscar o sentido oculto por trás dessas resistências. Noutros termos, como herdeiro da tradição filosófica novecentista, que postulava que pensamento é sinônimo de lógica, Freud se aventura na exploração dos fundamentos psíquicos dessa lógica, na medida em que eles escapam à consciência.

A esse respeito, é surpreendente ler, nos *Estudos sobre a histeria*, que ele concorde com Breuer no estabelecimento de um vínculo de causalidade indubitável, numa paciente paralisada, entre a sua paralisia como sintoma e o recalcamento, nela, de uma ideia ligada ao seu desejo — a saber, que a morte de sua irmã poderia lhe dar acesso ao cunhado, por quem estava apaixonada. Longe de mim, contudo, a intenção de sustentar que eles se equivocaram. O que é perturbador é a conjunção do sintoma com essa lógica psíquica. Como não ficar tentado a estabelecer, entre esses dois fatos constatados por duas vias diferentes, uma relação lógica em termos de causalidade?

Se Bion também se interessa por esse estilo de pensamento, é porque os pacientes que ele atende não param de utilizar — sem saber — uma teoria da causalidade que lhes serve para "justificar" as construções psíquicas que eles evidenciam, mesmo se essa lógica parece sem relação com a realidade, pois é verdade que um encadeamento causal ocultando toda e qualquer falha é mais convincente e confortante — inclusive quando contradiz de forma flagrante a experiência comum. A esse respeito Lewis Carroll, em quem ele se inspira, impôs-se como mestre na matéria, quando enunciou, por exemplo, em *Alice no país das maravilhas*, que, "em vez de tentar ensinar matemática às meninas, melhor seria ensinar as meninas à matemática" e que, mais que comemorar o aniversário de alguém, que só acontece uma vez por ano, deveríamos optar por comemorar os desaniversários, que são 364.[2]

Os pacientes de que fala Bion se utilizam, também eles, da causalidade; e isso por uma primeira razão: tendo destruído os seus aparelhos de pensar — para não correrem o risco de compreender o que quer que fosse das relações que os implicam, da ordenação do mundo, das relações que o regem e que regem os laços entre os indivíduos etc. —, eles experimentam o medo de terem destruído a significação, inclusive em seus analistas, o que lhes fornece uma confirmação de sua onipotência nociva. Causalidade rima, então, com culpabilidade. Voltaremos a isso.

A forma de associação entre os elementos ligados por um relato — noutros termos, a forma narrativa de toda proposição — é correlata à teoria da causalidade, e é a Hume que devemos essa descoberta.

Hume e a questão da causalidade

Em filosofia, a causalidade é colocada em evidência pelos laços entre causa e efeito. Nas ciências ditas "duras" — física, biologia, ecologia —, a causalidade é um postulado, até mesmo um postulado de base. É só nas ciências sociais que a causalidade é empregada

---

2 Lewis Carroll (1865), *Alice's Adventures in Wonderland*. London. Em francês: *Alice au pays des merveilles*. Paris: Aubier-Flammarion, 1970.

para evidenciar os fatores que provocaram esse ou aquele fenômeno social.

Para David Hume (1711-1776),[3] quando um acontecimento é a causa de um outro — ou, inversamente, quando um acontecimento parece o efeito de um outro —, pensa-se saber o que se passa com a conexão entre os dois termos da causalidade, conexão suposta a fazer com que, nos dois casos, o primeiro decorra do segundo. Porém, observa Hume, numa série de acontecimentos, não percebemos nada além dos acontecimentos que a constituem; dito de outro modo, o nosso conhecimento de uma conexão necessária não é empírico, a não ser que provenha da percepção. De fato, só temos uma ideia da causalidade pelo fato de que dois acontecimentos sempre se sucederam: formamos, então, uma espécie de antecipação, a qual nos leva a pensar que o segundo termo *deve* se produzir depois de o primeiro ser produzido. Essa conjunção constante de dois acontecimentos — e a espera ou a antecipação que disso resulta — é tudo o que podemos conhecer da causalidade: nossas ideias não podem penetrar mais fundo na natureza da relação entre a causa e o efeito.

Permanece então o problema de saber o que justifica a nossa crença na conexão causal e em que consiste essa conexão. Para Hume, essa crença é uma espécie de instinto, fundado no desenvolvimento dos nossos costumes e do nosso sistema nervoso. Ela parece, portanto, impossível de eliminar.

O conceito de costume ocupa um lugar fundamental no pensamento de Hume. Já que não percebemos a causalidade de maneira direta, a crença se forja não por uma percepção direta daquilo que conecta vários fenômenos, mas pela *conjunção constante* entre dois ou mais fenômenos. Foi preciso, então, esperar Hume e o

---

3 David Hume (1947), *Enquête sur l'entendement humain*. Trad. A. Leroy. Paris: Aubier.

século XVIII para estabelecer que não há causalidade inscrita na natureza ou na essência das coisas — o que Aristóteles chamava de "causalidade formal". A causalidade não existe fora do espírito que a concebe. A única causalidade possível está relacionada ao que um sujeito coloca em relação e ao que ele atribui sentido.

Como esse modo de pensar se reforça com o tempo, pensamos *de facto* que o passado é um guia confiável em relação ao futuro. É o princípio de indução, que só podemos supor, e isso por diversas razões. Em primeiro lugar, pensamos que o futuro *deve* parecer com o passado, e isso decorreria de uma necessidade lógica. É difícil, com efeito, concebermos um mundo irregular e caótico em que o futuro não teria nenhum ponto de comparação com o passado; ou, mais simplesmente, um mundo como o nosso, regular até hoje, mas que mudaria completamente em seguida. Não há, pois, nenhuma necessidade lógica no princípio de indução. A segunda justificação apela para a confiabilidade passada da indução: isso sempre funcionou antes; logo, certamente vai funcionar de novo. Mas essa justificação não é nada além de uma petição de princípio, injustificável por si só.

Para Hume, parece que um "instinto" nos leva a crer que o futuro será semelhante ao passado; instinto fundamentado no costume, exatamente como para a causalidade. Essa crença espontânea faz parte do funcionamento do espírito. Nós não podemos rejeitá-la sem rejeitar também uma parcela essencial do processo que permite criar conhecimento e saber — e é aí que o sapato aperta! Na falta, com efeito, de outra teoria mais confiável, parece justamente que não podíamos deixar de fazer uso da teoria da causalidade.[4]

---

4 Cf. Jacques Lacan (1946), "Propos sur la causalité psychique". In: *Écrits*. Paris: Seuil, 1966, pp. 151-193. Cf. também André Green, *La Causalité psychique*. Paris: Odile Jacob, 1995.

Todavia, essa teoria sofre também de um limite (estreito) a partir do momento em que, uma vez que se sente que um acontecimento é agradável — mamar, por exemplo — e que se quer reproduzi-lo, tem-se todo interesse em procurar-lhe a causa. Segundo a lógica causalista, "a *cada* efeito, *sua* causa". É extraordinariamente limitante! Uma causa só pode engendrar um efeito. E não se trata de esperar de uma causa que ela possa produzir vários efeitos!

Essa é a razão pela qual os psicanalistas se interessam, tanto no sonho quanto no relato do sonho, pela questão da causalidade; questão que, tanto num quanto no outro, faz surgir elementos combinados — porém diferentes — considerados essenciais para aclarar o sentido do sonho. A título de ilustração, é só citar uma das notas que Bion tomou para ajudar a pensar: "Num sonho", escreve ele, "um ato parece ter consequências; são só sequências".[5] E, com efeito, se um sonho é bem constituído de sequências que se sucedem, nada nos permite ter certeza de que essas sequências estão ligadas, umas às outras, na ordem em que são comunicadas. Apenas o relato que o paciente faz disso confere ao sonho a sua lógica temporal válida unicamente quando de sua evocação. "O relato", escreve Bion,

> *introduzindo a causa e o efeito como meios de vincular seus elementos, dá uma falsa representação da relação conjunção constante. A causa e o efeito são apropriados ao relato, mas não têm vínculo correspondente com esse ou aquele elemento da realização. Na realização, os elementos estão simplesmente combinados.*[6]

---

5 Wilfred R. Bion (1958), "Les mécanismes psychotiques". In: *Cogitations*. Paris: In Press, 2005, p. 15.
6 Wilfred R. Bion, *Transformations, op. cit.*, p. 112.

Freud já sustentava a mesma ideia quando, em *A interpretação dos sonhos*, propunha, por exemplo, num sonho, inverter o desenrolar das sequências, de forma a fazer emergir do sonho um sentido que não se descobriria de outro modo. Talvez Freud encontrasse aí o seu limite, quando ele não suportava a frustração de não poder dar sentido a um sonho — limite que Bion esforçou-se por abolir.

As condições da frustração

A capacidade de suportar a frustração está, portanto, ligada ao fato de poder recorrer a certa temporalidade, a certa temporização, na busca de uma solução para uma situação que causa um real desprazer. O "não-seio", que não ocupa o lugar que *deveria* ocupar para fornecer o que é exigido numa situação de falta, está vinculado ao seio, ao mesmo tempo que se diferencia dele, visto que se torna uma forma "colapsada" do seio. Entre não-seio e seio, estabelece-se uma conjunção constante que *deve* ser pensada de forma a produzir, na realidade, uma modificação capaz de proporcionar um remédio para a ausência de um seio, isto é, para um não-seio.

Nessa altura, eu já observaria que várias das minhas frases, redigidas de maneira a tentar fazer o leitor compreender o que depende da causalidade no discurso e no relato, são construídas apoiando-se no verbo *dever*. Por exemplo, escrevi que Freud *deveu* ampliar seu campo de estudos; que *deveríamos* comemorar desaniversários; que é a Hume que *devemos* essa descoberta; que o segundo termo *deve* se produzir depois do primeiro; que o futuro *deve* parecer com o passado; que isso sempre funcionou, logo *deve* funcionar novamente; que o "não-seio" não ocupa o lugar que *deveria* ocupar; por fim, que uma conjunção constante *deve* ser pensada a fim de produzir uma modificação. Esse verbo, e as construções de sentido que ele subjaz, induz uma lógica causalista que Bion denunciou muito cedo, tendo se acostumado a escutar psicóticos tentarem, por meio disso, consolidar um mundo em que nada está em seu lugar. É o que acontece com o "não-seio" que não ocupa o lugar que *deveria* ocupar. A título pessoal, sabendo o que o emprego do verbo *dever* induz inconscientemente na compreensão do leitor, tomei o cuidado, na maneira de construir as minhas frases, de evitar ao máximo o seu uso.

Essa lógica, escreve Bion, que é uma lógica da frustração — visto que ela não fornece *o que deveria fornecer* —, oferece ao paciente duas vias aparentemente divergentes: "Ou ele pode... *pensar*, isto é, usar pensamentos segundo regras aceitáveis e compreensíveis por outrem" — e "isso dá lugar a uma proliferação de enunciados" — "ou então ele *não pode*... pensar... e não pode, portanto, elaborar ou empregar regras de combinação e manipulação amplamente aceitáveis".[7] Uma situação como essa obriga-o então a buscar uma (ou mais) maneira(s) de se afastar daquilo que se torna persecutório em seu interior. Ele deve clivar, projetar ou evacuar esses elementos (que são elementos beta), sem o que seus sentimentos de perseguição acarretam sentimentos de depressão. O paciente então se sente "deprimido por sentimentos de perseguição e perseguido por sentimentos de depressão".

A questão, prossegue Bion, concerne de fato à validade de uma teoria da causalidade — teoria, escreve ele,

> que, de minha parte, considero enganosa e suscetível de dar azo a construções fundamentalmente falsas; se ela é falaciosa, talvez só reste rejeitá-la enquanto tal — o que poderia ser o caso da formulação, dada por Hei-

---

7 *Ibid.*, p. 68; grifo do autor.

senberg, do problema da causalidade múltipla.[8] *... Se for esse o caso, pareceria lógico não mais se preocupar com a causalidade, ou com a sua contraparte: os resultados. Mas em psicanálise é difícil não pensar que o seu desaparecimento cria um vazio e que esse vazio exige ser preenchido.*[9]

Encontramo-nos, aqui, numa situação em que um vazio teórico (um não-seio) *deve* ser preenchido. "Para a maior parte dos nossos problemas", continua ele,

> *não há dificuldade alguma para considerar a teoria da causalidade falaciosa, porém útil. Contudo, quando se trata de problemas impostos pelos distúrbios do pensamento, ... o paciente tem uma teoria da causalidade que convoca uma avaliação [e] essa avaliação só é possível caso se oponha à sua teoria da causalidade uma outra teoria — presumivelmente, a do analista.*[10]

Falar de uma teoria da causalidade é, como vimos, falar do fato de que "alguma coisa *causa* alguma outra coisa"; logo, "alguma

---

8 Vários físicos positivistas, como Werner Heisenberg, Erwin Schrödinger e Stephen Hawking, pensam que a física atual não pode descrever a realidade em si mesma, mas unicamente aquilo que conhecemos dela. Essa abordagem condiz com a filosofia de Immanuel Kant — na qual o númeno (a coisa em si) só pode ser conhecido através do fenômeno (a coisa tal como a percebemos) — e com a concepção de Bion. Dito de outro modo, as leis quânticas só são úteis para calcular e predizer o resultado de uma experiência, mas não para descrever a realidade. Daí a célebre frase de Stephen Hawking: "Quando ouço 'gato de Schrödinger', puxo o meu revólver".
9 Wilfred R. Bion, *Transformations, op. cit.*, pp. 68-69.
10 *Ibid.*, p. 69.

coisa que é precursora de alguma outra coisa". Isso pode ser muito útil quando, por exemplo, notamos, num paciente, que ele se aproxima de uma linha de pensamento que corre o risco de provocar uma dor tal que sentimentos de perseguição e de depressão vão se desenvolver em relação à análise e ao analista. A título de exemplo, a propósito de um paciente cujo discurso parecia "realista, coerente e racional", Bion escreve:

> *Tudo o que eu podia lhe dizer parecia não ter outro efeito além de afastá-lo do objeto de sua comunicação e destruir a coerência do material.... Todas as suas frases consistiam numa série de palavras fragmentadas e clivadas que só se mantinham unidas por vínculos muito tênues, de modo que... toda interpretação perdia todo o seu sentido.*[11]

O paciente construía um encadeamento causal destinado a racionalizar o seu sentimento de perseguição, encadeamento a propósito do qual ele entendia compartilhar com o analista a convicção de que se tratava de uma conjunção "válida" — e, acrescenta ele, "nesse contexto, 'válida' queria dizer 'não requerendo nenhuma verificação'".[12] Assim, Bion define a ideia de causa "como uma pré-concepção relativamente primitiva empregada para se opor à emergência de alguma outra coisa" — uma concepção ou um pensamento, evidentemente! "A comunicação do paciente, na medida em que ela pode ser logicamente tênue, constitui um argumento ... aparentemente fundamentado numa teoria da causalidade, empregado para destruir mais que para aprofundar o seu contato com a realidade. Nesse sentido", acrescenta ele, "ela satisfaz um dos

---

11 *Ibid.*, p. 36.
12 *Ibid.*, p. 70.

critérios aventados por Freud para definir a psicose: o ódio da realidade. Mas aqui a realidade que é alvo do ódio do paciente é um aspecto da sua própria personalidade"[13] — e não necessariamente um aspecto da realidade externa.

A abolição da lógica distintiva

Nessa ordem de ideias, há por onde se deter um instante no fato de que a lógica causalista se aplica tanto aos pacientes neuróticos quanto aos psicóticos. "Foi assim", escreve Bion,

> *que um paciente me anunciou, em um tom colérico, que o leiteiro havia passado. O paciente estava bravo comigo e fazendo cara feia. Durante quase cinco minutos, ele se recusa a falar. . . . Eu tinha certeza de que o leiteiro havia passado e que o paciente não fazia nenhuma distinção entre o leiteiro e eu; assim como ele não fazia distinção alguma entre a minha presença no consultório e a passagem do leiteiro. . . . O paciente acredita que o "leiteiro"-eu passou efetivamente na casa dele e que esse mesmo "leiteiro"-eu é aquele que ele tem agora diante dos olhos.*

O paciente tem, portanto, a *sua* lógica, ainda que ela seja irracional. Ela consiste em dar um sentido a duas proposições combinadas no espírito do paciente: 1) o "leiteiro"-eu passou; 2) o "leiteiro"-eu está diante dos meus olhos. Nesse sentido, o seu "delírio" preenche as condições que Freud conferiu a ele, as de uma "tentativa de autocura". "Se passo a impressão", continua Bion, "de não

---

[13] *Ibid.*, p. 71.

estar a par da visita do leiteiro, o paciente terá a sensação de que sou incapaz de estar ciente do meu comportamento; e de que não sou, portanto, responsável pelos meus atos. Numa só palavra: de que sou 'louco'".[14]

Com isso, toda interpretação da parte do analista se depara com um desafio importante: o de preservar o vínculo — por mais tênue que ele seja — que eventualmente se teceu entre paciente e analista, isto é, entre realidade interna e realidade externa. "As interpretações do analista", escreve Bion, "possuem alguns tipos de relações que são aplicáveis ao seu universo de discurso, mas não aos fenômenos que elas representam" — isto é, aos fenômenos inerentes à realidade psíquica ilimitada do paciente —, "porque as relações entre esses fenômenos, supondo que elas existem, são apropriadas a um universo infinito. Se", acrescenta ele,

> um paciente me diz que a sua faxineira está de conluio com o carteiro porque o amigo do paciente deixou a clara do ovo no banheiro, a relação implicada por seu enunciado corre um grande risco de ser diferente das formas de relação com as quais estou acostumado, porque o seu enunciado representa fenômenos que estão conectados entre si em um universo infinito.

Freud, continua ele,

> aventou um enunciado similar em seu princípio, quando circunscreveu o universo de discurso no qual um comportamento consciente é estudado a partir do postulado de um inconsciente; mas os tipos de rela-

---

14 Ibid., pp. 37-38.

ções permanecem inalterados nesse novo universo de discurso. O fator distintivo que desejo introduzir não passa entre consciente e inconsciente, mas entre finito e infinito. Emprego, no entanto, como modelo das formas de relações no seio de um universo infinito, formas de relações que são operatórias num universo de discurso finito . . . .[15]

Crescimento versus *causalidade*

Esse gênero de projeto significa que Bion procura libertar o crescimento (psíquico) da ideia de causalidade, que oferece, contudo, ao espírito a ideia de uma progrediência, visto que nessa teoria o efeito sempre vem depois da causa. Desse ponto de vista, é toda a teoria bioniana do pensamento que pode ser reavaliada em função da extensão. O livro *Transformações* tem como subtítulo: *Passagem da aprendizagem ao crescimento*. As obras precedentes — *Aprender com a experiência* (*Learning from Experience*), assim como *Elementos de psicanálise* — interessam-se pelos processos e pelas condições de aprendizagem através da implementação progressiva dos mecanismos de pensamento e de sua entrada em relação.

Com *Transformações*, Bion opera um remanejamento geral de sua concepção do aparelho psíquico, sem invalidar nada daquilo que ele estabeleceu anteriormente, da mesma maneira como Freud, em 1920, passou de uma teoria tópica a uma teoria estrutural, sem renegar nada das suas proposições anteriores, que ele continuou considerando válidas.

---

15 *Ibid.*, pp. 56-57; grifo do autor.

Bion começa, aliás, invalidando a teoria humeana da causalidade — que, segundo ele, sofre de um vício de forma. Apesar dessas objeções, "penso", continua ele, "que o argumento de Hume conserva a sua validade em psicanálise". Aliás, no exame crítico que faz da teoria de Hume, Bion acrescenta — mais do que o próprio Hume — o campo de aplicação do princípio de causalidade comparando o efeito da força de um "objeto" sobre um outro "objeto" na relação que existe, ou se instala, entre duas pessoas (o analista e o analisando, por exemplo) — relação conflituosa que Bion intitula "Ciência *versus* Moral". Nesse registro de ideias, ele procura categorizar o que especifica "o ato psicanalítico"[16] e reflete sobre a transformação a ser operada necessariamente para passar de um "pensamento científico" a um "pensamento moral" — transformação desejável "para que a primeira se preste à ação"![17]

A mesma crítica se endereça a Freud a propósito da utilização que ele fez do mito de Édipo. Entre as "teorias utilizadas para aprofundar o desconhecido", escreve Bion, o exemplo mais expressivo é o mito de Édipo, "que Freud abstraiu para formar a teoria psicanalítica edipiana".[18] A função do recurso a esse mito teria como objetivo, segundo Bion, "aventar interpretações destinadas a realçar um material que, caso contrário, permaneceria escondido, a fim de auxiliar o paciente a produzir um material novo".[19] Mas, declara Bion, como é que o mito de Édipo utilizado por Freud pode ser empregado como uma pré-concepção convocada a se tornar uma concepção, ou até mesmo um pensamento, se Freud efetuou uma seleção, uma "censura", no material oriundo da mitologia grega antiga? Os elementos selecionados por Freud — o assassinato

---
16 Cf. Jacques Lacan, *Le Séminaire, Livre XV: L'Acte psychanalytique* (1967--1968), inédito.
17 Wilfred R. Bion, *Transformations, op. cit.*, pp. 56-57.
18 Wilfred R. Bion, *Éléments de psychanalyse, op. cit.*, pp. 25-26.
19 *Ibid.*, p. 26.

e o incesto — não permitem, segundo Bion, compreender o que quer que seja da proposição freudiana de um "complexo de Édipo" universal. Não se pode, com efeito, imaginar que é para "possuir" Jocasta que Édipo mata Laio. "Graças às descobertas freudianas", escreve Bion,

> *constatamos, na releitura do mito, que esse último também contém elementos que não foram valorizados nas primeiras investigações porque eram eclipsados pelo componente sexual do drama. . . . Nenhum elemento (por exemplo, o elemento sexual) pode ser compreendido se não for colocado em relação com outros elementos (por exemplo, a determinação com a qual Édipo prossegue a sua perquirição sobre o crime, apesar das advertências de Tirésias). Não é possível, então, isolar o componente sexual ou qualquer outro componente sem introduzir uma distorção. O sexo, na situação edipiana, possui uma qualidade que só pode ser descrita em função das implicações de sua inclusão no relato. Isolado do relato, ele perde a sua qualidade . . . .[20]*

Razão pela qual Bion detalha todos os elementos que fazem intrinsecamente parte do mito[21] e atribui a cada um deles um "lugar"

---

20 *Ibid.*, p. 49.
21 "1) A formulação do oráculo de Delfos; 2) A advertência de Tirésias (cegado por ter atacado as serpentes cujo acasalamento ele havia observado); 3) O enigma da Esfinge; 4) A má conduta de Édipo, que prossegue com arrogância a sua perquirição e se torna, assim, culpado de *hybris*. A esses elementos se acrescenta uma série de desastres: 5) A peste infligida à população de Tebas; 6) As suicidas, Esfinge e Jocasta; 7) O cegamento e o exílio de Édipo; 8) O assassinato do Rei. É interessante notar que: 9) A pergunta, na origem, é feita por um monstro, isto é, um objeto composto por um certo número de traços

preciso em cada coluna da grade. Assim a formulação do oráculo é uma hipótese definidora (Coluna 1), uma vez que ela enuncia o tema da história. Tirésias "representa a hipótese que sabemos ser falsa (Coluna 2), mas que só é conservada para servir de barreira contra a angústia . . .".[22] O mito, em sua integralidade, cumpre a função que Freud atribui à notação (Coluna 3). "A Esfinge . . . representa a função que Freud atribui à atenção" (Coluna 4), "mas representa também uma ameaça para a curiosidade que ela suscita".[23] "Édipo representa o triunfo de uma curiosidade determinada sobre a intimidação . . . — ele é o instrumento da investigação" (Coluna 5). Por fim, "a ação" (Coluna 6) "será representada pelo desenlace . . ., o exílio ou a dispersão".[24]

O ultrapassamento da moralidade

A teoria da causalidade assim utilizada, pelo interesse lógico que apresenta para o espírito, entra em forte ressonância com o campo da moralidade que se forma em meio a um desenvolvimento harmonioso da atividade de pensamento. Vê-se, assim, surgir a estreita conexão que liga atividade de pensamento, busca pelo conhecimento, sentimento de culpa e moral. De igual maneira, Bion é legitimado a escrever que "a teoria da causalidade só tem validade no domínio da moralidade e apenas a moralidade pode *causar* o que quer que seja". E ele acrescenta, como uma evidência, contudo

---

que não concordam entre si". Wilfred R. Bion, *Éléments de psychanalyse, op. cit.*, p. 50. A partir de 1979, as reimpressões sucessivas da obra em francês nem sempre permitiram corrigir o erro da edição original, que, em 5), menciona a população de Delfos, e não de Tebas.

22 *Ibid.*, p. 51.
23 *Idem.*
24 *Ibid.*, p. 66.

essencial: "A significação não tem nenhuma influência fora da psique e ela não causa nada".[25]

Impedindo, assim, a atividade de pensamento de se colocar a serviço da busca por significação, alguns pacientes produzem elementos beta que têm, todos, em comum um elemento: a componente moral desses objetos, "componente moral [que] é inseparável dos sentimentos de culpa e de responsabilidade, e de uma sensação de que o vínculo entre um e outro desses objetos — assim como entre esses objetos e a personalidade — é um vínculo de causalidade moral".[26]

Esse impedimento de pensamento pode chegar até a atingir "soluções" inesperadas: "A observação", escreve Bion,

> *de uma conjunção constante... e, na sequência, o processo inteiro... de definição e de busca da significação suscetível de ser atribuída a essa conjunção podem ser destruídos pela própria força do sentimento de causalidade e de suas implicações morais.*[27]

E ele prossegue:

> *A solução de um problema parece colocar menos dificuldades aos pacientes quando eles podem atrelá-la a um domínio moral; a causalidade, a responsabilidade e, por conseguinte, uma força de controle (por oposição*

---

25 Wilfred R. Bion, *Transformations, op. cit.*, p. 71; grifo do autor.
26 *Ibid.*, p. 77.
27 *Ibid.*

à impotência) delimitam um enquadramento no interior do qual reina a onipotência.[28]

Se, atualmente, lembramo-nos de que todo esse processo é implicado pela pesquisa de uma solução ligada à incapacidade de tolerar a frustração, que saída resta a uma personalidade pega na armadilha do adiamento forçado da satisfação esperada? A essa pergunta, Bion tenta a seguinte resposta:

> *Se a intolerância à frustração não é suficientemente forte para desencadear os mecanismos de fuga, mas permanece demasiado forte para suportar a dominação do princípio de realidade, a personalidade substitui a união da preconcepção, ou da concepção, pela onipotência com a realização negativa. O que acarreta o surgimento da onisciência, que vem substituir a aprendizagem pela experiência com a ajuda dos pensamentos e da atividade de pensamento. Não há, portanto, atividade psíquica para operar a distinção entre o verdadeiro e o falso. A onisciência substitui a discriminação entre o verdadeiro e o falso pela afirmação ditatorial de que uma coisa é moralmente boa e a outra, má. [E ele acrescenta:] O surgimento da onisciência, que renega a realidade, nos garante que a moralidade assim engendrada é uma função da psicose.*[29]

---

28 Idem.
29 Wilfred R. Bion, "Une théorie de l'activité de pensée". In: *Réflexion faite, op. cit.*, p. 129.

Generalização e particularização

Como acabamos de ver, o mito de Édipo, assim como os outros mitos aos quais Bion se refere, mostra a que ponto o conhecimento e o prazer sexuais formam "os traços predominantes do conhecimento buscado e proibido".[30]

Toda vez, como se pode notar, que o fato de "penetrar em", de "ser engolido por" ou "expulso de um lugar ou de um estado idílico" é predominante, uma desintegração se produz; desintegração comparável àquela que Bion identifica nos "pacientes que sofrem de distúrbios graves" e "que atacam os seus respectivos objetos com uma violência tal que não é apenas o objeto que parece se desintegrar, mas a própria personalidade que conduz o ataque".[31] Ademais, essa desintegração fragmenta o social até as suas componentes mais individuais. Cada um se mostraria, dessa maneira, portador de *seu* mito pessoal.

Assim os mitos constituem a versão pública e difundida daquilo que todos começaram a elaborar, de forma privada, em função de sua situação individual pessoal. Para toda criança, cada mito é "um objeto de investigação" — logo, Coluna 5 — que "faz parte do aparelho primitivo de aprendizagem do indivíduo".[32] Assim, Bion emite a hipótese de que

> *o mito privado, correspondente ao mito de Édipo, permite que o paciente compreenda sua relação com seus pais. Se o mito privado, em seu papel de investigação, chega a ser danificado ou é submetido a uma pressão demasiado forte, ele se desintegra; as suas componentes*

---
30 Wilfred R. Bion, *Éléments de psychanalyse*, op. cit., p. 65.
31 *Ibid.*, p. 67.
32 *Ibid.*, p. 66.

> *são dispersadas e o paciente se vê privado do aparelho que lhe permitiria compreender a relação parental e ajustar-se a ela. Os escombros edipianos, nessas circunstâncias, conterão elementos do mito de Édipo, que deveria ter funcionado como pré-concepção.*[33]

Para dizer isso de outra forma, o papel do mito de Édipo é ser "utilizado como pré-concepção e destinado a se unir à realização parental para produzir uma compreensão da relação parental".[34]

Outra abordagem do mito nos permitiu defini-lo — nós nos lembramos disso — como "uma forma primitiva da pré-concepção e como uma etapa na publicação, isto é: no fato, para um indivíduo, de comunicar o seu conhecimento privado ao grupo ao qual ele pertence".[35] Essa é a razão pela qual, escreve Bion, os analistas devem

> *encarar que o material edipiano possa ser o signo de um aparelho primitivo de pré-concepção e possui, por conseguinte, uma significação outra que não aquela que a teoria clássica lhe confere. Postulo [assim] um precursor da situação edipiana, não no sentido em que o entenderia, por exemplo, Melanie Klein em "Estágios iniciais do conflito edipiano",*[36] *mas no sentido de algo que pertence ao Eu, como parte integrante do aparelho pelo qual o Eu entra em contato com a realidade. Em resumo, postulo uma versão ... do mito*

---

33 *Ibid.*, p. 67.
34 *Ibid.*, p. 80, nota 1.
35 *Ibid.*, p. 90.
36 Artigo no qual Melanie Klein leva em conta "componentes pré-genitais" (orais e anais) do complexo de Édipo.

> de Édipo privado que é o meio — a pré-concepção —
> graças ao qual a criança pequena está em condições
> de estabelecer um contato com os pais tais como eles
> existem no mundo da realidade. A união dessa pré-
> -concepção... com a realização dos pais reais é o que
> dá à luz a concepção dos pais.[37]

Noutros termos, é esse material edipiano que, se está presente no aparelho psíquico da criança para lhe permitir pensar a relação dos pais com os quais ele vive, oferece a essa criança a possibilidade de "entrar no Édipo", como se diz.

Parece que esse mecanismo pode ser colocado em correspondência com aquilo que Lacan, de sua parte, desenvolveu com a expressão "tempo para compreender", e que esse tempo seja aquele que oferece uma abertura. Bion, como bem lembramos, propôs fazer com que cada uma das colunas da grade corresponda a um personagem tirado do mito de Édipo. Assim, escreve ele, "no momento em que uma interrupção da análise é iminente, a interrupção poderia ser relacionada com o Édipo em exílio...". Mas, sobretudo, prossegue, "... o analista deveria estar em condições de antecipar a emergência de outros traços da situação edipiana".[38]

O Édipo da psicanálise

É escusado dizer que o processo não se desenrola de forma tranquila. Seu andamento depende, em particular, como vimos, da capacidade de pensar; capacidade que é, ela própria, tributária da aptidão do lactante para suportar suficientemente a frustração para

---

37 *Ibid.*, p. 91.
38 Wilfred R. Bion, *Éléments de psychanalyse, op. cit.*, p. 72.

que se implemente um mecanismo de identificação projetiva que inscreverá a criança e a mãe numa busca comum de solução para o não-surgimento automático do seio esperado. Se a relativa capacidade de tolerar a frustração, de um lado, e a vontade experimentada pelo lactante com relação ao seio, de outro, perturbam as primeiras trocas entre o bebê e seu ambiente, a identificação projetiva, visando aliviar a psique de um aumento de excitações, funciona de modo excessivo, a clivagem e a evacuação maciça de elementos beta e de partes do Eu se sobressai a qualquer outro mecanismo, e o aparelho de pensar se empobrece a ponto de se tornar incapaz de apreender a realidade da situação edipiana que se instala.[39]

Os ataques assim desferidos visam destruir a realidade do casal parental, vivido como procriador e sexual, ou até a realidade externa inteira; ou, em vez disso, o vínculo que liga o lactante a essa realidade, ou até mesmo a realidade interna — ou mesmo o aparelho de pensar que permite tomar ciência dessa realidade. Esses ataques são o instrumento de um supereu que se implementou de forma muito precoce, tão precoce que é contemporâneo à constituição do Eu, que, por conta disso, não se efetua — e lidamos, então, com aquilo que Bion chama de "*ego-destructive superego*", um "supereu destruidor do eu".[40] Esse supereu severo e destruidor ocupa uma posição proeminente em relação ao Eu empobrecido e desfere ataques contra todo e qualquer mecanismo de ligação, de

---

[39] Cf. François Lévy (2014), "Bion, un nouveau regard sur Œdipe", comunicação na jornada de estudos organizada na Universidade Paris-7 Diderot, em 9 de fevereiro de 2013, organizada por Simone Korff-Sausse (CRPMS) e Régine Waintrater (CEPP), em *Le Coq-Héron*, n. 216, "Wilfred R. Bion, la psychanalyse en devenir". Ramonville-Saint-Agne: Érès. Cf. também François Lévy, "Bion avec Œdipe", comunicação no colóquio L'Œdipe de la psychanalyse: mythe ou complexe?, organizado pela Societé de Psychanalyse Freudienne, nos dias 16 e 17 de novembro de 2013, em Paris — atas ainda por publicar.
[40] Wilfred R. Bion, "Attaques contre la liaison". In: *Réflexion faite, op. cit.*, p. 121.

forma a subtrair o Eu de um confronto doloroso com uma situação edipiana que ele é incapaz de pensar.

Bion prossegue: "Se, agora, nós nos voltarmos para a questão de saber o que torna a realidade tão odiosa aos olhos do paciente, a ponto de ele ser obrigado a destruir o Eu que o faz entrar em contato com ela, parece natural supor que é a dimensão sexual da situação edipiana"[41] — essa é, para ele, uma maneira de situar o surgimento da problemática edipiana num momento em que "edipiano" anda de mãos dadas com a "implementação do Eu". Ele acrescenta: "Quando, na análise, a reconstituição do Eu é suficientemente avançada para fazer surgir a situação edipiana, não raro se constata que ela faz precipitar novos ataques contra o Eu".[42]

Assim que o paciente evocar a situação infantil na qual se viu despojado do aparelho necessário à aquisição de uma concepção da relação parental — e, com isso, à resolução dos problemas edipianos —, compreendemos que ele não se vê presa de um fracasso em solucionar esses problemas, mas que "esses problemas nunca se apresentam a ele".

Essa é a forma como Bion encara o Édipo em pacientes que consultam como "distúrbios do pensamento". No fundo, a originalidade da concepção bioniana reside no fato de que o Édipo e o pré-edipiano ocupam aí um lugar particular, na medida em que os pacientes de que se trata não puderam atingir a fase em que a "situação edipiana" constitui um problema. O terror de um encontro como esse está na origem de ataques virulentos visando destruir essa situação. É, portanto, o insucesso de um determinado tipo de comunicação extremamente precoce, numa fase de "precocidade edipiana" da criança — fase no decorrer da qual uma forma primitiva de comunicação com o seu entorno lança as bases sobre

---

41 Wilfred R. Bion, "L'Arrogance". In: *Réflexion faite, op. cit.*, p. 99.
42 *Ibid.*

as quais se vai edificar mais tarde a comunicação verbal —, que impede que o aparelho de pensar se desenvolva.

Além disso, quando Bion declara que "o lactante tem uma *preconcepção inata* da situação edipiana"[43] — preconcepção que demanda, apenas, tornar-se uma concepção graças ao encontro com uma realização —, ele indica que é o não acontecimento desse encontro que priva o lactante da capacidade de fazer disso uma representação para si. Ela não permite, portanto, que ele se localize na diferença dos sexos, na diferença das gerações, na diferença dos clãs familiares, e se projete como futuro parceiro numa relação e num par sexual.

"Toda vez", escreve ele, "a perspectiva que permitia que eu, mas não o paciente, apreendesse a significação das associações era a que me ofereceria a teoria edipiana. Toda vez, o que parecia levar o paciente a inverter a perspectiva era o mito de Édipo. Digo 'mito', e não 'teoria', porque a distinção é importante".[44] Assim o paciente fracassou em servir-se do mito como enquadramento de compreensão da situação na qual ele se encontrou diante de seus dois pais. De igual maneira, na análise, toda vez que ele se viu perante uma interpretação cujo conteúdo remete à componente sexual da situação edipiana, ele se dedicou a inverter a perspectiva.

Uma antecipação inventiva chamada "intuição"

Eis como Bion passa do(s) mito(s) — formas do saber cultural transmitidas como epopeias atemporais — à antecipação e à

---

43 Wilfred R. Bion, *Éléments de psychanalyse, op. cit.*, p. 91. O aspecto *inato* dessa pré-concepção dá a entender que, para Bion, o lactante vem ao mundo equipado com o saber da espécie concernindo à reprodução.
44 *Ibid.*, p. 59.

intuição: dois modos de pensamento que levam em conta a temporalidade.

Em muitas circunstâncias ligadas ao material evocado pelo paciente, Bion declara que "podemos contar com uma intensificação..." da determinação na curiosidade, ou na resistência contra a emergência de todo e qualquer material novo — pouco importa. Ele também diz: "Podemos, assim, antecipar...", "contaremos, antes mesmo, com..." — formulações que contêm a ideia de uma sucessão temporal. Ele escreve, por exemplo, que uma emoção dolorosa pôde "parecer evidente ao analista, mas não ter sido observada pelo paciente", pois "uma emoção que parece evidente ao paciente é, em geral, dolorosamente evidente".[45] Porém, continua ele, "uma das metas do analista, ao exercer sua intuição, é evitar toda dor inútil". Sua capacidade intuitiva deveria lhe permitir "demonstrar a existência de uma emoção antes mesmo de ela se tornar dolorosamente evidente".[46]

Noutro momento, ele desenvolve amplamente essa ideia: "O ensino científico, escreve ele,

> *parece partir do princípio de que a faculdade de antecipação é uma das principais qualidades que convém desenvolver. De sua parte, o analista pensa que é importante poder prever uma tentativa de suicídio de seu paciente ou, ao contrário, uma melhora provável de seu estado. Examinemos mais atentamente essa suposição. Quando se supõe que o analista deve poder antecipar*

---

[45] Wilfred R. Bion, *Éléments de psychanalyse, op. cit.*, p. 73.
[46] *Ibid*. Em *La Détresse, aux sources de l'éthique* (Paris: Seuil, 2011), Monique Schneider traz a questão do tratamento reservado ao sofrimento dos(as) pacientes em Freud. Ela desenvolve também aquilo que a ausência de eco ao sofrimento nos psicanalistas corre o risco de induzir como "festa da crueldade".

o suicídio de seu paciente, não se está querendo dizer outro coisa além do seguinte: o analista deveria ser capaz de cobrir o leque mais amplo possível de pensamentos e de sentimentos, agradáveis ou desagradáveis. A ideia de que o paciente poderia se suicidar é apenas um exemplo entre outros dos pensamentos desagradáveis que o analista deve estar em condições de enfrentar. Caso contrário, ele se desviaria do trabalho que só ele pode realizar: a análise. . . . O analista é o único em posição de saber que a sua função é analisar. Ele é alvo de pressões constantes, é isolado e vulnerável, e pode ficar tentado a se afastar de seu papel para garantir um outro, para o qual ele corre o risco de estar pouco preparado. . . . O paciente perde, então, um analista para ganhar nada além de um auxiliar bem pouco confiável.[47]

A ideia de que a evolução do tratamento analítico possa ser tributária dessa espécie de temporalidade funciona nos dois sentidos, isto é, de que ali onde se pode encontrar induções — como acabamos de ver —, também é possível interessar-se pelas deduções dispostas pela lógica psicológica. Assim, escreve Bion, estamos todos advertidos de que "a pulsão sexual é parte integrante da teoria psicanalítica".

"Mas", prossegue ele, "o elemento sexual, isto é, o elemento que é preciso que eu investigue,[48] não é o sexo propriamente dito, mas aquilo que me permite concluir pela existência do sexo".[49] "É por isso", acrescenta ele, "que o elemento que escolhi não é um

---

47 Wilfred R. Bion, *Réflexion faite, op. cit.*, pp. 143-144.
48 No sentido do elemento inscrito entre os "elementos da psicanálise".
49 Wilfred R. Bion, *Éléments de psychanalyse, op. cit.*, p. 74.

signo da sexualidade, mas um precursor da sexualidade.... Assim", escreve ele algumas linhas abaixo, "se o ódio experimentado pelo paciente é um precursor do amor, ele encontra o seu valor de elemento na sua qualidade de precursor do amor, e não na sua qualidade intrínseca de ódio".[50]

Crescimento positivo e crescimento negativo

Essas são as direções de pensamento que se oferecem ao analista no decorrer de seu trabalho, assim como, na grade, a passagem de uma linha a outra no sentido vertical aumenta ou reduz o desenvolvimento do material. A Linha C — a da pré-concepção — representa, segundo os critérios de Bion, um ponto de partida a partir do qual um "processo de crescimento, positivo ou negativo", pode se implementar. "Os usos", escreve Bion,

> *formulados nos termos do mito (a Linha C), podem... perder em qualidade até se tornarem objetos analíticos representados pelos elementos beta da Linha A, ou, ao contrário, ser estimulados em seu crescimento de maneira a poderem ser representados pelos sinais apropriados aos elementos das linhas D, E, F, G e H.... O movimento → A diminui a sofisticação da componente representada, mas o movimento → H a aumenta, correspondendo então a um prelúdio à interpretação.*[51]

Aqui, uma vez mais, esse duplo movimento retoma certas modalidades instauradas por Bion para ultrapassar a concepção da

---
50 *Ibid.*
51 *Ibid.*, pp. 80-81.

temporalidade psíquica elaborada pela teoria psicanalítica e percebida por ele como demasiado linear.

Sobre essa questão, sabe-se que Freud, levando em conta as zonas erógenas proeminentes no lactante em função de sua idade, havia concebido que um "estágio" vem depois do outro, o primeiro deles estando ligado, desde o nascimento, à importância da zona bucal, pela qual transitam nos dois sentidos o alimento, o ar, a voz etc. Ao estágio qualificado como "oral" segue-se, então, o estágio anal, com a sua alternância de saídas e entradas (reais ou fantasísticas); estágio que, ele próprio, a princípio deve ser abandonado, isto é, ultrapassado, "resolvido", em prol do (sacrossanto) estágio genital, ligado à consideração da realidade da diferença sexual que supostamente permite a toda criança, menino ou menina — ainda que segundo modalidades diferentes —, achar por onde se inscrever no tabuleiro social após ter sido levado a confrontar a situação edipiana ligada a seus elementos ambientais pessoais.

A essa concepção, que leva primeiro em conta o desenvolvimento do corpo, em seus registros simultaneamente somático e erótico, depois a capacidade de simbolização (linguagem, fala, pensamento, substituição das coisas por palavras e jogos complexos das representações [de palavras, de coisas]), a teoria kleiniana — à qual Bion frequentemente presta obediência — prefere uma visão bastante mais precoce, arcaica, mas também progrediente, que faz evoluir a constituição do psiquismo de uma primeira "fase esquizoparanoide", detectada em 1946, a uma segunda fase, dita "fase depressiva", descoberta anteriormente. A primeira é marcada por formas — às vezes fantasmáticas — de não integração, de espontaneidade, de selvageria, de brutalidade, de clivagem(ns), de projeção(ões), de destrutividade, de ação de um supereu precoce feroz, da presença de elementos altamente persecutórios, de desconsideração da realidade — porque a própria criança ainda se vê como fragmentada — e de falta quase completa de simbolização. Foi o que levou Melanie Klein a considerar que, no decorrer dessa fase, o lactante é "cruel" (*cruel*). A segunda fase, por sua vez, é caracterizada pela unificação, isto é, a reparação dos elementos dissociados internos, a integração das diferentes componentes pessoais, a depressão como consequência dos ataques dirigidos à fase anterior, a culpa e o remorso que disso decorrer, a consideração do outro enquanto objeto inteiramente distinto do Eu (simultaneamente semelhante e diferente), a identificação com esse outro objeto doravante amado, em relação ao qual a criança pode dar prova de "cuidado" e de "solicitude" (*concern*). Esse processo de desenvolvimento se lê necessariamente segundo uma ótica positiva que, se não pode se implementar sem muito conflito, leva muito rapidamente a distorções patológicas da construção do psiquismo que surgem na forma de desarmonia, de psicose infantil, de angústias muito profundas, de fechamentos autísticos precoces e de fixações infantis debilitantes.

De EP → D (Melanie Klein) a EP ↔ D (Bion)

Com Bion, esse "deslizamento linear temporal" parece se ver livre de certa rigidez que ainda se podia encontrar em Freud, em 1920 — quando, por exemplo, ele escrevia:

> *Mas aqui ficamos atentos a um estado de coisas que já se nos apresentou em muitos outros exemplos de elucidação psicanalítica de um processo psíquico. Se prosseguirmos o desenvolvimento a partir de seu resultado, remontando, o que se constitui diante de nossos olhos é uma conexão sem lacunas, e consideramos a ideia que*

temos disso como sendo completamente satisfatória, até mesmo exaustiva. Mas se tomamos a via inversa, se partimos das pressuposições descobertas pela análise e procuramos segui-las até o seu resultado, então a impressão de um encadeamento necessário e que seria impossível determinar de outro modo nos abandona por completo. Imediatamente notamos que bem teria podido resultar alguma outra coisa; e esse outro resultado, nós teríamos podido igualmente compreendê-lo e explicá-lo .... Noutros termos, não estaríamos em condição, a partir do conhecimento das pressuposições, de predizer a natureza do resultado.[52]

A mesma progressão linear é consubstancial ao pensamento kleiniano, como acabamos de ver, na medida em que uma visão desenvolvimentista é facilmente concebida numa ótica progressiva linearmente orientada; ótica que permite explicar que todo acidente que se produz no decorrer desse desenvolvimento traduz-se numa "fixação" — necessariamente concebida como patológica — a um estágio ou a uma fase determinado(a).

Bion, cuja fidelidade a Freud e a Klein não se desmente, considera, no entanto, que a teoria psicanalítica se apoia numa visão idealista e redutora da realidade quando escolhe tanto a linearidade quanto a progressividade para deslindar o desenvolvimento do psiquismo. É escusado dizer, com efeito, que todo observador pode constatar que ocorrem saltos do desenvolvimento, saltos não previsíveis, não programados, não quantificáveis, não lineares e não ordenados. A ideia de uma progressão uniforme, bem

---

[52] Sigmund Freud (1920), "Sur la psychogenèse de un cas de homosexualité féminine". In: *Névrose, psychose et perversion*. Paris: Presses Universitaires de France, 1973, p. 266.

orientada, de trás para a frente, do passado para o futuro, nunca aparece para nós do jeito que imaginamos; em vez disso, é muito mais com uma progressão multidirecional, discordante, caótica e desigual que lidamos, um pouco como a teoria quântica representa a irracionalidade de seus movimentos. Essa aparente desordem não invalida, no entanto, a própria teoria cuja justeza se situa muito além das suas possibilidades representativas num registro com duas dimensões.

É essa a razão pela qual Bion considera os dois polos importantes que demarcam o percurso que vai da fase esquizoparanoide à fase depressiva mais como etapas do que como objetivos. Há certamente um período de toda primeira infância no decorrer do qual os processos esquizoparanoides dominam as relações entre o bebê e seu ambiente, e se trata de uma fase durante a qual a dispersão dos elementos produz uma porção muito importante de angústias e de sentimentos de perseguição. O desconforto dessa fase, para empregar o que é certamente um eufemismo — Bion fala em *nameless dread*, "terror inominado", insistindo na impossibilidade de dar um nome a esse terror —, mobiliza tudo o que é possível reunir como disposições unificadoras para tentar constituir um continente capaz de envolver os elementos avulsos para deles fazer um contido. Seguimos, então, fielmente a passagem de uma fase a outra.

Mas Bion postula que o processo não se imobiliza, pela simples razão de que os elementos agora reunidos continuam a aumentar, a se estender, a "se expandir", por assim dizer — em resumo, a se desenvolver. Os laços que unem os elementos uns aos outros têm tendência a se distender, a se fragilizar, a se desfazer e a restituir aos elementos precocemente conectados uma existência autônoma, singular, certamente diferente do estatuto que era o deles antes de estarem conectados, mas ainda assim comparável em alguns aspectos.

Essa progressividade nova, que funciona um pouco como os brinquedos de criança chamados de "joão-bobo", também não pode ser definida como uma reversibilidade do processo implicado, visto que o estado mais recente nessa sucessão de estados é, toda vez, a resultante das modificações que afetaram os estados anteriores.

Passa-se, assim, de um esquema — clássico — que se escreve EP → D (da posição esquizoparanoide à posição depressiva), como para Melanie Klein, a um esquema constantemente dinâmico que, com Bion, deveria ser escrito EP → D → EP → D → EP → D etc. — mas que, para simplificar, Bion escreve EP ↔ D. A "interação EP ↔ D" torna-se um mecanismo muito importante, não somente porque evidencia a reversibilidade das fases kleinianas e sua alternância — ou mesmo dialética —, mas porque, a cada renovação de um novo ciclo EP → D → EP → D, uma transformação se deu, é claro, entre EP0 e D0 e entre D0 e EP1; mas, sobretudo, entre EP0 e SP1, bem como entre D0 e D1.

Reflexões sobre a temporalidade analítica

Toda essa reflexão se esteia, evidentemente, na especificidade da temporalidade vinculada à psicanálise como prática e como concepção do psiquismo. O "tempo analítico" só pode ser captado *na* experiência e *a partir da* experiência, no *hic et nunc* do desenrolar da sessão, na prática da análise. O "tempo analítico" só se concebe a partir do presente — presente da sessão — que visa construir um futuro composto de tal forma que não seja calcado no passado. É dessa forma que nos encontramos, na psicanálise, tendo de nos haver com uma concepção do tempo que não tem equivalente no domínio das outras disciplinas científicas.

Muito teóricos da psicanálise se debruçaram sobre a questão do tempo psicanalítico. Freud foi, também aqui, o primeiro, quando instituiu — com justeza, aliás — que "não há tempo no inconsciente"; noutros termos, que todos os elementos inconscientes se mantêm numa atemporalidade. Para nós que somos seus sucessores, essa atemporalidade não deixa de nos questionar, quer se trate de refletir sobre a duração de um tratamento, de interrogar a noção que abole o espaço temporal entre o paciente adulto que vem nos ver para começar uma análise e o lactante que ele foi, de estabelecer os critérios a partir dos quais um analista fixa a duração das sessões, bem como a sua frequência, isto é, o intervalo que os separa, assim como tempos de "férias" durante os quais o analista não atende etc. — e estou evocando apenas algumas considerações "técnicas" ligadas à temporalidade do tratamento e ao seu desenrolar.

Outro aspecto importante é o fato de que o pensamento elaborativo nasce da não satisfação de uma espera tão viva e tão potente quanto a do seio desejado quando do reaparecimento da fome. Produz-se, efetivamente, em toda análise, a reativação de uma semelhante espera que porá fim a uma suspensão indefinida da satisfação há tempos esperada. O "tempo psicanalítico" tem de se haver com a *diferença*, no sentido transitivo temporal do termo, visto que é corriqueiro ter de diferir uma modificação, uma decisão, uma mudança, na medida em que o trabalho psicanalítico e as turbulências que ele induz não permitem decidir serenamente as inflexões a serem impressas no decorrer de uma vida.

Esse tempo psicanalítico possui, assim, certas características particulares que se devem mencionar no trabalho atual sobre a causalidade e, portanto, a temporalidade. Lembremos que uma análise se desenrola no presente, no presente da sessão, pois, seja qual for o tema abordado — quer seja questão de um sonho da noite passada, de uma história atual, de um medo imemorial, de uma ameaça presente, de uma antiga lembrança, de um projeto imediato ou distante —, é no tempo de sua enunciação no consultório e na presença do analista que o enunciado vai se carregar do valor significante buscado. Esses acontecimentos de fala merecem, sem dúvida, ser relacionados — pelo paciente, pelo analista ou pelos dois — com acontecimentos antigos, seja de que natureza forem. Eles constituem o corriqueiro dos laços que se tecem entre diversas proposições que, todas, resultam da lógica do inconsciente. Que esse trabalho deva ser feito, no aqui e agora da sessão, com elementos tanto passados quanto atuais, isso só indica melhor a lógica temporal particular no campo da psicanálise: lógica que supõe que o presente da enunciação, que convoca, por formulações de desejos, o futuro do indivíduo — os desejos não podem ser formulados no passado! —, se livra do passado do sujeito que as associações permitiram evocar.

Passado-presente-futuro

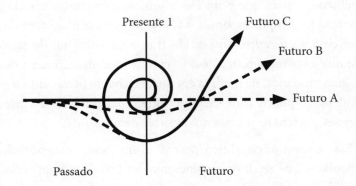

O esquema acima, ilustrando simplesmente a lógica dessa temporalidade particular, mostra bem que não pode se tratar de uma lógica linear. Se, em análise, acontece de falarmos *do* passado, não se vai até lá para falar *no* passado. Não mais do que se está em condições de falar no futuro.[53] O novo olhar dirigido ao passado modifica o devir do indivíduo em seu futuro possível — em seus futuros possíveis —, mas cria também uma modificação da "realidade" do passado.

Esse trabalho no presente cria então uma nova "trajetória" que liga o passado ao presente como uma corda. O processo analítico inflete no presente o ponto tangente dessa corda (ponto médio entre passado e futuro), criando então uma nova "trajetória" cujo ângulo difere em função da quantidade — e, sobretudo, da intensidade e da profundeza — de "giros" efetuados.[54] O tempo no qual se desenrola a palavra é o do presente, e o passado não oferece acesso direto ao futuro. O presente é o único tempo que pode se conectar ao futuro, na medida em que cada um contribui para criá-lo.

---

53 Ainda que, como propõe Bion, se possa orgulhosamente declarar como uma hipótese definidora não discutível: "partiremos ao nascer do sol" — frase que seria contradita tanto pelos astrólogos quanto pelos teólogos.
54 Freud dizia dos analistas que eles são "materialistas incorrigíveis", e Bion comparava o processo analítico a uma sonda que penetra, a profundidades variáveis, na "matéria" humana.

7. Transformações, ou o real na análise

Wilfred R. Bion declarou ter compreendido, por fim, o que são papoulas no dia em que viu o quadro de Claude Monet que tem esse substantivo como título: "Um pintor", escreveu ele,

> *vê uma vereda serpenteando através de um campo salpicado de papoulas e decide pintá-la: numa ponta desse encadeamento de fatos, há o campo de papoulas; na outra, uma tela cuja superfície foi coberta de cores. Podemos reconhecer que a tela representa o campo. Eu também suporia que, a despeito das diferenças entre um campo de papoulas e um quadrado de tela, a despeito da transformação que o artista realizou a partir daquilo que ele via para lhe dar a forma de um quadro, algo permaneceu inalterado; e que o reconhecimento depende desse algo. Chamarei*

de "invariantes" os elementos que deslindam o aspecto inalterado da transformação.[1]

Foi graças a uma transformação pictural que Bion, psicanalista e observador, visitante de um museu, capturou algo de uma flor vermelha cuja realidade ele nunca havia acessado. Acontece o mesmo, para Bion e para cada uma e cada um de nós, com tudo o que é da ordem da realidade. Somos lembrados repetidas vezes, seja a partir dos filósofos — Platão e a teoria das Formas; Aristóteles e a essência das coisas; Kant e o númeno (a coisa em si), que só pode ser conhecido através do fenômeno; Schopenhauer e "o mundo como representação"; Hegel etc. —, seja nos debruçando sobre as diversas contribuições dos psicanalistas que, enquanto herdeiros de Freud, consideram que apenas a realidade psíquica, sendo o correspondente da realidade externa, é conhecível, que se produziu um pensamento original e inédito que introduziu uma ruptura epistemológica radical na história das ideias e do pensamento.[2]

Seja como for, um enigma permanece; um enigma relativo aos instrumentos de pensamento que permitem: 1) que nós nos representemos a realidade; 2) que essa representação seja compartilhável com outros, que esperamos que a compreenderão graças aos meios de expressão que teremos utilizado.

Suponhamos que o artista tenha pintado, num outro quadro, um caminho que leva a uma lagoa circular. Nós lhe seremos gratos por ter representado o caminho com uma linha colorida que vai se estreitando à medida que ela "se afasta" na paisagem.

---
1 Wilfred R. Bion, *Transformations*, op. cit., p. 7; grifo do autor.
2 Uma menção toda especial pode ser atribuída a Roger Money-Kirle, psicanalista inglês bem pouco conhecido hoje em dia, em quem Bion muito se inspirou e ao qual prestou o que pôde de homenagens. Cf. Roger Money-Kirle (1961), *Man's Picture of His World*. London: Duckworth.

Reconheceremos também a lagoa, ainda que esteja pintada na forma de uma elipse. Ficaríamos perplexos caso ele tivesse representado o caminho e a lagoa como uma placa circular de sinalização rodoviária empoleirada em seu poste fincado no chão no meio de um espaço retangular. Admiramos os talentos que os pintores demonstram para restituir, cada um à sua maneira, numa tela, céus, reflexos, movimentos, as cores, os retos e os côncavos de um tema tão difícil de pintar como o oceano, conforme ele esteja calmo ou agitado, conforte esteja escuro ou luminoso etc. Em contrapartida, não ficamos perplexos quando uma criança, para desenhar o mar, traça com o seu pincel um traço encarregado de separar o céu e a água, depois "povoa" a parte inferior de sua folha com peixes de todas as formas, como se, na realidade — mas o que esse termo quer dizer? —, ela "visse" o mar "em corte", como num aquário. Cada um efetua a *sua* transformação.

Cada um, com efeito, é tributário do seu "ponto de vista", expressão que Bion torce o nariz para empregar, pois ela atribui um lugar demasiado grande à "visão" em detrimento dos outros sentidos que participam, eventualmente, da representação em questão. "Prefiro", escreve ele, "não utilizar um termo como 'ponto de vista' porque não quero ser forçado a escrever 'do ponto de vista da digestão' ou "do ponto de vista do sentido do olfato'...".[3] É por isso que Bion escolheu o termo "vértice" (plural: "vértices"): conceito geométrico altamente sofisticado utilizado a título de modelo. Ademais, cada vértice contém as suas próprias capacidades representativas — quando as palavras permitem descrever nossa lagoa de outra forma que não com um desenho colorido — e cada pessoa oculta de forma privilegiada a *sua* percepção e a *sua* capacidade de expressão. Numa troca com analistas no decorrer de um dos seminários clínicos que ele ministrou no Brasil em 1975, Bion insiste

---

3 Wilfred R. Bion, *Transformations, op. cit.*, p. 106.

com os seus colegas sobre a necessidade de ser capaz de "observar um desenho, de participar de uma conversa", "dar corda para as competências artísticas e musicais"[4] de um(a) paciente para aumentar as chances de apreender, da melhor maneira, a realidade que ele (ou ela) tenta nos comunicar ou compartilhar conosco. Cabe a nós encontrar os invariantes comuns à realidade original e à re-apresentação que nos é feita.

"Em Fragmento de uma análise de histeria", prossegue Bion,

> Freud dá uma descrição de sua paciente, Dora. Pode-se considerar que esse texto apresenta certa analogia com um quadro, na medida em que constitui uma representação verbal de uma análise. Podemos receber uma impressão da experiência analítica, assim como podemos receber uma impressão de um campo de papoulas, ainda que o campo de papoulas original ou a análise original nos sejam desconhecidos. Cumpre, portanto, encontrar algo na descrição verbal do analista que permaneça invariante.[5]

Temos, portanto, de um lado, a realidade primeira, inatingível, não conhecível, inapreensível, que Bion denomina "O" e à qual atribuiu qualidades de absoluto, ou absolutas. Esse O é o da origem ou do fim derradeiro, assim como é o 0 — que, em geometria, representa o ponto de encontro entre abscissas e ordenadas; e, em matemática geral, o resultado de quando "subtrai-se um número dele mesmo", isto é, um sinal que representa um não-número designando o nada (*nothing*), isto é, uma não-coisa (*no-thing*), e que

---

4 Wilfred R. Bion, *Séminaires cliniques*, op. cit., p. 60.
5 Wilfred R. Bion, *Transformations*, op. cit., p. 9.

se diferencia dos números na medida em que os números designam uma ou mais coisas. Isto é, se O é definido por qualidades "negativas",

> *a sua existência interna (*indwelling*) não tem significação alguma, seja o O algo de que se supõe residir (*dwell*) numa pessoa individual, em Deus ou no Diabo; ele não é nem o bem nem o mal; ele não pode ser nem conhecido, nem amado, nem odiado. O pode ser representado por termos tais como "realidade" ou "verdade derradeira". O máximo, e o mínimo, que uma pessoa pode fazer é ser O. A identificação a O é um meio de mantê-lo à distância. A beleza de uma rosa é um fenômeno que desvela a feiura de O, assim como a feiura desvela ou revela a existência de O. L, H e K são vínculos e, por conta disso, são substitutos de uma relação derradeira com O, que não é nem relação, nem identificação, nem comunhão (*atonement*)*, nem reunião. As qualidades atribuídas a O, os vínculos com O, são transformações de O e de ser O. A rosa é tudo o que se pode dizer que ela é. A pessoa humana é ela mesma, e nos dois casos entendo por "é" o ato positivo de ser do qual L, H e K não passam de substitutos e aproximações.*[6]

E, a partir desse O, podem se produzir diversos tipos de transformações.

O analista e o paciente encontram-se no mesmo cômodo, o consultório do analista. O paciente fala de algo selecionando um

---

6 *Ibid.*, pp. 158-159; grifo do autor.

determinado número de palavras que lhe parecem apropriadas, ao máximo, para descrever aquilo que ele evoca. Já é uma transformação do O de origem. Bion discerne três maneiras de considerar o processo dessa transformação. A primeira representa "a operação total que compreende o ato de transformação e seu produto final". A segunda recobre o trabalho de transformação que o paciente efetua — Bion escreve isso assim: Tp α (T = transformação; p = paciente; α = processo de transformação). A terceira concerne ao resultado da transformação, isto é, o termo com o qual o paciente designa aquilo de que ele fala — Bion escreve: Tp β (T = transformação; p = paciente; β = resultado da transformação).

O analista que escuta é, também ele, tributário de um processo de transformação. Ele efetua o seu trabalho de transformação daquilo que ele escuta — Ta α (T = transformação; a = analista; α = processo de transformação) — para desembocar no seu resultado da transformação — Ta β (T = transformação; a = analista; β = resultado da transformação).

É essa a razão pela qual Bion escreve que, a seu ver, "a psicanálise faz parte do grupo das transformações";[7] grupo que compreende a pintura, a escultura, a gravura, a música, a literatura etc. — resumindo, todas as artes —, assim como todas as atividades humanas, desde os altos-fornos (que transformam diversos minerais em aço, por exemplo) até as plantas nucleares, que transformam a massa em energia a partir da equação de Einstein $E = mc^2$.

Não custa imaginar que Tp α é diferente de Ta α e que Tp β é diferente de Ta β. Eles são, contudo, portadores de invariantes. E é nessa diferença e nesses invariantes que repousa o exercício da psicanálise. Se o paciente fala de um trem que entra num túnel nos limites de uma floresta, é de máxima importância que o

---

7 Idem.

analista escute que o paciente está comunicando uma cena sexual — não necessariamente primitiva, muito embora...[8] Se o analista intervém pelo viés de uma interpretação, ele faz surgirem os invariantes da experiência comum vivida. "Uma interpretação é uma transformação".[9]

Nesse domínio, nunca estamos longe do "trabalho do sonho" — e, mais amplamente, do "trabalho do inconsciente" — que Freud transformou no essencial do conteúdo do Capítulo 7 de *A interpretação dos sonhos*. A diferença — ou a precisão — reside no fato de que, para Bion, "o sonho é a *evolução* de O, lá onde O evoluiu suficientemente".[10] Só para constar: Freud detalha, entre outros, os mecanismos de "deslocamento" e de "condensação" que o aparelho psíquico utiliza para apartar no inconsciente elementos desagradáveis que devem ser "traduzidos" de maneira codificada a fim de que não corram o risco de produzir desprazer indo se alojar no interior da psique. A título de exemplo, o divertido Octave Mannoni comparava esse "trabalho" ao de um aluno de latim sem muito talento que traduziria "*Caesar venit in Galliam summa diligentia*" por "César vem para a Gália no ápice de sua diligência" em vez de "o mais rapidamente possível".[11] Como acontece de o ápice da diligência também carregar o nome de "imperial"..., esse termo, se fazemos dele um adjetivo, pode se relacionar tanto com Napoleão (abelhas imperiais) quanto com Franz Josef (*Violetas imperiais*)

---

8 Cf. a última imagem de *North by Northwest* (*Intriga Internacional*), o filme de Alfred Hitchcock (1959).
9 Wilfred R. Bion, *Transformations, op. cit.*, p. 10. Mencionamos, aqui, a tese de James Strachey: tese segundo a qual toda interpretação deve ser "mutativa", isto é, deve produzir uma mudança, um remanejamento, uma transformação na vida do paciente. Bion impinge aí uma transformação na vida do analista.
10 Wilfred R. Bion, *L'Attention et l'interprétation, op. cit.*, p. 125; grifo do autor.
11 "A maior velocidade". Cf. Octave Mannoni (1968), *Freud*. Paris: Seuil ("Écrivains de toujours"), p. 69.

etc. Em resumo, a maioria das atividades do psiquismo cabe na rubrica das transformações.

Com Bion, todo desenvolvimento do pensamento, tal como se o encontra na passagem de uma linha horizontal da grade a uma outra, é uma transformação similar aos deslocamentos e condensações evocados a propósito do trabalho do sonho. O conjunto dos mecanismos colocados em jogo no processo de pensamento — projeção-evacuação (pelo viés da clivagem e da identificação projetiva), para fora da psique, de um elemento desagradável, na direção de um "continente" (geralmente materno), em que ele residirá para ser "desintoxicado" antes de poder ser, eventualmente, reintrojetado e integrado — faz parte do grupo das transformações. Depois, para passar de uma linha à seguinte, cada elemento deve encontrar — ou "unir-se com", um termo do qual se verá adiante o desenvolvimento — sua realização. Assim, no melhor dos casos, os elementos beta são "transformados" em elementos alfa que, eles próprios, são "transformados" em sonhos, pensamentos do sonho e mitos — "transformados", por sua vez, em preconcepção, depois concepção ou pensamento, conceito, sistema científico dedutivo, cálculo algébrico...

Diferentes tipos de transformação

"Quando da última sessão antes do final de semana", escreve Bion, o paciente

> começou a sessão me dizendo que sonhou que um tigre e um urso se engalfinhavam. Ele havia sentido um medo da ordem do pânico; medo de que os dois animais selvagens, em sua peleja, não o poupassem e o matassem.

Acordou apavorado, com um grito ainda ressoando em seus ouvidos: o dele próprio. O sonho lhe lembrava a história de um célebre caçador, cujo nome lhe fugia à memória. O tigre, reputado como o animal mais feroz, havia sido afastado de sua presa por um urso. Mas o urso teve o focinho arrancado com uma mordida. Só de pensar nisso já sentia calafrios. (Ele fez uma careta e tremeu.) Não conseguia pensar em outra coisa. Depois de um tempo continuou: a moça de quem havia sido noivo por mais de um ano havia rompido os votos porque queria ficar livre para sair com outros rapazes. Isso ainda o deixava com o sangue fervendo . . . .[12]

"Escolhi esse exemplo", prossegue Bion, "porque ele se presta facilmente à interpretação. O leitor bem vê que o sonho e suas associações poderiam ter sido desencadeados pelo estímulo que a interrupção do final de semana constitui".[13] Bion reconhece ter chegado a essa conclusão "depois de deduções". Mas isso não é tudo. "Uma intuição analítica exercitada", acrescenta ele, "nos permitirá dizer, por exemplo, que o paciente está falando da cena primitiva".[14] Bion considera "o estado de espírito que leva o paciente a ver a interrupção do final de semana . . . como um objeto de medo", e deduz disso que "a transferência desempenha um papel predominante e que o produto final Tp β é o que um analista chamaria de 'neurose de transferência'. O aspecto importante da transferência", continua ele,

---

12 Wilfred R. Bion, *Transformations*, op. cit., p. 23.
13 *Ibid.*, p. 24.
14 *Idem.*

na transformação é aquilo que Freud descreveu como uma tendência "a repetir o recalcado como experiência vivida no presente, em vez de rememorá-lo como um fragmento do passado". Freud acrescenta: "Essa reprodução que ocorre com uma fidelidade que não se teria desejado tem sempre como conteúdo um fragmento da vida sexual infantil; logo, do complexo de Édipo . . ., e ela se dá regularmente no domínio da transferência . . . .[15] *É essa "fidelidade não desejada" que torna o termo "transferência" tão apropriado [e que parece] sugerir que aquilo que o paciente diz de outrem aplica-se de maneira quase inalterada ao que ele pensa e sente em relação ao analista . . . . Os sentimentos e as ideias apropriadas à sexualidade infantil, ao complexo de Édipo e a suas ramificações são transferidos . . . para a relação com o analista.*[16]

Como essa transformação quase não acarreta deformação, Bion propõe denominá-la "transformação rígida". Ela parece com o que, em geometria, chama-se "mudança de coordenada por translação". Sua invariância deve ser oposta à invariância própria a outras transformações observadas por Bion, dentre as quais as "transformações projetivas", as "transformações na alucinose" e as "transformações em O". Citei um exemplo de transformação projetiva a propósito do paciente que havia começado uma sessão anunciando ao seu analista que "o leiteiro havia passado".[17] Um outro exemplo me dará a oportunidade de aventar outras

---

15 Sigmund Freud (1920), "Au-delà du principe de plaisir". In: *Essais de psychanalyse*. Paris: Payot ("Petite Bibliothèque Payot"), 1981, pp. 57-58.
16 Wilfred R. Bion, *Transformations, op. cit.*, pp. 26-27; grifo do autor.
17 Cf. Capítulo 6, p. 219.

observações, em particular sobre as transformações projetivas que podem aparecer no decorrer da análise.

O paciente, escreve Bion, no qual predominam mecanismos psicóticos e um comportamento bizarro poderia ser definido como um "psicótico *borderline*". A análise parece progredir lentamente. O material faz surgir uma forma de violência que, precisa ele, "permanece confinada aos fenômenos acessíveis à autopercepção"[18] do paciente e que se presta a interpretações "adaptadas". É, como escreve Bion, "uma violência *teórica*".[19] Sintomas hipocondríacos emergem regularmente. "O paciente se expressa como se o seu comportamento, exteriormente benevolente, fosse, por sua própria violência, a causa de formidáveis destruições. O analista faz interpretações quando elas lhe parecem apropriadas ao material, chamando a atenção para os traços que o paciente supõe ser violentos". Ele frisa, por exemplo, que a tendência do paciente à reparação lhe parece ser a consequência da culpa ligada ao divórcio de seus pais (destrutividade da separação desejada). O paciente aceita acolher as interpretações do analista e "nada, ou quase nada, em seu comportamento parece indicar uma modificação do seu estado".[20]

Depois ocorre uma mudança: o paciente começa a se comportar de maneira estranha. O analista toma conhecimento de que ele permanece sentado por horas a fio numa cadeira, com ar sombrio. Parece escutar vozes e ver coisas. Contudo, no consultório do analista é difícil dizer se o paciente está descrevendo um delírio ou soltando as rédeas da imaginação. "O paciente", escreve Bion,

---

18 Wilfred R. Bion, *Transformations, op. cit.*, p. 15; tradução minha.
19 *Idem*; grifo do autor.
20 *Ibid.*, p. 15.

> entra e, ainda que estivesse em análise comigo há anos, não parece saber muito o que fazer. "Bom dia, bom dia, bom dia. Na verdade, eu devia dizer boa tarde. Não estou esperando que aconteça grande coisa hoje; hoje de manhã. Quero dizer, hoje à tarde. Só pode ser piada. Aquela moça, a da calcinha, que me largou lá.[21] E então, o que o senhor diz disso? Certamente não é coisa boa, mas, enfim, quero dizer: o que o senhor pensa disso?" Ele se dirige ao divã e deita batendo pesadamente os ombros. "Estou um pouco angustiado... me parece. A minha dor no joelho voltou. O senhor provavelmente vai me dizer que é a moça. No final das contas. Essa imagem não é muito boa, como eu disse, mas eu não devia ter falado nisso. A Sra. X... ela queria que eu fosse para Durham para ver qual é, mas então...", e assim por diante.

Bion reconhece guardar desse episódio apenas uma "impressão geral" ligada a "mudanças de tom que traduzem a depressão, o medo, a angústia, a confidência etc.". Ele acrescenta que a violência ficou patente, "mas seu conteúdo ideativo, até então evidente, parece faltar.... Os elementos hipocondríacos são menos pregnantes".[22] "Eu sabia", escreve ele,

> que a vontade e a intolerância da frustração eram fatores potentes na situação analítica e que a violência era uma função predominante na personalidade do

---

[21] "This girl has left *about* her knickers" também pode querer dizer: "Essa moça foi embora... por causa da calcinha" (nota do tradutor francês).
[22] Wilfred R. Bion, *Transformations*, op. cit., p. 15.

paciente; ele receava a sua própria violência ou a de outrem; as suas emoções eram violentas; as suas ambições, violentamente perseguidas e combatidas; o curso de sua ação, violentamente mantido.[23]

Diante dessa mudança que Bion qualifica como "catastrófica", é escusado dizer que o analista deve se entregar a "uma parte elevada de especulação". Por exemplo: 1) não era verdadeiramente o paciente quem pronunciava "Bom dia, bom dia"; 2) podia muito perfeitamente ser do analista que o paciente não tinha "nada a esperar" hoje; 3) a "piada" certamente não tinha nada de engraçado; 4) com certeza se supunha que o analista sabia quem era "aquela" moça, ainda que ele confesse ser incapaz de compreender, por conta da engenhosidade da fórmula linguística do paciente, "se ela havia largado sua calcinha em algum lugar ou se ela havia dispensado o rapaz por causa de um incidente relacionado à calcinha".[24]

E, contudo, o analista está convencido de que "alguns fatos emocionais aparentemente externos são os mesmos que, no estágio pré-catastrófico, eram designados pelo paciente como dores no joelho, na perna, no abdômen, nos ouvidos etc., e pelo analista como objetos internos".[25] "Em resumo, prossegue Bion,

tudo o que se apresenta aos sentidos externos do analista e do paciente na forma de pais angustiados, de ameaças de processos judiciais, de hospitais psiquiátricos, de internação e outras eventualidades aparentemente conformes à mudança de circunstâncias constitui, na realidade, dores hipocondríacas e diversas outras ma-

---

23 *Ibid.*, p. 63.
24 *Ibid.*, p. 27.
25 *Ibid.*, p. 16.

nifestações de objetos internos, mas sob um disfarce que corresponde ao seu novo estatuto de objetos externos.[26]

O paciente, acrescenta Bion, que "não deixa de conhecer as minhas teorias analíticas" — e, em particular, "essa teoria dos objetos internos" —, e que estava "se confundindo comigo, ao mesmo tempo em que estava separado de nós dois", explicava, portanto, ao seu analista: "A dor no joelho que estou sentindo agora é realmente o que o senhor, analista, pensa ser: a moça dentro de mim".

A mudança faz surgir elementos violentos. "Sentimentos violentos", escreve Bion, "são expressos de um modo violento"; daí, para ele, a evidência segundo a qual a violência do paciente "desencadeia no analista . . . uma exteriorização maciça de objetos internos".[27] Em todo caso, através dessa mudança que necessita uma intensificação das sessões, surge igualmente o fato de que o paciente se apropriou não somente do analista, mas também do divã, "porque ele tem a firme intenção de não deixar ninguém mais ocupá-lo" — essa ideia traduz perfeitamente uma parte da sua história em que "aquela" moça poderia estar em questão. "Seu objetivo", acrescenta ele,

> é "saturar" [cada] sessão de maneira a me impedir de trabalhar e a impedir qualquer outra pessoa de tomar o seu lugar. Ele emprega termos que são preenchidos pela significação que costumavam ter, mas essa significação foi destruída (ou então: o termo foi despido de sua significação), de modo que os termos marcam o lugar em que a significação costumava estar. Essa significação

---

26 *Idem.*
27 *Idem*; grifo do autor.

> ausente (mas, não obstante, presente) não deixará nenhuma outra significação tomar o seu lugar.[28]

Os objetos internos foram transformados em objetos externos. Poderíamos dizer do analista que ele deve ser "confundido com" seu paciente ao mesmo tempo que ele também está "separado de nós dois" para chegar às conclusões que ele oferece. Trata-se aqui, podemos dizer, de uma evolução que vai ficando cada vez mais clara no pensamento de Bion. Desde "A grade", e com *Transformações*, ele se interessa cada vez mais pela relação que liga paciente e analista e pela dinâmica do tratamento; dinâmica que impele analisando e analista a eventualidades de remanejamentos respectivos que comportam, tanto para um quanto para o outro, riscos de desestabilização, de "turbulências". Ele redobra a atenção em relação às mudanças que se produzem, ou correm o risco de se produzir, assim como havia levado em consideração, nos desenvolvimentos que ele tinha dedicado ao vínculo K, os sentimentos mitigados que analista e paciente podiam ter diante desse gênero de eventualidade. Só para constar, pode-se evocar que xKy significa que x está engajado num processo de conhecimento em relação a y; conhecimento que modifica, evidentemente, o conhecimento que x tem de y, mas que também modifica y — e x, igualmente, já que x se vê modificado pelo conhecimento de y. É justamente a esse processo de amplificação que o subtítulo de *Transformações* faz alusão: *Passagem da aprendizagem ao crescimento* — a meta de uma análise se torna claramente, para Bion, que ela produza mudanças no paciente *e* no analista.

---

28 *Ibid.*, p. 136.

Efeitos das turbulências sobre os enunciados

Para que essas mudanças possam se produzir, o analista, precisa Bion, "deve aceitar não saber para dar lugar a uma pré-concepção capaz de aclarar o problema que excita [a sua] curiosidade".[29] E, para explicitar essa posição, ele propõe a seguinte ilustração:

> *Num dia calmo e ensolarado, um lago reflete as árvores da beirada; na margem oposta há um observador. A imagem apresentada pelas árvores é deformada pelo reflexo: toda uma série de transformações é efetuada pelas mudanças atmosféricas. Suponhamos que o observador só possa ver o reflexo; ele não seria menos capaz de deduzir a natureza de O. Supondo que as condições atmosféricas não estejam das piores, a provação de sua capacidade de dedução seria relativamente fácil se lhe fosse pedido simplesmente reconhecer que está observando o reflexo das árvores; já seria mais difícil se lhe fosse preciso identificar a espécie das árvores, e totalmente impossível se lhe fosse preciso precisar a estrutura microscópica das folhas. Uma mudança de atmosfera, a luz virando escuridão ou a calma dando lugar à turbulência, teria ora uma fraca influência, ora uma influência tão profunda que o observador deveria mobilizar todas as suas qualidades perceptivas para deduzir a natureza de O. Assim como as perguntas que lhe são feitas podem se revelar excessivamente difíceis,*

---

29 Ibid., p. 58.

as condições atmosféricas podem se revelar excessivamente deformantes.[30]

Nessa ilustração, O designa "as árvores à beira do lago", isto é, uma realidade à qual o observador nunca terá acesso, visto que ele "vê apenas o reflexo". Bion só está interessado nas transformações que afetam a realidade; e, desse "ponto de vista", o analista não está mais fornido do que o observador no que se refere a essa ilustração, já que a única realidade de que ele tem conhecimento é a que lhe foi comunicada pelos dizeres do paciente. E ele não pode determinar o grau de deformação (transformação) que o paciente fez com que essa realidade sofresse — ainda que se trate da realidade de um sonho ou de uma fantasia. Daí a sua pergunta: "Qual é a natureza desse O, ou do seu equivalente, na análise?". Pergunta que relança o debate já aberto pela determinação com a qual Freud, em 1918, havia sustentado, a propósito do Homem dos Lobos, a realidade da cena primitiva que o pequeno Serguêi Pankêiev havia testemunhado aos dezoito meses de idade.[31] E, na firmeza de Freud sobre esse ponto, pode-se situar a importância pessoal e institucional que ele atribuía à realidade dessa cena para atestar o valor da psicanálise com vistas a completar a história truncada pelos esquecimentos de um sujeito.

Com uma grande prudência, Bion precisa:

> *Ignorarei a perturbação produzida pela personalidade do analista ou por certos aspectos desta. A existência dessa perturbação é muitíssimo conhecida; é justamen-*

---
30 *Ibid.*, pp. 58-59.
31 Sigmund Freud (1918), "Extrait de l'histoire de une névrose infantile (L'homme aux loups)". In: *Cinq Psychanalyses*. Paris: Presses Universitaires de France, 1954.

te por isso que os analistas admitiram a necessidade de eles próprios serem analisados e dedicaram diversos estudos à contratransferência.³²

E adiante: "A transformação . . . é influenciada por L, H e K. O analista deve levar em conta L ou H, ou excluí-los de seu vínculo com o paciente. Vou supor . . . que Ta α e Ta β não são deformados por L ou H (isto é, pela contratransferência)".³³

O fato é que analista e paciente estão ligados por uma relação que, recordemos desta maneira, representa uma "conjunção constante" e que Bion se preocupa com os efeitos desse vínculo sobre o material que constitui o objeto das trocas entre os dois protagonistas. Se, além do mais, levam-se em conta os efeitos devidos à parte desempenhada pela identificação projetiva nessa forma de comunicação, então se está na presença de todos os ingredientes requeridos para perturbar ao máximo os enunciados que constituem o "estofo" do trabalho analítico. Assim, escreve Bion, "todas as vezes que detecto um dos elementos da equação O, Tp α, Tp β + L, H ou K, os outros elementos também *devem* estar presentes".³⁴ Cabe ao analista identificá-los!

"Mas", prossegue ele, "*não farei* a hipótese de que um elemento é causa do outro, ainda que eu possa empregar, por razões de comodidade . . . uma teoria da causalidade para me fazer compreender".³⁵

---

32 Wilfred R. Bion, *Transformations, op. cit.*, p. 59.
33 *Ibid.*, p. 60.
34 *Ibid.*, p. 82; grifo meu.
35 *Idem*; grifo do autor.

Logics or not logics

Se Bion volta, mais uma vez aqui, a essa teoria que ele não parou de criticar, é, suspeitamos, em razão da lógica das transformações — quando, por exemplo, um enunciado é definido como decorrendo de um fato que foi transformado por diversos elementos transferenciais. Lançando mão, para se fazer compreender, das categorias da grade, ele lembra que é efetivamente difícil imaginar que "uma transformação... afetada por A esteja corretamente situada [em D1, por exemplo], isto é, situada de maneira a aumentar a significação, se ela estiver situada na mesma categoria que uma transformação afetada por C".[36]

Até esse ponto, não foi (demasiado) difícil acompanhar o raciocínio que ele está tentando compartilhar. Qualquer enunciado é afetado, declara ele, pelas interferências que transferência e contratransferência lhe fazem sofrer. Mas Bion não seria Bion caso não fizesse essa constatação vir acompanhada de considerações que abolem toda limitação, sobretudo quando esta deve ser atribuída a argumentos lógicos.

Ele escreve, portanto:

> *Ainda que eu fale aqui em "transformações afetadas por...", o que implica uma ideia de causalidade, o leitor não deve concluir que eu adiro à teoria implicada de outro modo que não por razões de comodidade. A esse ponto da exposição, uma teoria da causalidade só pode atrapalhar a compreensão da teoria que desejo aventar aqui, e que é que qualquer elemento numa transformação pode, aos olhos do analista, afetar qualquer*

---
36 *Ibid.*, p. 84.

outro elemento. Um elemento dado parece afetar outros elementos na transformação (no meu exemplo, uma mudança atmosférica afeta o reflexo), mas em contrapartida esses outros elementos podem ser considerados como afetando A, por exemplo. Vou me servir do modelo para mostrar que ele não basta para representar uma significação: a mudança atmosférica perturba o reflexo, mas (cumpriria dizer) o reflexo perturbado afeta (ou "causa"), em contrapartida, a mudança atmosférica. Essa teoria não seria de grande serventia para explicar um reflexo sobre um lago, mas é justamente essa, no entanto, a teoria da transformação que desejo aventar. A transformação representa uma conjunção constante e, ao que me parece, a ideia de que ela tem uma causa ou de que um elemento é "causa" de outro elemento... não faz necessariamente parte da conjunção observada. Resumindo, a ideia de que a conjunção constante tem uma significação talvez seja logicamente (isto é, psico-logicamente) necessária, mas ela não é necessária à conjunção constante.[37]

Da trans-formação à de-formação

Acabamos de ver que a significação de uma conjunção constante "não é logicamente necessária", mas que ela é "*psico*-logicamente necessária", isto é, necessária para alguém. "O observador", escreve Bion, "tem a sensação de que, *para ele*, é uma necessidade

---

37 *Ibid.*, pp. 84-85.

que a conjunção constante tenha uma significação *para ele*".[38] Ela deve, continua ele — "é uma questão de necessidade psíquica —, revelar-se portadora de uma significação"; e quando essa significação *psico*-logicamente necessária foi atingida, então a significação psico-logicamente necessária pode ser transformada em "uma significação logicamente necessária".[39] Aliás, a ideia de que um universo — "seja qual for a suposta grandeza ou a pequenez desse universo" — possa ser desprovido de significação "deriva do medo de que a falta de significação não seja o sinal de que a significação foi destruída". E, quando Bion fala de uma "falta de significação", ele se refere, de fato, ao "lugar em que a significação costumava estar" para um indivíduo e no qual ela já não se encontra! "Se", continua Bion, "um dado universo é incapaz de oferecer uma significação *para o indivíduo*, o narcisismo exige que exista um deus, ou algum outro objeto derradeiro, para o qual esse universo tem uma significação".[40] O lugar onde x tinha costume de estar é, dali em diante, o lugar onde x não está mais; e o desaparecimento de x deve justamente ser atribuído a uma causa — no limite, pouco importa qual — para que, nos termos de Bion, a esse "não-seio" corresponda um "seio". "Resumindo", escreve ele, "a palavra 'seio' não é reconhecida como uma palavra que representa um seio: ela é pensada como a manifestação externa de um "não-seio", o que é uma das qualidades marcantes, por assim dizer, do próprio 'não-seio'".[41]

---

38 *Ibid.*, p. 86; grifo do autor.
39 *Idem*. Façamos, também aqui, um paralelo entre Wilfred R. Bion e Jacques Lacan. Em "Place, fin et origem de mon enseignement", conferência ministrada em Lyon no outono de 1967 — transcrita por J.-P. Chartier em *Le Croquant*, n. 24, outono-inverno 1998-1999 —, Lacan escreve: "[...] não é entre o físico e o psíquico que seria para fazer o corte, mas entre *o psíquico e o lógico*".
40 *Ibid.*, pp. 86-87; grifo do autor.
41 *Ibid.*, p. 90.

As condições narcísicas da significação

Um pouco acima, após termos sido informados por Bion de que o seu paciente estava "se confundindo comigo, ao mesmo tempo que estava separado de nós dois", havíamos chegado a pensar que o analista deve, também ele, estar "se confundindo com" seu paciente, ao mesmo tempo que, igualmente, está "separado de nós dois", a fim de que o trabalho analítico possa, a partir do mesmo O, da mesma realidade, efetuar-se nas respectivas transformações que o paciente e o analista operam, cada qual de sua parte. Esse trabalho, que é um trabalho de transformação, é comparável ao trabalho de transformação que ocorre entre o seio e o lactante quando das trocas produzidas pelo mecanismo da identificação projetiva. Esse mecanismo foi a ocasião de lembrar que não há experiência emocional isoladamente de uma relação.

Bion aproveita então o tema das transformações para buscar as fontes mais prováveis de perturbações de uma personalidade no entrelaçamento da transformação, da conjunção constante, da significação, do narcisismo e do social-ismo — o hífen acrescentado pelo autor destinando-se a enfatizar o sentido social, mais que político, do termo. "Apreenderemos melhor", escreve ele, "a importância que o registro narcisismo ↔ social-ismo assume se considerarmos a relação estreita que une a significação e o narcisismo".[42]

"A função do seio que consiste em abastecer o lactante com significação é decisiva para o desenvolvimento da capacidade de aprender", escreve Bion.

Consideremos um caso extremo, propõe ele: o medo de uma destruição total do seio, por exemplo, não implica

---

42 *Ibid.*, p. 95.

somente o medo de que o lactante tenha cessado de existir (visto que sem o seio ele não pode sobreviver), mas também o medo de que a própria significação tenha cessado de existir, como se a significação fosse material. Em certas circunstâncias, o seio é concebido não como uma fonte de significação, mas como a própria significação. Essa angústia é frequentemente mascarada pelo fato de que o analista aventa interpretações e parece, assim, dar provas de que existe uma significação. Na falta de ser observada, a intolerância da ausência de significação experimentada pelo paciente não será interpretada; o paciente despejará então uma torrente de palavras a fim de suscitar uma resposta indicando que existe uma significação, no seu próprio comportamento ou no comportamento do analista. Visto que a primeira condição para descobrir a significação de uma dada conjunção é a capacidade de admitir que os fenômenos possam não ter significação, a incapacidade de admitir sua ausência de significação estofa, de começo de partida, a própria possibilidade da curiosidade. Ocorre o mesmo com os sentimentos de amor ou de ódio. A necessidade de manipular a sessão para tirar a prova da existência de uma significação estende-se então à necessidade de tirar a prova da existência do amor e do ódio. Qualquer um que tem certa experiência com a personalidade psicótica reconhecerá essa exploração incessante destinada a fazer surgirem novas fontes de contratransferência. As associações do paciente visam dar provas da significação e da emoção (que dividi aqui aproximadamente em duas grandes categorias: o amor e o ódio). Como a atenção do paciente tem como objetivo provar a existência de uma significação, mas não descobrir em que essa significação consiste, as interpretações só têm oportunidade de produzir uma mudança se o paciente compreende que está bebendo de uma fonte de tranquilização para oferecer ao seu problema um antídoto mais do que uma solução.[43]

Formulação estranha, mas como é precisa! Anteriormente, a propósito das dificuldades que o psicótico encontra para trabalhar, na análise, com objetos "sem a presença real desses objetos", Bion chegou a propor que esse tipo de paciente "tem tendência a criar situações problemáticas em vez de procurar resolver os seus problemas".[44]

A alucinose

Se nós nos debruçarmos agora sobre o tipo de transformação que Bion chama de "transformação na alucinose", descobriremos que ele considera o "estado de alucinose" — que utiliza produções de alucinações sobre as quais retornarei — como um tipo de transformação que se encontra frequentemente não "como uma exageração de uma condição patológica", mas "como um estado sempre presente, mas recoberto por outros fenômenos que o mascaram".[45] Ele indica: "As transformações podem ser científicas, estéticas, religiosas, místicas, psicanalíticas. Elas também podem ser

---
43 *Ibid.*, pp. 95-96.
44 *Ibid.*, p. 50, nota 1.
45 Wilfred R. Bion, *L'Attention et l'interprétation, op. cit.*, pp. 75-76.

definidas como psicóticas ou neuróticas"[46] — e é esse ponto que nos interessa.

Não raro, efetivamente, mesmo em pacientes que nos parecem neuróticos, "um acontecimento mental" é "transformado em uma impressão sensorial" — visual, auditiva, olfativa, tátil ou gustativa — que, como toda impressão sensorial, não tem significação por si só. Eu me recordo, por exemplo, de um paciente que, após uma primeira análise comigo — primeira análise ao cabo da qual havíamos encerrado o trabalho em comum acordo —, havia me pedido para começar um segundo tempo de trabalho alguns anos depois. Ele veio no horário marcado, tomou o lugar que tinha o costume de ocupar quinze anos antes e começou declarando estar contente de reencontrar o "bom cheiro de charuto" que perfumava o meu consultório. É essa alucinação olfativa ausente que atiça a minha atenção, pois eu certamente fumava na época de seu primeiro trabalho, mas já tinha parado há pelo menos doze anos; e, a meu ver, o paciente estava se utilizando desse "cheiro" para mencionar outra coisa que não um elemento entre outros do *setting* analítico proposto. "O fenômeno mental *insens-ível (sic)*", escreve Bion, "é transformado num elemento beta que pode ser evacuado e reintroduzido de tal modo que esse ato não forneça uma significação, mas prazer ou desprazer".[47] "Por conseguinte", prossegue ele,

> *o analisando tem tendência . . . a fornecer mais alucinações para compensar a gratificação faltante. Ele sente que o prazer e o desprazer são inadequados; a "significação" é inadequada de forma análoga. Quan-*

---

46 Wilfred R. Bion, *Transformations, op. cit.*, p. 159.
47 *Ibid.*, p. 77; tradução minha.

to menos chega a uma gratificação, mais ávido fica; quanto mais ávido, mais alucinado.[48]

Para avaliar esse gênero de alucinação, acrescenta ele, "é preciso que o analista participe do estado de alucinose".[49] E, com efeito, após longas *"rêveries"* — no decorrer dos quais eu deixava meu espírito vagar ao sabor das associações e visões suscitadas pelos dizeres do paciente —, toda espécie de visões sexuais se impôs; visões sexuais que ele reconheceu que estiveram presentes nele ao longo das sessões e que logo converteu num vínculo sexual entre ele e mim. Mas, ainda por cima, foi preciso desemboscar a significação dessas alucinações olfativas inapreensíveis no fato de que elas surgem como uma barreira erigida contra toda apreciação das realidades da sessão.

Noutros termos, um dos problemas que o paciente se esforça por resolver através de uma transformação na alucinose reside no conflito — silenciado — entre o método empregado pelo analista e o método empregado pelo paciente. "O conflito", escreve Bion,

> *poderia ser definido como uma discordância quanto aos respectivos méritos de uma transformação na alucinose e de uma transformação na psicanálise. Essa discordância tem uma coloração particular: o paciente tem a sensação de que a discordância entre o analista e ele é uma discordância entre rivais e que ela contempla métodos rivais de abordagem.*[50]

---

48 *Ibid.*, p. 78.
49 *Ibid.*, p. 76.
50 *Ibid.*, p. 161.

Efetivamente, a relação analítica tal como vivida do lado do paciente — que remói cenas de forma a tentar fazer com que delas surja um sentido — visa provar a superioridade do paciente e da alucinose em relação ao analista e à psicanálise. Todo remanejamento proporcionado pelo trabalho analítico equivale então a um "fracasso" do paciente. Se o analista propõe interpretações, elas se tornam, do ponto de vista do paciente tal como o analista o formula, "elementos A6 evacuados", na medida em que, precisa Bion, "o analista recorre aos métodos de transformação na alucinose do paciente".[51]

"Sem memória, sem desejo e sem compreensão"

Essas diferentes abordagens impelem Bion a uma espécie de "radicalização" da posição analítica do analista que é convocado a estar, na sessão, "em uníssono" (*at-one-ment*) com o paciente. A palavra inglesa *atonement* significa simultaneamente união, uníssono, o fato-de-constituir-um com alguém (ou alguma coisa) — e Bion adora escrever de modo que o *one* apareça bem no centro da palavra. Para Bion, isso equivale a dizer que não se trata de se identificar, por exemplo, com o paciente, pois identificar-se é *não ser...* E, aliás, o que seria uma identificação "conscientemente" escolhida, desejada, selecionada?

Não! Trata-se de atingir uma "disposição de espírito"[52] na qual o analista se torna completamente receptivo à experiência analítica.

---

51 *Ibid.*, p. 162.
52 Wilfred R. Bion, *L'Attention et l'interprétation*, *op. cit.*, p. 70. O termo "disposição de espírito" ressoa, entre outros, com o mesmo termo, empregado por François Roustang em *Qu'est-ce que l'hypnose?* Paris: Minuit, 1994.

Trata-se de "ser O" ou de "tornar-se O",[53] duas modalidades daquilo que Bion chama de "transformação em O". Para fazê-lo, Bion prega o banimento da memória e do desejo, porque eles "decorrem de uma experiência vivida adquirida por via sensorial".[54] Decerto, as lembranças e os desejos "são elementos inevitáveis que [o analista] encontra nele no decorrer de seu trabalho".[55] Bion não vilipendia a memória — elemento inevitável, como ele acaba de lembrar —, mas, após ter insistido por muito tempo sobre o fato de que "o protótipo da memória parece residir num dos aspectos da identificação projetiva",[56] vem agora considerá-la "um continente para as 'evacuações' da identificação projetiva";[57] e ela não pode, portanto, ser "uma ferramenta para um psicanalista". Ademais, quando se a considera a partir do vértice da "relação ♀ ♂", constata-se que ♂ "evacua o desprazer a fim de se livrar dele, para que ele seja transformado em algo agradável, ou que seja sentido como tal, pelo prazer da evacuação, pelo prazer de ser contido".[58] "♀ absorve as evacuações pelos mesmos motivos; ♀, que pode evacuar ou reter, é o protótipo de uma memória". Ela é, com efeito, restringida pela subordinação dos sentidos ao princípio de prazer-desprazer.

Quanto ao(s) desejo(s), Bion propõe considerá-lo(s) a partir dos "pensamentos que são formulações do desejo e — com toda probabilidade, mas não com toda certeza — objetos que representamos com o termo 'desejo'". Não são, portanto, "simplesmente formulações verbais".[59] Dentre os desejos "que podem ser representados verbalmente", encontra-se, por exemplo, o fato de "desejar o

---

53 Um pintor chinês declarou: "Eu pinto a montanha quando me tornei a montanha".
54 Wilfred R. Bion, L'Attention et l'interprétation, op. cit., p. 68.
55 Ibid., p. 69.
56 Ibid., p. 65.
57 Ibid., p. 66.
58 Ibid., p. 65.
59 Ibid., p. 68.

fim de uma sessão, ou de uma semana, ou de um trimestre",[60] ou "a ideia de que se adoraria passar as férias do ano no exterior"[61] etc. O ponto comum entre eles reside no fato de que "estão todos formulados e não exigem, portanto, formulação".[62]

Assim, "se o aparelho mental é atribulado por elementos perceptíveis aos sentidos, ele será menos apto a perceber elementos que não são do foro dos sentidos".[63] Memória e desejo têm, portanto, muitos pontos em comum. Por exemplo, "diferenciar o desejo da lembrança pode constituir um problema na medida em que o desejo "é 'situado' num 'lugar' não mais suscetível de ser determinado que o 'lugar' onde os carris paralelos da via férrea se encontram".[64] "Onde" e "quando" — para uma lembrança e um desejo — são termos difíceis de situar; e mesmo, interroga Bion, "o que dizer de uma "lembrança" de uma gratificação *faltosa*?", senão que se trata de "um desejo não realizado [que] deve ser classificado como desejo".[65] Para simplificar, diremos que "um é o 'passado' e o outro, o 'futuro'"[66] — e, por causa disso, eles representam uma "realização ligada a uma outra realização representada pelos termos 'interno' e 'externo'", visto que "o passado é algo contido 'no interior' da memória e o 'futuro', algo que não pode ser contido dessa forma",[67] embora os desejos — que também estão "dentro" do mental, como as lembranças; e, portanto, também são "possessões" — sejam considerados como se "possuíssem" o mental.

---

60 *Ibid.*, p. 105.
61 *Idem.*
62 *Idem.*
63 *Ibid.*, p. 84.
64 *Ibid.*, p. 89.
65 *Ibid.*, p. 88; grifo do autor.
66 *Ibid.*, p. 90.
67 *Ibid.*, p. 84.

Conheci uma mulher, uma paciente de Bion, que — no âmbito de seus estudos de então, e ao passo que ela estava em análise com ele — teve de prestar uma prova de conclusão importante. Um grande número de sessões consecutivas havia sido dedicado a evocar essa prova, as angústias que ela suscitava, a importância que a paciente lhe atribuía etc. Tão logo realizada, e com sucesso, ela anunciou a Bion no início de uma sessão: *"I've passed!"*[68] *"Passed what?"*, pergunta Bion, com toda seriedade![69]

Se, agora, acrescentamos que a "compreensão" de todos esses mecanismos requer o apelo a um funcionamento intelectual incluindo pensamento lógico, teorias causalistas e reflexões de ordem filosófica, compreendemos que Bion conclama a "suprimir o desejo, a lembrança e a compreensão", pois elas visam "obstaculizar o desconcerto psicológico inseparável do crescimento mental".[70] Para Bion, o analista deve ser sem limites, *"tornar-se infinito"*[71], ser "o homem derradeiro irredutível",[72] pois ele "busca algo que difere daquilo que é normalmente conhecido como realidade".[73] Ele sustenta também que, "quanto mais o analista está perto de chegar a suprimir o desejo, a lembrança e a compreensão, mais suscetível ele fica de se deixar resvalar num sono próximo do estupor"[74] — disposição na qual "a acentuação do contato com O" produz "um aumento da percepção".

Mas pode ser, acrescenta Bion, que o analista que se submeta a essa disciplina perceba então que as intuições às quais ele chega fazem com que ele sinta necessidade de uma análise mais

---

68 Simultaneamente: "passei" e "ultrapassei".
69 Meg Harris Williams. Comunicação pessoal.
70 *Ibid.*, p. 73.
71 *Ibid.*, p. 90; grifo do autor.
72 *Ibid.*, p. 108. "O que", acrescenta ele, "não é possível, efetivamente".
73 Wilfred R. Bion, *L'Attention et l'interprétation, op. cit.*, p. 87.
74 *Ibid.*, p. 92.

aprofundada. "Os progressos no domínio da compreensão intuitiva", escreve ele, "devem andar de mãos dadas com uma análise mais aprofundada. Disso decorre", conclui ele, "que é preciso rever a formação e restaurar a capacidade para uma carreira psicanalítica".[75] Por fim, acrescentarei que, ainda sobre esse ponto, Bion e Lacan me parecem próximos um do outro: o primeiro com o "devir O" do analista, o segundo com o "desser". E ambos estão próximos do Freud que confessava ter de "se cegar artificialmente para concentrar toda a luz num ponto escuro".[76] Como diz Bion, era preciso que ele projetasse "um facho de obscuridade intensa"[77] para poder observar algo de tão sombrio que apenas uma "luz" como essa podia iluminar, para que "o traço penetrante da obscuridade [possa] ser dirigido aos elementos obscuros da situação analítica".[78]

Tirésias

Isso me leva a encerrar esse capítulo dedicado às transformações com a evocação, também comum a Bion e a Lacan, da figura de Tirésias.

O nome de Tirésias encontra-se em numerosos mitos gregos e parece ter designado, de forma genérica, adivinhos que realmente existiram na Grécia antiga. Segundo uma das versões da sua história, Tirésias, quando adolescente, surpreendeu Atena tomando banho nua, e a deusa o cegou colocando-lhe as mãos sobre os olhos. Diante das súplicas da mãe de Tirésias para que Atena lhe devolvesse a visão, ela se limitou a aliviar o sofrimento dele

---

75 *Ibid.*, p. 121.
76 Sigmund Freud-Lou Andreas-Salomé, "Lettre du 25 mai 1916". In: *Correspondance 1912-1936*. Paris: Gallimard, 1970, p. 59.
77 "*A Beam of Intense Darkness*".
78 Wilfred R. Bion, *L'Attention et l'interprétation, op. cit.*, p. 107.

purificando os seus ouvidos e lhe dando um cajado que lhe permitiria caminhar como as pessoas que enxergavam. Segundo outra versão, Tirésias atrapalhou com o seu cajado o acasalamento de duas serpentes e foi imediatamente *transformado* em mulher. Ao cabo de sete anos, reviu (logo, não estava cego naquele momento) as mesmas serpentes se acasalando. Ele toma então a palavra e diz: "Se, quando vos machucam, vosso poder é assaz grande para mudar a natureza de vosso inimigo, então vos bato uma segunda vez", e voltou a ser homem. E é essa dupla transformação que fez de Tirésias um adivinho.

Um dia em que Zeus estava discutindo com sua mulher, Hera, a respeito da questão de saber quem, da mulher ou do homem, tirava mais prazer do ato sexual, cada um deles sustentando que era o outro sexo, o casal pediu a opinião de Tirésias — que, tendo experiência de ambos os sexos, concordou com a opinião de Zeus. Hera, "mais ofendida do que convinha estar, em se tratando de um assunto tão pequeno", escreve Ovídio nas *Metamorfoses*, "condenou os olhos de seu juiz às trevas eternas". Sem poder contrariar a decisão de Hera, Zeus então oferece a Tirésias, para compensar sua cegueira, o dom da adivinhação e uma vida longa de sete gerações.

Quando a peste se abateu sobre Tebas, Creonte — cunhado de Édipo — relata a resposta do oráculo de Delfos anunciando que seria preciso expurgar o país da impureza produzida pelo assassinato de Laio. Tirésias é, então, mandado pelo rei a fim de denunciar o assassinato. Mas o adivinho responde aos pedidos insistentes do rei com uma sistemática recusa. A isso se segue uma violenta discussão, discussão que compele Tirésias a apresentar de forma velada as origens da impureza de Tebas, assim como as pesadas ameaças que pesam sobre Édipo. Ele proclama assim: "Tu és o assassino que procuras".

O papel de Tirésias não para por aí. Uma vez que Édipo se encontra destituído do trono, Etéocles e Polinices, seus filhos, decidem dividir entre si o poder, alternando no reinado de Tebas a cada ano. Mas, como Etéocles se recusa a entregar o poder ao cabo de um ano, Polinices se conluia com os sete chefes das cidades-Estados vizinhas para sitiar o reino. Graças às profecias de Tirésias — que havia revelado a necessidade de oferecer em sacrifício o filho de Creonte, Meneceu —, os tebanos ganham a guerra, mas a vitória final só é conseguida à custa de um duelo fratricida entre os dois filhos de Édipo, ambos indo ao encontro da morte. Como Polinices tinha se voltado contra o irmão e contra a cidade, Creonte, que havia se tornado rei, oferece um funeral solene a Etéocles, mas proíbe o sepultamento ao traidor, Polinices, conforme as ordens dadas por Etéocles antes de morrer. É aí que Antígona, em respeito às honrarias sagradas devidas aos mortos, desafia a proibição, cobrindo o corpo com terra e realizando os ritos funerários. Quando Tirésias entra em cena de novo, é para fazer com que Creonte respeite as imutáveis leis divinas. Ele faz jus, assim, ao seu papel de conselheiro político, braço direito do chefe de Estado, mas Creonte lhe responde com insultos. O adivinho se retira, então.

É nesse sentido que Lacan fez de Tirésias o "santo padroeiro dos analistas", tal como o qualificava num de seus Seminários. Ele tem um papel de "adivinho" — qualidade evocada com a finalidade de lembrar a frase de Freud segundo a qual "a transferência deve ser *adivinhada*",[79] já que não existe nenhum elemento que permite evidenciá-la de outra forma. Ele se contenta com emitir enunciados, correndo o risco de despertar cólera ou rejeição em razão das revelações, e de se manter num recuo, sem nunca entrar na cena da ação direta. Ademais, tendo sido o único a ter vivido

---

79 Sigmund Freud, "Fragment d'une analyse d'hystérie (Dora)". In: *Cinq Psychanalyses, op. cit.*, p. 87; grifo meu.

alternadamente num corpo de mulher e num corpo de homem, ele certamente tinha bastante a ensinar a um bocado de gente...

8. O grupo e a psicanálise, sobrevivência ou destruição?

A ideia de Bion segundo a qual o analista deve "aumentar suas percepções" para "constituir-um-só (*atonement*) com o paciente", "devir infinito", "derradeiro", "irredutível" e estar "o mais perto do O do paciente" tende a fazer aparecer o "Um", a unidade; a revelar o sistema de pensamento que permite abordar O, "a potencialidade de todas as distinções ainda não desenvolvidas",[1] o "objeto derradeiro" do qual o indivíduo se origina etc.

Esse objeto derradeiro é o grupo! "O 'Um'", escreve Bion, "em conformidade com a qualidade negativa da hipótese definidora (Coluna I), é uma denegação do grupo"![2] Aliás, acrescenta ele, "todos os outros números constituem igualmente tentativas para vincular, primeiro, e para compreender, em seguida, o grupo".[3]

O problema, prossegue ele, "nasce com a incidência no indivíduo"[4] do grupo, com a conjunção e a necessidade de vincular a

---
1 Cf. Jacques Lacan, "Há-Um!".
2 Wilfred R. Bion, *Transformations*, op. cit., p. 170.
3 *Idem*.
4 *Idem*.

"grupalidade" do grupo através de um nome. "Pode parecer estranho", continua ele, ". . . sugerir que o grupo ou o infinito devam ser considerados epistemologicamente anteriores a todo o resto".[5] Mas, ao mesmo tempo, é evidente que o homem é primeiro um "animal gregário". O indivíduo é parte integrante de um grupo: é no seio desse grupo que ele vem ao mundo e é no seio dele que, de alguma forma, ele "se individualiza". Todo grupo cria "para si" a sua identidade graças à implementação e à manutenção da sua coerência. A isso se chega impingindo-se convenções, leis, uma cultura, uma linguagem — essas características não são restritivas.

É nesse terreno, já trilhado por outros cientistas (exploradores, etnólogos, antropólogos, sociólogos, psicólogos e psicanalistas), que Bion afiou os seus primeiros instrumentos de pensamento adquiridos no decorrer de sua formação médica e psicanalítica.[6] Como se sabe, ele foi levado, pelas circunstâncias da vida, a começar sua carreira médica por meio de uma prática terapêutica e organizacional no seio de grupos.[7] A experiência marcou-o suficientemente, de modo a se interessar por isso com toda a sua atenção. Além do mais, essa experiência se desenrolou no decorrer de uma espécie de parceria feita com John Rickman, seu primeiro analista, durante toda a duração da Segunda Guerra Mundial; parceria suficientemente rara para que nela nos detenhamos, pois ela, a nosso ver, é o modelo de uma colaboração entre analistas digna de resultar em métodos de pesquisa destituídos de toda e qualquer preconcepção; em inovações, resultados que se tornam, eles próprios, as premissas de novas pesquisas, impulsionando incessantemente o processo de reflexão.

---

5 *Ibid.*, p. 171.
6 Lembremos de Wilfred Trotter, *Instincts of the Herd in Peace and War* (Londres, 1916), e de John Rickman, ambos evocados no Capítulo 2.
7 Cf., também no Capítulo 2, as descrições das experiências conduzidas na Clínica Tavistock e no Northfield Military Hospital.

Essa noção de experiência aparece em particular no título inglês da obra, *Experiences in Groups*, que reúne vários artigos dedicados ao trabalho que Bion — psiquiatra militar que, no início da Segunda Guerra Mundial, ele era — teve de efetuar com vistas a criar uma unidade de treinamento para a reabilitação de soldados que sofriam de neurose e que era preciso curar da "desesperança neurótica", a fim de fazer com que reencontrassem uma "capacidade de se integrar numa comunidade disciplinada". Uma missão como essa, precisa Bion, só poderia ser realizada graças à "presença de um oficial que, por conta de sua experiência, conhece alguns de seus próprios defeitos...".[8]

Ademais, num dado momento de seu percurso, Bion interessou-se por dois tipos diferentes de grupo, cujo comportamento estranho — e, mais ainda, misterioso — não deixa de interrogar. Ele se debruçou com curiosidade sobre o conjunto dos fenômenos que parecem requerer uma atenção psicanalítica particular, ainda mais por já terem constituído objeto de uma descrição minuciosa sem que seus motivos psicológicos profundos tenham sido abordados. Aquilo que está em questão por trás desses enunciados, também eles misteriosos, concerne ao seu interesse numa publicação contemporânea de suas pesquisas, publicação dedicada ao cemitério da cidade suméria de Ur, a cidade da qual Abraão era originário. Sua pertinência nos convenceu — se necessário fosse — de que as suas preocupações de sempre voltaram-se para a questão da "posição analítica" dos psicanalistas. O recurso ao episódio, e, em particular, ao duplo acontecimento do cemitério de Ur, nos parece ser então um excelente suporte para expor uma ideia importante concernindo à presença de espírito de que são dotados um bom número de psicanalistas, deixando simultaneamente a cada leitor o cuidado de tirar dela — ou não — o seu "partido". Evidentemente,

---

8 Wilfred R. Bion, *Recherches sur les petits groupes, op. cit.*, p. 4.

o uso do relato é, antes de mais nada, o meio graças ao qual o próprio Bion pensou e situou a questão, e retomar a exposição dos próprios fatos é uma maneira, para nós, de efetuar, de nossa parte, o percurso que constitui uma verdadeira exploração. Exploração do inconsciente, é claro!

O interesse do cemitério de Ur

Em seu artigo intitulado "A grade" e num de seus seminários ministrados no Brasil, Bion fez referência a pesquisas arqueológicas de Sir Leonard Woolley relativas à cidade suméria de Ur. No túmulo do rei foram encontrados utensílios e objetos sagrados que indicavam que, quando de sua morte, vários familiares e palacianos haviam acompanhado o soberano no túmulo. Os palacianos, "vestidos com seus mais belos adornos e paramentados com suas joias..., sorviam uma poção narcótica, que se pensava ser haxixe; daí, ao som de uma música, recobria-se com terra a fossa e os seus ocupantes".[9]

Esse acontecimento — que se pode situar por volta de 3500 anos a.C. —, Bion relacionou-o com outro, de cinco séculos mais tarde, e estabeleceu uma estreita relação entre eles (uma conjunção constante?).

"Uns quinhentos anos depois", escreve ele, "ocorreram, no mesmo local, acontecimentos de um novo gênero".[10] "... Sem alarido, os túmulos foram saqueados.... Pode-se ver, nesses ladrões, os

---

9 Wilfred R. Bion (1971), "La Grille". In: *Entretiens psychanalytiques, op. cit.*, p. 217.
10 *Ibid.*, p. 218.

pais do método científico: eles haviam ousado atacar as sentinelas espirituais dos mortos e de seus sacerdotes".[11]

Esses dois episódios, Bion os distingue claramente. "Designarei o enterro com A, a pilhagem com B". A e B representam "a totalidade do domínio em que os psicanalistas habitualmente operam",[12] mas as imagens que correspondem a esses dois acontecimentos "impõem certa rigidez aos elementos" que os compõem. Entretanto, acrescenta ele, "se *des*-articulamos as imagens, ... pode-se impor um modelo que fará surgir uma ordem lá onde antes não existia.... O fato que introduzi é a divisão em dois elementos". Essa divisão "pode dar um sentido aos elementos".[13]

Disso nascem duas séries de perguntas:

1) "O que os palacianos de Ur, a cidade de Abraão, tinham na cabeça e no coração para entrar no fosso a fim de tomar a poção e morrer?"[14] Quais forças psíquicas, quais convenções os impeliam a esse destino? Seria correto dizer que eles o fizeram "por ignorância"? E caso se aceite a ideia de ignorância, seria somente isso ou "algo desconhecido [e] mais dinâmico que a ignorância?"[15] Que vínculo os unia ao soberano para, assim, acompanhá-lo em direção à morte? Pode-se também ver nesse cortejo fúnebre "o poder da religião, dos rituais, da magia, da droga"[16]... mas isso corresponde a que, *psicologicamente*?

---

11 Wilfred R. Bion, "Entretiens de São Paulo, 1973". In: *Entretiens psychanalytiques, op. cit.*, p. 5.
12 Wilfred R. Bion (1971), "La Grille". In: *Entretiens psychanalytiques, op. cit.*, p. 218.
13 *Ibid.*, pp. 218-219.
14 *Ibid.*, p. 217.
15 *Ibid.*, p. 219.
16 *Ibid.*, p. 218.

2) A segunda série de perguntas concerne "ao grupo dos profanadores": "Que droga agiu nos membros do grupo B? A curiosidade?" A ganância? "Como os ladrões adquiriram o conhecimento que lhes permitiu... cavar poços na terra com uma precisão tal que conseguiram chegar ao túmulo do Rei?"[17]

O relato em dois atos do episódio do cemitério de Ur ilustra, para Bion, a estrutura bipartida da vida de todo grupo: a componente emocional, ligada às hipóteses de base, é representada pela morte coletiva dos notáveis; a componente racional, ligada ao grupo de trabalho, é representada pelos saqueadores que, sem se deixarem intimidar pela atmosfera sagrada do lugar, procedem às suas "investigações científicas". Deveríamos, acrescenta ele, atribuir aos saqueadores "um lugar seleto no Panteão das glórias científicas na qualidade de precursores".[18] "Devemos levantar monumentos aos saqueadores dos túmulos reais como pioneiros da ciência..., ou é preciso considerar que os cientistas" — tanto os de ontem como os de hoje — "merecem ser repreendidos por sua ganância?"[19]

Ademais, essa divisão permite frisar o vínculo entre superstição e cientificidade, entre emoção e racionalidade, entre hipótese de base e trabalho de grupo. O período de quinhentos anos que separa os dois episódios representa o tempo necessário para que o estado de espírito dos adeptos de um grupo em hipótese de base mude para o de membros de um grupo de trabalho.

Podemos, nós também, nos comportar como saqueadores ou, mais simplesmente, satisfazer a nossa sede de curiosidade pegando conhecimento dos tesouros clínicos contidos nas *Pesquisas sobre os pequenos grupos*.

---

17 *Ibid.*, p. 219.
18 *Ibid.*, p. 218.
19 *Ibid.*, pp. 219-220.

Uma abordagem psicanalítica dos fenômenos de grupo

Assim como Bion havia, para melhor lê-lo e compreendê-lo, dividido o episódio do cemitério de Ur em dois elementos, dois tempos, duas mentalidades etc. — os quais lhe haviam permitido "fazer surgir uma ordem nessa complexidade" —, *Recherches sur les petits groupes* também distingue esquematicamente duas formas de desenvolver uma abordagem psicanalítica dos fenômenos de grupo. A primeira (a mais habitual) utiliza elementos tirados do campo analítico dual e os relaciona à situação de grupo. Certos elementos (por exemplo, o conceito de "transferência") são extraídos da teoria analítica, elaborada em referência à situação de casal, e são deslocados para o grupo. O segundo modo de aproximação, em contrapartida, utiliza os elementos analíticos tirados diretamente das situações de grupo para fazer com que se sobressaiam as suas especificidades. Mas, num nível superior de abstração — a dimensão considerada em *Atenção e interpretação* —, é, ao contrário, inútil diferenciar a vida psíquica entre vida psíquica do indivíduo, do casal e do grupo.

Em seu prefácio, Bion convoca o mito de Édipo: "Enquanto psicanalista", escreve ele,

> *impressiona-me o fato de que o tratamento psicanalítico do indivíduo e a análise do grupo tal como descrita nas páginas que se seguem dirijam-se a aspectos diferentes do mesmo fenômeno. A combinação dos dois métodos fornece ao clínico algo como os rudimentos de uma visão binocular. As observações podem ser divididas em duas categorias cuja afinidade é evidenciada por fenômenos que, considerados pelo primeiro méto-*

do, são centrados na situação edipiana em relação com o grupo de pareamento; e, pela segunda, aparecem centrados na imagem da Esfinge, símbolo dos problemas do conhecimento e do método científico.[20]

Por fim, Bion, que estava incessantemente à procura de "fatos" — caução, para ele, de certa capacidade de perceber os elementos da realidade o mais de perto possível —, almejava restituir fielmente os encontros que ocorreram com os grupos de soldados dos quais estava encarregado. Ele escreve, por exemplo:

> A maioria dos membros do grupo havia ouvido dizer que eu assumia o comando do grupo; alguns diziam que eu tinha a reputação de saber bastante sobre grupos; outros tinham a ideia de que eu deveria explicar o que iríamos fazer; outros, por fim, pensavam que seria uma espécie de seminário, ou talvez de conferência. Quando eu chamava a atenção para o fato de que essas ideias eram baseadas em rumores, o sentimento experimentado parecia ser de que eu estava negando a minha eminente aptidão para "assumir o comando" dos grupos.[21]

Ou então: "Seria muito útil que pudéssemos sentir, ao fazer observações desse gênero, que elas correspondem a fatos".[22] Bion é constantemente habitado pela preocupação com estabelecer bem uma diferenciação entre a crença em rumores e a observação dos fatos.

---

20 Wilfred R. Bion, *Recherches sur les petits groupes*, op. cit., pp. VII-VIII.
21 *Ibid.*, p. 16.
22 *Ibid.*, p. 17.

O indivíduo perante o grupo

Recherches sur les petits groupes[23] vem a público em 1961, mas os artigos que compõem a obra foram redigidos e já publicados em revistas especializadas entre 1943 e 1952.

O primeiro artigo, "O estudo, pelo grupo, de suas tensões internas" (1943), é conjuntamente assinado por Wilfred R. Bion e John Rickman e trata dos conflitos que vêm à tona, de forma sistemática, quando um indivíduo que faz parte de um grupo fica dividido entre o cuidado de si mesmo e o interesse que deve ter pelo grupo ao qual pertence. Ele é fruto de uma experiência realizada durante a Segunda Guerra Mundial. Sua tarefa consistia em cuidar dos soldados que ficaram em estado de choque, ou até mesmo traumatizados, em combate a fim de reintroduzi-los o mais rapidamente possível no Exército. Assim que operantes, Bion apercebeu-se do fato de que os "doentes" dos quais ele se encarregava estavam às voltas com problemas individuais, de modo que não davam a menor visibilidade às tarefas do grupo ao qual pertenciam e a respeito das quais se esperava que eles refletissem.

> *... era eu mal me instalar frente ao meu consultório e já me encontrava assolado por problemas urgentes trazidos por doentes ou por outros visitantes. Ora eram os suboficiais do serviço de readaptação que vinham me pedir esclarecimentos sobre as suas funções; ora era preciso que eu visse A..., um soldado de 2ª classe, que desejava vivamente obter uma permissão de 48 horas para ver um velho camarada que havia retornado do Oriente Médio. Ou então, ainda, era o soldado B... que*

---

23 Wilfred R. Bion, *Recherches sur les petits groupes*.

> *vinha me pedir conselho porque um malfadado atraso de trem fez com que ele fosse acusado de ter prolongado deliberadamente a sua permissão. Qual é, então, o perigo comum a todos os indivíduos de um serviço de readaptação? Qual é o objetivo que poderia uni-los?*

"No serviço de readaptação", responde ele algumas linhas depois, "o perigo comum é o entrave que a presença de neuroses representa para a comunidade. Eu voltava, assim, ao meu ponto de partida, isto é, à necessidade, no tratamento de um grupo, de pensar a neurose como o seu problema central...".[24]

Melhor ainda, era preciso conseguir evidenciar a forma como um comportamento neurótico reforça as dificuldades da vida em comum cuja harmonia e eficácia ele acaba destruindo.

Desde Freud, continua ele,

> *o neurótico nem sempre deseja ser curado. Ao mesmo tempo que é compelido a isso pelo caráter penoso de seus distúrbios, não é irrestritamente que o deseja. Essa repugnância foi reconhecida graças ao estudo da resistência e dos fenômenos conexos; mas a existência de fenômenos comparáveis no seio de uma sociedade ainda é ignorado.*[25]

É a partir desse ponto preciso que Bion começa a "definir seu rumo", um rumo que ele irá manter a vida toda: o grupo e o indivíduo sofrem, ambos, de neuroses — não necessariamente as mesmas, mas tampouco diferentes a ponto de não terem entre si um

---
24 *Ibid.*, p. 3.
25 *Ibid.*, p. 5.

ponto de contato — e as ferramentas tradicionais da psicanálise são, ao mesmo tempo, adaptadas e incompletas para "tratá-los".

As descrições dos grupos que ele se esforça por implementar seriam quase hilárias, se não se tratasse de soldados doentes e/ou em estado de choque pela brutalidade dos combates em que foram metidos desde o início da guerra. Bion dá instruções para que se formem grupos conforme os desejos e as afinidades de cada um dos sujeitos hospitalizados, sem limite de projetos: trabalhos manuais, cursos por correspondência, marcenaria, cartografia, construção de maquetes etc. Teve até um grupo que se constituiu com vistas a "estabelecer um programa para acertar as horas de trabalho de todos os grupos e seu local de reunião"! Essa primeira implementação pareceu um sucesso, portanto, mas a sequência demostrou que não era nada disso!

"Com efeito", escreve ele,

> *ainda que tenha havido um grande número de grupos e que cada um deles tenha estado inteiramente livre para seguir a sua inclinação, contanto que seu projeto fosse praticável, não aconteceu quase nada. Na bancada de marcenaria, uma ou duas pessoas no máximo; na oficina de reparo de automóveis, não mais que isso. Resumindo, como disse, o serviço de readaptação parecia uma simples fachada: nada por trás. Essa declaração foi recebida pelas pessoas como um ataque pessoal. É por isso que, naquele momento, frisei que se tratava da responsabilidade da comunidade, e não apenas da minha, enquanto oficial.*[26]

---

26 *Ibid.*, pp. 7-8.

Os resultados não tardaram a aparecer:

> As pessoas começaram a se queixar do fato de que alguns doentes abusavam da liberdade que lhes era dada. "Só 20% das pessoas", diziam, "participavam lealmente do trabalho comum; os outros 80% tiram o corpo fora".... Apontei a eles que os que estavam se queixando também sofriam, sem dúvida, de sintomas neuróticos; caso contrário, não estariam no hospital. Por que é que trataríamos diferentemente os seus distúrbios e os dos outros 80%? O problema dos "80%" não era novo. Na vida civil, os juízes de paz, os supervisores de liberdade assistida, os assistentes sociais, a Igreja e os homens de Estado esforçam-se há tempos para solucioná-lo, frequentemente por medidas disciplinares e punições. A despeito de seus esforços, os "80%" continuam existindo.[27]

Essa experiência não é, propriamente falando, nem inteiramente satisfatória nem convincente. Bion alega que foi por causa de sua interrupção — ele não ousa dizer por quem — ao cabo de seis semanas. Aponta, no entanto, que "alguém" que havia feito severas reservas quanto ao tempo incompressível de paciente observação antes de poder mostrar um resultado (contanto que se possa localizar um!) "havia, ele próprio, constatado espontaneamente que, em um mês apenas", o estado dos doentes, em função dos resultados deles esperados nessa situação muito particular — o retorno à ativa —, havia tido grande melhora!

---

27 *Ibid.*, pp. 8-9.

Se, como ele escreve, "pudéssemos seriamente nos perguntar se a atmosfera de um hospital podia ser considerada favorável à psicoterapia", Bion nos convence de que "a ideia de ocupar doentes com o estudo de suas relações interpessoais e com a readaptação social a um grupo era amplamente justificada como meio terapêutico",[28] ainda que não se deva esquecer que

> *a sociedade — não menos que o indivíduo — pode recusar a tentativa de cura por meios psicológicos, a menos que seja impelida a isso pela convicção de que ao menos alguns de seus males têm uma origem psicológica. A comunidade que era o setor de readaptação teve de aceitar esse fato antes de dedicar toda a sua energia para buscar sua autocura. O que se aplica a essa comunidade restrita bem se poderia aplicar à sociedade em geral.*[29]

A experiência da Clínica Tavistock

O artigo seguinte — cujo título em inglês, "Experiences in Groups", serve de título para a obra — dá plena dimensão dos seus talentos. É um observador, um "escrutador", um *"visuel"* [alguém visual] — para retomar o termo francês com o qual Freud qualificava Charcot e que Bion recuperou para si. Ele revela estar sempre atento. Ostenta uma capacidade de permanecer estável independentemente de mudanças que ocorram de forma inopinada; de se mostrar tranquilizador, em particular diante do risco de aparecer como elemento perturbador "para [aqueles] que, num grupo, haviam

---

28 *Ibid.*, p. 11.
29 *Idem.*

começado a encontrar [para si] um lugar"; de manter o contato com os doentes mesmo depois de mudanças em suas atitudes terem se tornado possíveis.

A escrita desse longo artigo — 70 páginas divididas em sete capítulos — deslinda experiências que ocorreram entre 1948 e 1951. Com o fim da guerra, Bion adquiriu uma reputação ímpar como terapeuta de grupo, e foi assim que, "no início do ano de 1948, o Comitê Técnico da 'Clínica Tavistock' [o] encarregou de coordenar grupos de terapia aplicando [seus] métodos pessoais". É verdade que Bion já havia "tentado convencer grupos de doentes, como tarefa do grupo, a estudar as suas tensões".[30]

Aqui os objetivos são diferentes: os grupos de terapia são destinados a oferecer aos indivíduos que dele participam "soluções" — individuais, no fim das contas —, graças à revelação de sua problemática individual resultando dos conflitos que surgem do fato de sua inclusão num grupo.

Antes, Bion já havia tido a oportunidade de apontar que, seja qual fosse o grupo, ele se mostrava pouco voltado ao estudo de suas próprias tensões e ficava esperando que ele, Bion, "fizesse algo" — não tardando a manifestação de uma hostilidade quando o grupo considerava que "não [estava recebendo] de mim, evidentemente, aquilo que se acreditava no direito de esperar".[31] É fácil, em tudo isso, identificar os ingredientes daquilo que habitualmente se designa com o termo "transferência", ainda que, até hoje, se tenha reservado o uso desse vocábulo para as relações que uma pessoa estabelece com o seu terapeuta. "O grupo", continua Bion, "tinha, sem dúvida, ancorado em mim algumas esperanças, um preconceito favorável". "Eu procuro saber", acrescenta ele, "o que isso pode ser e no que estava embasada a sua espera" — pois não

---
30 *Ibid.*, p. 15.
31 *Ibid.*, p. 16.

basta, efetivamente, "constatar" o estabelecimento de uma transferência, ainda é preciso indagar a respeito das suas modalidades específicas e se perguntar em que elas, talvez, teriam a ver com a própria pessoa do terapeuta. Como ele aponta, "por pouca relação que ela pareça ter com a pauta das reuniões, a discussão sobre a minha personalidade parece se impor.... Sei que se poderia dizer que essa situação foi provocada por mim, e tenho de admitir que não é impossível".[32] Por mais que Bion proponha ao grupo algumas "explicações", ele esclarece que, "por analogia com a psicanálise, [ficaria] tentado a descrevê-las como interpretações da transferência do grupo".[33]

Oscilações e inversões de perspectiva

Mas não se trata, em "terapia de grupo", de analisar o grupo. As condições exigidas pelo estado de guerra já não são as mesmas, uma vez restabelecida a paz. Os objetivos dos grupos de terapia, tampouco. Bion nunca esquece que um grupo terapêutico é composto por indivíduos e que é a esses indivíduos que se destinam os grupos de terapia da Tavistock. "Nós somos", escreve ele, "constantemente influenciados por aquilo que acreditamos ser a atitude de um grupo para conosco e o nosso comportamento é, consciente ou inconscientemente, afetado por isso".[34] Assim, para além do grupo, é cada indivíduo que tem tendência, no seio do grupo, a se sentir perseguido — atacado, deprimido, ignorado, levado a mal etc. — pela posição que o terapeuta vem a ocupar. E, como escreve Bion, sempre se encontra alguém (frequentemente muito simpático) para tentar "melhorar a situação deplorável criada por mim".

---

32 *Ibid.*, p. 17.
33 *Idem.*
34 *Idem.*

Isso não impede, acrescenta ele, que os membros de um grupo acreditem "que um grupo coordenado por mim possa lhes oferecer algo". As sessões de grupos de terapia são animadas com movimentos rápidos e —aparentemente — desprovidos de orientação. Múltiplas oscilações, "rápidas no tempo e amplas em seu percurso", numerosas inversões de perspectiva se produzem sem parar.³⁵ De fato, todos os movimentos concernem, de perto ou de longe, ao terapeuta. Por mais que o grupo manifeste "certa irritação diante da tendência a querer coordenar o grupo manifestada pelo Sr. X...", muito rapidamente acontece, observa ele, de "eu me encontrar de novo no centro do descontentamento" — e, a despeito de suas observações e sugestões, "a minha interpretação é [infalivelmente] mal recebida".

> *Ou eles a ignoram, ou então ela vem como prova da minha estreiteza da visão.... Seja qual for a atitude dos membros em relação ao Sr. X..., eu é que sou o verdadeiro objeto de suas inquietudes.... Eles colocam em questão a minha personalidade, os meus conhecimentos do problema das relações sociais e, por conseguinte, a minha aptidão para o papel que esperam de mim.*³⁶

Um pouco adiante, ele evoca a lembrança de um grupo "que havia abertamente requerido a minha exclusão"; outro

> *ignorava a minha presença e me excluía da discussão tão efetivamente como se eu não estivesse ali. Às vezes, nesse gênero de crise, os membros reagiam ... dizendo*

---

35 "Às vezes, a mesma hipótese de base pode mudar duas ou três vezes em uma hora; às vezes ela permanece dominante durante meses" (*ibid.*, p. 104).
36 *Ibid.*, pp. 18-19.

que eu mesmo me excluía do grupo e que dificultava a situação com a minha recusa em participar etc.

Com o recuo, o que chama a atenção é, sobretudo, o fato de que as mesmas observações emergem nos livros publicados bem mais tarde, nos anos 1960, a propósito de pacientes — psicóticos ou não psicóticos — dos quais Bion relata fragmentos de análise individual. Pensei, aqui, nos relatos de tratamentos que permeiam obras como *Aprender com a experiência* (1962), *Transformações* (1965) e *Estudos psicanalíticos revisados* (1967). Bion escreve, por exemplo: "A sua intenção era me clivar, incitando-me a dar duas interpretações ao mesmo tempo";[37] um dos "traços fundamentais da personalidade esquizofrênica" consiste em "uma formação precipitada e prematura de relações de objeto";[38] "as atividades mentais . . . são logo submetidas a uma mutilação";[39] ". . . o paciente [utiliza] a identificação projetiva invertida";[40] "A relação ao analista é prematura, precipitada, e . . . duas correntes simultâneas de fenômenos vêm à tona";[41] "O desenvolvimento [da barreira de contato...] é substituído por [sua] destruição, e isso mediante uma reversão da função alfa";[42] e, sobretudo: "A crença na existência de um objeto mau é afirmada no intuito de expressar um denegrimento invejoso de um objeto bom".[43]

---

37 Wilfred R. Bion (1953), "Notes sur la théorie de la schizophrénie". In: *Réflexion faite, op. cit.*, p. 31.
38 Wilfred R. Bion (1956), "Le développement de la pensée schizophrénique". In: *Réflexion faite, op. cit.*, p. 44.
39 *Ibid.*, p. 45.
40 *Ibid.*, p. 48.
41 Wilfred R. Bion (1957), "Différenciation des personnalités psychotique et non psychotique". In: *Réflexion faite, op. cit.*, p. 53.
42 Wilfred R. Bion, *Aux sources de l'expérience, op. cit.*, p. 42.
43 *Ibid.*, p. 57.

Notemos, também, que ele chama incansavelmente a nossa atenção para "os aspectos *afetivos* da situação".[44] Ele escreve, por exemplo: "... as forças afetivas subjacentes à situação descrita são extremamente potentes", e, adiante: "Creio que o grupo é incapaz de fazer frente às suas tensões emocionais internas que aparecem".[45]

Assim, Bion despende um cuidado muito particular aos "afetos" inerentes a toda situação, mesmo e sobretudo se essa situação é uma "situação psicanalítica", segundo a denominação que empregará mais tarde para indicar que, do seu ponto de vista, todos os ingredientes dessa situação são da alçada dos "elementos" psicanalíticos tais como definidos por Freud (*setting*, dispositivo, associação livre, transferência etc.).

Esses aspectos afetivos, esses elementos "emocionais", Bion os descreve assim:

> *Chego a lhes assinalar [aos membros do grupo] que aqueles que demandam que se os ajude a resolver os seus próprios problemas são ou ignorados ou destratados; que as suas tentativas de apresentar sugestões construtivas são recebidas da mesma forma; que acredito desvendar um acordo tácito entre todos os participantes; e que nós agimos, no todo, como uma equipe. Eu demonstro que vários membros do grupo — o Sr. M..., por exemplo — comunicam-se com os outros através de um sistema de gestos por vezes bastante engenhosos. Acrescento que talvez existam outros sistemas de comunicação que ainda não foram reconhecidos, dada a in-*

---

44 Grifo meu.
45 Wilfred R. Bion, *Recherches sur les petits groupes, op. cit.*, p. 21.

suficiência de nossa potência de observação.[46] *Não é totalmente correto dizer que as minhas interpretações são ignoradas. Alguma coisa acontece, pois sinto que algumas das minhas palavras chegam, mas aparentemente estou apartado do resto do grupo como que por uma placa de vidro à prova de som. Minhas interpretações não têm nenhuma influência sobre o grupo, que continua inacessível. . . . Inútil dizer que tento explicar para mim mesmo essa inacessibilidade. Ela se deve a um defeito nas minhas teorias, ou as minhas interpretações estão efetivamente incorretas? De fato, tenho a impressão de que se trata de uma situação análoga àquela que se encontra em psicanálise quando nos apercebemos do fato de que a impassibilidade do paciente no decorrer de uma sessão anterior era apenas parcial.*

E ele conclui: "Apesar de seu aspecto superficial, a situação é carregada de emoções que exercem sobre o indivíduo uma influência potente e frequentemente despercebida. Disso resulta que as suas emoções são estimuladas em detrimento de seu juízo".[47]

Mas, se ele descreve tão cuidadosamente esses aspectos, é para poder melhor pensá-los "psicanaliticamente", isto é, com o auxílio dos conceitos da psicanálise tais como definidos, muitos deles, por Freud e Melanie Klein. Assim, por exemplo, ele conclui uma "situação" da seguinte maneira:

---

46 Observações desse gênero, sobre "a insuficiência da nossa potência de observação", permearam toda a obra de Bion, que tentou constantemente ampliar o seu leque, alargar os seus limites.
47 Wilfred R. Bion, *Recherches sur les petits groupes, op. cit.*, p. 23.

Num certo momento, um dos membros inicia uma conversa comigo . . . . Depois dele, outro membro, uma mulher, age da mesma forma . . . . Cada um deles vai repetindo o mesmo procedimento com dois outros participantes, [depois] outros emendam a conversar da mesma forma. Se eu tivesse me encontrado diante desse comportamento numa situação psicanalítica, teria ficado inclinado a pensar que o paciente estava tentando se tranquilizar com o estabelecimento de relações amistosas comigo, no entanto sem expressar a ansiedade contra a qual buscava ser tranquilizado.[48]

Isso diz a que ponto, para ele, as transferências — de grupo ou individuais — não diferem fundamentalmente umas das outras e recorrem às mesmas instâncias indissociáveis das relações interpessoais. Se Bion escreve, em 1948: "Minhas interpretações parecem perturbar o grupo"; ele escreve em 1957, sem diferença real: "O paciente sentia a minha utilização da comunicação verbal como um ataque mutilante contra os seus métodos de comunicação".[49] Se ele escreve, em 1948: "O grupo interpreta as minhas interpretações como uma revelação da minha verdadeira personalidade"; ele escreve, em 1950: "Toda interpretação contendo a menor nuance que o paciente pudesse interpretar como uma incursão de minha parte ... era levada a mal",[50] e, em 1962, com pouca alteração, que o paciente considera a interpretação comunicada pelo analista como "uma resposta contendo uma forte carga de contratransferência".[51]

---

48 *Ibid.*, p. 46.
49 Wilfred R. Bion, "L'arrogance". In: *Réflexion faite, op. cit.*, p. 103.
50 Wilfred R. Bion, "Le jumeau imaginaire". In: *Réflexion faite, op. cit.*, p. 19.
51 Wilfred R. Bion, *Aux sources de l'expérience, op. cit.*, p. 40.

Os "pressupostos de base"

Como vimos, as sessões de grupos que ele organiza a pedido da Clínica Tavistock têm, todas, uma visada terapêutica; e não há dúvida de que um objetivo como esse, fixado e aceito de forma racional pelo conjunto dos participantes, é buscado conscientemente por cada um deles. São grupos constituídos a fim de efetuar um "trabalho terapêutico" — friso a palavra "trabalho", pois uma saída terapêutica precisa efetuar um trabalho e é essa a razão pela qual todos os grupos terapêuticos são, primeiro e antes de qualquer coisa, "grupos de trabalho". Mas não é esse o modo efetivo no qual eles funcionam.

Essa observação preliminar é tornada necessária pelo fato de que, de forma infalível, o grupo dito "de trabalho" é impedido de atingir o objetivo fixado e aceito por todos os seus membros por conta do surgimento de elementos irracionais — e, sobretudo, inconscientes — que vêm perturbar a coesão, o equilíbrio e o funcionamento do grupo uma vez que seus membros estão reunidos. Bion, primeiro, fica espantado ao ver "com que facilidade e com que espontaneidade [um grupo] se estrutura" por si só, de modo a agir de forma irracional, "caso não se faça nada para evitar".[52] A propósito disso, ele acrescenta uma observação importante: "É preciso", escreve ele, "que o grupo se reúna para que as características do grupo e de seus membros possam ser demonstradas". E, mais adiante, ele indica que o estudo de todos esses fenômenos pode dar "a impressão errônea de que a existência de um objeto só pode começar quando ela se torna suscetível de ser demonstrada".[53]

---

52 Wilfred R. Bion, *Recherches sur les petits groupes*, op. cit., p. 49.
53 Como vimos, para Bion, uma das questões que insistem concerne "à existência dos objetos estudados", questão que interessa às relações que os pacientes psicóticos mantêm com os seus objetos de estudo ausentes ou presentes, assim como os matemáticos mantêm com os seus.

O que vai nos interessar agora, portanto, é aquilo que Bion vê emergir do interior do grupo à medida que as sessões de terapia vão se sucedendo.

"Não tenho a menor dúvida", escreve ele, a propósito de um grupo do qual dois membros estavam ausentes naquele dia, "que todos os membros desejam fazer dessa sessão um sucesso" — o que parece não ser o caso! — e que, "se os dois não estivessem ausentes, tenho certeza de que o grupo funcionaria muito bem".[54] Não é a primeira vez que ele faz essa observação: sessões anteriores já haviam sido atrapalhadas pela ausência de um ou dois membros, e os outros então lhe dirigem olhares desesperados, "com ares de me dizer que fizeram tudo o que podiam: agora cabe a mim atuar".[55] "... De repente", prossegue ele, "me vem a ideia de que os sentimentos que estou experimentando... são exatamente aqueles que os participantes devem experimentar. Um grupo de doentes cujos membros não frequentam regularmente as sessões é, sem dúvida alguma, apático e indiferente aos sofrimentos do indivíduo".[56] Um grupo, conclui ele, "é composto dos mesmos indivíduos que vejo lutar para realizar suas tarefas, mas compreende também, a meu ver, os dois indivíduos ausentes"[57] que, com a sua ausência, manifestam claramente os seus sentimentos de hostilidade.

> *A imagem de indivíduos empenhados em resolver os seus problemas psicológicos é substituída pela de um grupo mobilizado para expressar a sua hostilidade e o seu desdém para com os doentes neuróticos e para com todos aqueles que gostariam de enfrentar seriamente os*

---

54 Wilfred R. Bion, *Recherches sur les petits groupes, op. cit.*, p. 28.
55 *Idem.*
56 *Ibid.*, p. 29.
57 *Idem.*

problemas das neuroses. Por ora, esse segundo grupo me parece coordenado pelos dois ausentes que parecem indicar que têm mais o que fazer, em vez de participar de uma experiência já conhecida pelos membros de um grupo do qual eu participo. No decorrer de uma sessão anterior, esse grupo havia sido levado por um dos membros atualmente ausente. Tendo a crer — repito — que, naquele momento, os verdadeiros líderes do grupo não estão na sala, pois são os dois membros ausentes, e estes parecem não somente fazer pouco caso do grupo, mas também expressam o seu desdém com a sua ausência.[58]

Partindo do que ele vê através daquilo que chama de seu "microscópio mental", Bion logo percebe que um dos membros do grupo faz as suas perguntas num tom particularmente desdenhoso; que uma mulher "segue essa toada" e ostenta uma total incredulidade no que concerne aos objetivos visados; que uma outra "contempla as próprias unhas com um ar ligeiramente desgostoso" etc. O grupo, continua ele, "se ele oferece uma possibilidade extraordinária de evasão e de recusa", aporta igualmente "uma chance única de observar a forma como essas evasões e essas recusas se efetuam", pois "aquilo que o indivíduo diz ou faz num grupo aclara simultaneamente a sua própria personalidade e a sua percepção do grupo".[59] O grupo, assim, permite a cada um de seus membros manifestar seus sentimentos pessoais ao mesmo tempo que conserva o anonimato, visto que "a hostilidade do grupo inteiro se expressava de uma maneira anônima" — o que ele qualifica, dali em diante, como "mentalidade de grupo": "A mentalidade do grupo", escreve

---

58 *Idem.*
59 *Ibid.*, p. 30.

ele, está "em oposição com os objetivos conscientes dos indivíduos que constituem o grupo". Decerto, ela "permite que o indivíduo expresse os seus pensamentos de forma anônima", mas constitui, ao mesmo tempo, "o obstáculo principal ao que ele deseja atingir aderindo a um grupo".[60] Ela é, noutros termos, "a expressão unânime da vontade do grupo, para a qual o indivíduo contribui de forma inconsciente, mas que o deixa desconfortável toda vez que ele pensa ou age em discordância" com as moções inconscientes que subjazem ao grupo.

São evidentemente considerações às quais todo psicanalista é levado num momento ou noutro de sua prática, e Bion reconhece: "Minhas experiências de psicoterapia individual deveriam ter me preparado. Sei muitíssimo bem que a capacidade de cooperação de um doente é sempre fraca".

Aventando o conceito de "mentalidade *de* grupo", Bion descreve o indivíduo como estando, por assim dizer, em oposição à mentalidade *do* grupo para a qual, no entanto, ele contribui. Certamente o homem é um animal político, nos termos de Aristóteles, e o grupo que o cerca representa um elemento essencial que contribui para o desenvolvimento da vida mental. "A vida mental do grupo aporta um elemento de riqueza essencial à vida do indivíduo", escreve ele.[61] "Porém", continua, "o que aparece claramente em todos os grupos de onde tirei meus exemplos é a prioridade absoluta do sentimento de frustração". Se é, efetivamente, da natureza do grupo ignorar certos desejos, ao passo que satisfaz outros, "a decepção [sentida pelo indivíduo] deve-se sobretudo à expressão, no grupo, de pulsões que o indivíduo procura satisfazer de forma anônima, bem como à frustração resultante para ele dessa satisfação". Noutros termos, o poder que o grupo tem para satisfazer às

---
60 *Ibid.*, p. 32.
61 *Ibid.*, p. 33.

necessidades do indivíduo é ameaçada pela "mentalidade de grupo" — ameaça à qual ele responde por meio de uma cultura que lhe é característica. "Algo" daquilo que Didier Anzieu, mais tarde, denominou "inconsciente grupal" tende, assim, a se formar no seio de um grupo desde que este se constitui, e esse algo chega a se tornar predominante a partir do momento em que os indivíduos que o compõem procuram fazer com que os seus desejos pessoais se satisfaçam.

Bion reconhece a contribuição inestimável que o ambiente proporciona a cada indivíduo, fornecendo-lhe, sobretudo, aquilo de que ele precisa para o seu "crescimento" — como vimos nos capítulos anteriores. "No grupo", escreve ele,

> *o indivíduo descobre em si aptidões que permanecem latentes enquanto ele está relativamente isolado. Por conseguinte, o grupo é mais que a soma dos indivíduos que o compõem, pois um indivíduo em um grupo é mais que um indivíduo isolado. Ademais, nessa situação, o indivíduo percebe que suas aptidões latentes ativadas pela sua participação no grupo adaptam-se, em sua maioria, ao funcionamento do grupo.*[62]

A exemplo de Freud — que dá ênfase ao "mal-estar" inevitável que o homem só pode experimentar "na civilização" —, Bion constata o paradoxo que o homem encontra, no mais profundo de si, onde o objeto de sua pessoa e o seu pertencimento ao grupo entram violentamente em conflito. Ele escreve:

---

62 *Ibid.*, pp. 58-59.

> *É essa característica do pertencimento ao grupo que faz nascer no indivíduo o sentimento de que ele não consegue acompanhar o curso dos acontecimentos nos quais ele está, a todo o momento, engajado. Há aí uma matriz de pensamento que se encontra no seio do grupo de base, mas não no indivíduo. Há aí também o desejo que o indivíduo tem de se sentir mestre de seu destino e de se ater aos aspectos da sua vida psíquica que lhe parecem bons e que têm a sua origem nele.*[63]

Com a atenção sempre alerta, Bion constata rapidamente que "formas de comportamento se repetiam" — em particular, o esquema segundo o qual dois membros do grupo se põem a discutir. "É evidente", escreve ele, "que eles estão ocupados um com o outro e que é justamente essa a ideia do grupo". E acrescenta: "Cada vez que duas pessoas estabelecem esse gênero de relações num grupo — quer se trate de um homem e de uma mulher, de dois homens ou de duas mulheres —, o pressuposto de base para o grupo como para o próprio casal parece ser o de uma situação sexual. É como se o sexo constituísse a única razão possível permitindo a dois indivíduos se aproximarem. O grupo tolera essa situação e, a despeito de sorrisos complacentes, diríamos que ele está disposto a deixar essa situação se perpetuar indefinidamente". Mas, esclarece ele, também é preciso levar em conta o fato de que existe então, necessariamente, "um conflito importante entre o desejo do casal de continuar as suas metas conscientes e as emoções que decorrem do pressuposto de base segundo o qual o único motivo que possa aproximá-los é de natureza sexual".

Disso resulta o fato de que

---
63 *Ibid.*, p. 59.

> *empregar um método de investigação que comporta a presença de dois indivíduos — como a técnica psicanalítica, por exemplo — é não somente participar da investigação de um psiquismo por um outro, mas da investigação da mentalidade, não de um grupo, mas de um casal. Se as minhas observações sobre o pressuposto de base de um grupo estão corretas, não há nada de surpreendente em encontrar motivações sexuais no centro de suas preocupações, ao passo que outras emoções passam para o segundo plano.*[64]

Bion, o primeiro a se impressionar com essa observação, denominou-a "pressuposto de base" (*basic assumption*) — termo que ele reserva a constatações que detecta como subjacentes às situações, influenciando-as de forma tal que elas se diversificam de diferentes maneiras. Esse "pressuposto de base de pareamento" cumpre, além disso, certas funções que, também elas, permanecem inconscientes — em particular a de permitir que o grupo fique à espera de um nascimento, oriundo da "situação sexual do casal", que forneça uma saída para as dificuldades de funcionamento do grupo. Não é nada menos que a vinda de um "messias" ou de um "gênio" que é esperada — seja como for, de um ser excepcional que, bem melhor que o terapeuta, saberá oferecer uma solução "aceitável" pelo conjunto do grupo.

Solução aceitável, mas também "sustentável"! Pois, muito evidentemente, um acontecimento por vir, ainda não advindo, um "acontecimento feliz" continua a ser portador de esperança enquanto permanecer não realizado.[65] Desse ponto de vista, toda

---

64 *Ibid.*, p. 39.
65 O gênio por vir ou o messias "devem necessariamente não ter nascido para poderem assumir a função de líder do grupo de pareamento", escreve Bion (in

promessa temporal carrega marcas de sexualidade e toda promessa sexual é repleta de temporalidade.[66]

Ao "pressuposto básico de pareamento" Bion logo acrescenta uma outra, no dia em que ele constata que, além da escolha de um casal com fins de existência permanente, "o grupo parece conhecer apenas duas [outras] técnicas de autoconservação: luta ou fuga" — em inglês a expressão é mais eloquente, visto que se enuncia *fight or flight* ou *fight-flight*, os dois verbos diferenciando-se apenas por uma única letra a mais, ou a menos.

"A frequência", acrescenta ele, "com a qual, no decorrer de seu trabalho, o grupo recorre a um ou outro desses procedimentos — e a nenhum mais — para resolver os seus problemas foi o que me fez suspeitar que talvez exista um pressuposto de base concernindo à formação do grupo".

São esses os procedimentos que o grupo utiliza para assegurar, em todas as circunstâncias, a sua coesão, a sua conservação e a sua manutenção. Daí a explicação segundo a qual "o grupo que tolera mal atividades estranhas ao pressuposto luta-fuga aceita, contudo, a formação de casais, pois a necessidade de se reproduzir é reconhecida como sendo tão importante quanto a técnica ataque-fuga para a conservação do grupo".[67]

Dessas considerações resulta que, em todo grupo, impõe-se — num momento ou noutro — a questão do líder que ficará à frente do grupo. Em função das situações evocadas acima, ele assumirá o papel de "parceiro" procurado ou de "rival" a ser suplantado, quando o pressuposto de base é o de pareamento; ou então ele terá como função conduzir o "ataque" ou organizar a "fuga", no caso de

---
ibid., p. 106).
66 Não se está longe de encontrar os ingredientes da teoria da causalidade evocada anteriormente.
67 Wilfred R. Bion, *Recherches sur les petits groupes, op. cit.*, p. 40.

um grupo organizado conforme o pressuposto de base ataque-fuga. A questão do líder também leva Bion a se interrogar a respeito da possibilidade de um terceiro pressuposto de base, talvez o mais "visível", o mais "aparente" e o mais amplamente "conhecido" e encontrado: "aquele", escreve ele, "que supõe que o grupo se reúne para ser 'protegido' por um indivíduo do qual ele depende".[68]

Essa configuração é o "pressuposto de base de dependência". Bion descreveu, diversas vezes, situações de grupos nas quais, após terem esperado que ele "conduzisse" o grupo rumo a seus objetivos — e constatarem que essa não era a sua intenção nem o seu papel —, alguém dentre os membros do grupo tentou se apoderar das "rédeas" da situação até ser contestado e rejeitado, e os participantes se voltarem novamente para o "doutor Bion"... em relação ao qual o grupo continuava, apesar disso, manifestando certa desconfiança! "Eu já havia observado", acrescenta ele, "que o grupo procurava um líder que assumisse uma função inútil ou, ao menos, que me parecesse como tal". Nisso, escreve ele algumas linhas depois, o grupo, tão logo se forma, parece participar

> *tanto da realidade humana quanto de uma família; contudo, ele não é de forma algum idêntico ao grupo familiar. O líder de um grupo como esse não parece em nada com um pai de família; . . . ele não tem nem o estatuto, nem as obrigações, nem os privilégios que pertencem a um pai . . . .*

Esse gênero de grupo tem, portanto, diversas características particulares: "As características desse grupo", escreve Bion, "são a imaturidade das relações individuais e a falta de aptidão nas

---

68 *Ibid.*, p. 42.

relações de grupo . . . . Nele, os indivíduos são absolutamente incapazes de acreditar que podem aprender algo uns com os outros" e "deixam ao psiquiatra, se ele quiser, o cuidado com descobrir os meios de se dedicar aos problemas de que o grupo foge".[69]

Somos levados, então, a constatar que, "nesse gênero de grupo, a potência decorre não da ciência, mas da magia. Uma das características do líder é, portanto, ou que ele seja um feiticeiro, ou que se comporte como tal".[70] Um pouco adiante lemos: ". . . ele estuda '*in loco*' uma 'religião' viva cujos fiéis o cercam e se preparam para atacá-lo". Poderíamos achar que estamos lendo o que Freud havia escrito a propósito de Moisés!

Passo a passo, Bion é assim levado a constatar que "eles não acreditam nada em sua aptidão para *aprender com a experiência*".[71] "O que aprendemos com a história", acrescenta ele entre aspas, "é que a história nunca nos ensina nada . . . . Tudo isso representa o ódio de toda aprendizagem pela experiência".

A herança freudiana

Bion considerou que Freud havia dado provas de "fraqueza" em suas pesquisas dedicadas à "psicologia coletiva" a partir do momento em que ele se esforçou por "proporcionar ao grupo 'exatamente os traços que caracterizam o indivíduo e que são apagados nele pela formação do grupo".[72] "O que incomodou Freud", acres-

---

69 *Ibid.*, p. 52.
70 *Ibid.*, p. 54.
71 "*Learning from experience*", no texto inglês (grifo meu). Essas linhas são escritas nos anos 1940 e a expressão grifada vai se tornar, quinze anos depois, o título de uma de suas obras mais famosas — infelizmente traduzida em francês por *Aux sources de l'expérience* [Nas fontes da experiência].
72 Wilfred R. Bion, *Recherches sur les petits groupes, op. cit.*, p. 91.

centa ele um pouco mais abaixo, "é ter tido de deduzir as situações de grupo do estudo da transferência". Bion bonachão! Ele nunca incorre em sustentar que Freud se enganou. Cada vez que ele fica embaraçado com as teses aventadas por Freud, demonstra os seus lados "fracos", isto é, os aspectos que não permitem continuar a reflexão para além do ponto até o qual Freud o levou. É assim que ele procede, por exemplo, com a problemática noção de "libido de grupo".

Por conta disso ele é levado a sustentar que, quando uma situação transferencial — no âmbito de um tratamento individual — encontra-se bloqueada, é porque existe realmente, em psicanálise, uma "situação de pareamento" — situação semelhante àquela que se encontra nos grupos e na qual predomina o "elemento sexual" —, e é em razão dessa "natureza 'sexual'" que se ataca a psicanálise.

Mas uma observação suplementar se impõe a Bion quando, a seu ver, a "componente libidinal", invocada por Freud, não basta para deslindar o conjunto das escolhas efetuadas no seio de um grupo. Há, declara ele, em todo grupo, uma capacidade própria a cada indivíduo de se combinar de forma instantânea e involuntária com outros indivíduos; e essa capacidade, Bion a denomina "valência" (termo emprestado da física, onde designa a faculdade de combinação dos átomos). E então, sobretudo, Bion não chega a se convencer de que, no grupo, os mecanismos de identificação introjetiva são suficientes para explicar a razão pela qual todos os indivíduos colocam o chefe no lugar de seu ideal do eu.[73] A ideia segundo a qual "o líder é . . . alguém de quem o grupo depende e que marca os seus caráteres com a sua personalidade"[74] deixa supor que é o chefe que engendra o grupo em virtude de uma adesão

---

73 Cf. Sigmund Freud (1921), "Psychologie des masses et analyse du moi". In: *OCF.P*, vol. XVI. Paris: Presses Universitaires de France, 1991.
74 Wilfred R. Bion, *Recherches sur les petits groupes*, op. cit., p. 121.

fanática a uma ideia. Ao contrário, Bion considera que no grupo os mecanismos de identificação projetiva funcionam plenamente e que, em consequência disso, "o líder é algo criado pelo pressuposto de base"[75] — noutros termos, que é o grupo que escolhe para si o chefe que lhe convém, na medida em que possui as qualidades que lhe permitem expressar as expectativas do grupo.

O sistema protomental e a doença psicossomática

Na perspectiva freudiana, aprender é uma atividade (intelectual) que só pode se dar caso um processo de evolução mental tenha se desenvolvido suficientemente para que, como escrevia Freud em seu artigo sobre a negação, "o intelectual se separe do afetivo".[76] Em seu próprio registro, Bion evoca uma situação um pouco similar quando frisa a indiferenciação primeva dos elementos afetivos e racionais. Ele considera, contudo, as coisas a partir de outro ponto de vista. Constata que, quando um grupo funciona segundo o esquema de um dado pressuposto básico, "as manifestações abertas dos dois outros [pressupostos de base]" são repelidas e tornam-se "inoperantes". "Inoperantes" não quer dizer "ausentes", mas simplesmente "não expressas". É uma forma de dizer que um pressuposto básico é sempre precedido por um estado afetivo, ele próprio precedido por "fenômenos protomentais", segundo a sua terminologia. Com Bion, mas não só, nessa ocasião remonta-se sempre mais a um suposto estado original a partir do qual a evolução e, sobretudo, o crescimento se dão. Bion nos propõe, então, considerar o sistema protomental "como um todo no qual o físico, o psicológico e o mental permanecem indiferenciados. É uma

---

[75] Idem.
[76] Sigmund Freud (1924), "La Négation". In: *Résultats, idées, problèmes*, vol. II, *op. cit.*, pp. 135-139.

matriz da qual nascem fenômenos que aparecem primeiro — no nível da psicologia e à luz da pesquisa psicológica — como sentimentos discretos e precariamente ligados uns aos outros. É dessa matriz que nascem as emoções"[77] que vão permitir que indivíduos reunidos em grupo se organizem e estruturem o seu grupo segundo os pressupostos de base anteriormente definidos.

Assim Bion explica que os pressupostos básicos coexistem no "sistema protomental" e que, quando um deles se manifesta no seio de um grupo, os dois outros permanecem "latentes" até que, uma vez evoluída a situação no seio do grupo, encontrem, um por vez, uma expressão possível. "Eles são, por assim dizer", previne ele, "vítimas de uma conspiração entre o grupo racional e o pressuposto básico ativo".[78] Bion explica igualmente — não sem nos espantar, pois essas linhas datam do final dos anos 1940 — que o sistema (ou estágio) protomental no qual, vale lembrar, "o físico e o psicológico ainda continuam indiferenciados" é "a matriz das doenças de grupo cujas componentes são ora físicas, ora psíquicas".[79] Ele até acrescenta que, "quando uma doença assume uma forma física..., pode-se assumir a presença de uma contraparte (ou recíproca) no plano psicológico"! Bion, aliás, faz com que a exposição dessas considerações relacionando-se às "doenças" em

---

77 Wilfred R. Bion, *Recherches sur les petits groupes*, op. cit., p. 66.
78 *Idem*.
79 *Ibid.*, p. 67. A demonstração de Bion segundo a qual toda doença — seja física, seja psíquica — encontra sua fonte na matriz indiferenciada do sistema protomental tenderia a representar "o protomental como pertencente ao indivíduo. Ora, penso que o sistema protomental não pode ser compreendido apenas pela consideração do indivíduo [...]. O estágio protomental no indivíduo é apenas uma parte do sistema protomental, pois os fenômenos protomentais se dão em função do grupo e não podem, portanto, ser estudados fora dele". E Bion, apoiando-se nos estudos da época a propósito da tuberculose, evidencia "as relações entre diversos sintomas orgânicos que não dependem nem da anatomia, nem da fisiologia, nem da bacteriologia — nem mesmo da psicopatologia —, mas do pertencimento do indivíduo a um grupo" (*ibid.*, pp. 69-70).

geral venham seguidas de um desenvolvimento no qual, desde esse período, ele coloca em *causa*, se assim posso dizer, as noções de causa e efeito concernindo ao surgimento de uma doença. Com efeito, raciocinar em termos de causa e efeito "individualiza" o sujeito-objeto doente e incita a procurar nele as razões (as causas) da "sua" doença. Porém, a partir do momento em que nós nos autorizamos a pensar que a origem da doença, em sua dimensão psicossomática — afetando um sujeito, por definição, psicossomático —, encontra-se na indistinção grupal do estado protomental, permitimo-nos também considerar que a doença, depositada num indivíduo, assumiu nele a forma de um "abcesso de fixação".[80]

O grupo de trabalho

Como vimos, todo grupo de trabalho que se reúne regularmente dedica as suas reuniões ou as suas sessões a uma atividade racional visando realizar uma tarefa, efetuar um trabalho; no entanto, essa meta raramente é atingida espontaneamente, pois perturbações se produzem na estruturação do grupo em relação com os

---

[80] Bion vai adiante com seu raciocínio até frisar que uma ideia, um pensamento, se não pode se desenvolver de modo conveniente, sofre uma primeira clivagem, depois outras, de forma repetida, com "cada parcela desenvolvendo-se e devendo ser cindida de novo". Em vez de um desenvolvimento, produz-se "divisão e multiplicação — um aumento canceroso, e não qualitativo". Assim, câncer corresponde "não a uma fragmentação do objeto", mas a "uma fragmentação da inveja, cada 'parcela' desenvolvendo-se independentemente das outras 'parcelas'. Ostensivamente, essas 'parcelas' surgem como ideias diferentes [...], como uma proliferação da inveja fragmentada" (*L'Attention et l'interprétation*, op. cit., pp. 212-214). Estudos recentes em psicoimunologia evidenciaram, no seio de grupos fechados — cuja "grupalidade interna" Bion teria frisado —, correlações interessantes entre estados psíquicos e estados do sistema imunológico.

"pressupostos básicos" descritos acima. Surge, em consequência disso, um conflito de interesse entre o "grupo racional" e o "grupo de base". Pode-se até acrescentar que todo indivíduo que se inscreve num grupo enquanto participante encontra-se submetido a dois níveis de pensamento simultâneos, pois, como sugere Bion, "cada um dos participantes age como se, enquanto indivíduo, ele estivesse ciente do pressuposto básico, mas inconsciente desta enquanto membro do grupo. As coisas não poderiam, aliás, se passar de outra forma", acrescenta ele, "pois o grupo não tem 'consciente' e não é capaz de expressar-se: cabe, portanto, ao indivíduo ter essas duas qualidades".[81] Além disso, como descrevemos acima, "não há conflito direto entre os pressupostos básicos, mas uma evolução de um estado a outro, . . . uma alternância de um a outro". Os conflitos, portanto, só nascem do encontro do grupo de base com o grupo racional.

De todas essas variações possíveis resulta que o grupo de trabalho emerge, surge, aparece em determinados momentos de uma sessão ou de uma reunião, a cada vez, escreve Bion, que "é a necessidade de se desenvolver que é reconhecida mais que a de se amparar na eficácia da magia".[82] Assim, o termo "grupo de trabalho" é reservado a uma situação precisa, situação decretada por algo racional — e não passional —; situação que, como ele insiste, torna manifesta "uma determinada forma de atividade mental, e não os indivíduos que a ela se entregam".[83]

Mas, para fazer isso, o grupo que quer orientar os seus objetivos na direção de um "trabalho" deve primeiro realizar uma árdua tarefa: "Eu disse acima", escreve Bion,

---

81 Wilfred R. Bion, *Recherches sur les petits groupes*, op. cit., pp. 60-61.
82 *Ibid.*, p. 63.
83 *Ibid.*, p. 97.

> *que, desde o início, o grupo luta para a manutenção de uma estrutura racional e que os esforços que ele despende são uma indicação da força das emoções associadas aos pressupostos básicos. Ainda estou convencido disso, mas acredito também que a ansiedade concernente à estrutura do grupo de trabalho é a expressão de sua ignorância em relação a forças contra as quais ele luta. É preciso constantemente chamar a atenção do grupo de psicoterapia para o seu medo do grupo de base e demonstrar a ele que ela depende, em grande parte, do estado de espírito que prevalece no grupo.*[84]

Assim o "grupo de base 'dependência'", por exemplo, que se apoia inteiramente em sua "devoção" a um indivíduo, escora-se no grupo de trabalho, que normalmente requer a colaboração racional de todos. "Muito rapidamente se percebe", acrescenta ele,

> *no grupo de dependência que a crença na onipotência e na onisciência de um de seus membros é inseparável da sua estrutura. Toda questão atinente à natureza dessa convicção suscita reações que lembram, para não dizer mais, as controvérsias da religião contra a ciência.*[85]

Assim, o papel ao qual deve se dedicar um grupo que se reúne para realizar um "trabalho" é antecipado por um "antecedente", o de fazer frente aos fenômenos do pressuposto de base que alteram o seu funcionamento.

---

84 *Ibid.*, p. 64.
85 *Idem.*

Uma questão de dinâmica

Não há dúvida: já em *Pesquisas sobre os pequenos grupos* Bion é animado por um sentimento dinâmico da condução das terapias. Há uma razão para isso, e não é das menores. Pela sua formação, pela integração profunda da teoria kleiniana da qual ele se beneficia (ou da qual ele depende, conforme o ponto de vista que se adote), ele é profundamente "atormentado" pela questão da análise constante, contínua, da contratransferência — como frisamos repetidas vezes.

De qualquer forma, é raro encontrar nele advertências tão vigorosas quanto a que se sobressai nas linhas seguintes, e que cito em sua integralidade:

> *Pode-se apontar, não sem razão, que as interpretações — cuja prova se encontra não nos fatos observados, mas nas reações subjetivas do analista — competem mais à psicopatologia do analista do que à dinâmica do grupo. Essa crítica é justificada e merece ser cuidadosa e muito delongadamente estudada por um grande número de analistas. É justamente por essa razão que vou deixá-la de lado por ora a fim de expor a afirmação seguinte que irei sustentar ao longo deste capítulo: em terapia de grupo, um grande número de interpretações, e as mais importantes dentre elas, devem ser embasadas nas reações afetivas do próprio analista. Tenho a convicção de que essas reações dependem do fato de que o analista é, no grupo, o "receptor" daquilo que Melanie Klein (1946) chamou de "identificação*

projetiva", mecanismo cujo papel é muito importante no grupo.[86]

O líder, o grupo e a psicanálise

Sem dúvida, é da natureza da psicanálise ser atacada! Ela "revela", efetivamente, elementos suscetíveis de alimentar certa amargura quanto à natureza das relações estabelecidas a partir das formações inconscientes estabelecidas no decorrer dos primeiros anos do indivíduo. De igual maneira, como vimos, as "construções sociais" humanas dependem das correntes organizadas para manterem uma sociedade de forma coerente, com o que isso supõe como implementação de instâncias para garantir essa manutenção. Isso não muda o fato de que essas estruturas estão longe de sempre proporcionar o resultado esperado, ou mesmo desembocam no contrário, e é então que se impõe — a nós, psicanalistas — a questão de saber se estamos refletindo direito a respeito dos meios de assegurar o futuro da psicanálise. A partir de então, os "grupos psicanalíticos" representam a resposta que demos a essa questão. Mas de que serve essa resposta?

Disso que precede resulta que o grupo parece experimentar uma verdadeira necessidade de um membro que o guie e que, se não assume essa tarefa, corre o risco de ser suplantado por outro membro que emerge do interior do grupo — o que poderia se chamar, num vocabulário psicologizante, "suplantar o pai"! —; e, ao mesmo tempo, é preciso que esse membro seja reconhecido, por esse mesmo grupo, como alguém incompetente para desempenhar as funções, seja de pareamento (no pressuposto de base que carrega esse nome), seja de liderança, para atacar o seu rival

---

[86] Wilfred R. Bion, *Recherches sur les petits groupes*, op. cit., p. 101.

ou organizar a fuga do conjunto dos participantes (no pressuposto de base ataque-fuga). Mas isso também pode não acontecer. "A maioria dos grupos com os quais lidei", precisa Bion, "— e não estou falando necessariamente de grupos de pacientes — encontra um substituto que os satisfaz. Em geral, é um participante com fortes tendências paranoicas".

O pressuposto de base de dependência, escreve Bion, "consiste em acreditar que existe um objeto externo cuja função é garantir a segurança[87] de um organismo imaturo. Isso significa que existe uma única pessoa capaz de satisfazer as necessidades do grupo e que os outros têm necessidades por satisfazer". Essa hipótese deixa, portanto, supor — e insisto nisto que vem em seguida — que "existe um ser cuja função é evitar todas as consequências indesejáveis dos atos irresponsáveis cometidos por indivíduos".[88] O líder, o *"líder maximo"*, o chefe, o general, o presidente, o "pai da nação", o "paizinho dos povos", o "Messias", "Pai-Nosso", "Deus" etc. — todas essas denominações são justamente dessa categoria, cujas características não são psiquiátricas.

O grupo aparece ao mesmo tempo como um "organismo" que necessita ser "alimentado", ou até "fecundado", por ideias (re)inovadoras que apenas um indivíduo de exceção pode lhe fornecer. Ele precisa, então, de um "gênio", de um "homem providencial", de um "messias" etc. — em resumo, de um personagem fora do comum (no sentido mais estrito da expressão), isto é, de

---

[87] Comparar essa formulação com outras, amplamente estudadas anteriormente, das quais uma concerne, no lactante, à "crença na existência de um objeto capaz de satisfazer suas necessidades" (*Aux sources de l'expérience, op. cit.*, p. 79), e das quais a outra afirma que o lactante tem "uma pré-concepção inata da existência de um seio capaz de satisfazer sua natureza incompleta" (*ibid.*, p. 89).
[88] *Ibid.*, p. 48.

um personagem que vem do comum e que dele saiu para servir ao comum. Pode se tratar de um chefe, de um superior, de um graduado, de um professor, de um mestre, conforme o situemos num registro religioso, científico, militar ou, "banalmente", político ou social, ou mesmo familiar.

Mas, uma vez mais, esse líder é "bifacial", se assim posso dizer, já que é simultaneamente homem forte do qual se esperam todas as soluções — e até mesmo "a" resposta — e aquele que, através das características psiquiátricas descritas acima, aparece como devendo ser poupado; aquele que possui as respostas e aquele que mais tira proveito das experiências às quais o grupo se presta. Não há, portanto, nada de surpreendente no fato de que o doutor Bion seja frequentemente considerado, pelos membros dos grupos que ele promove, como o mais competente e o mais incompetente; o mais sadio e o mais "enfermo"; o doutor e o "paciente", que é preciso substituir o mais rápido possível. "Pode ser", escreve Bion,

> que eu represente o paciente que recebe mais cuidados do que tem direito, o que explicaria por que o grupo procura colocar outro membro no meu lugar. Seja como for, o novo líder é, sem exceção — e de acordo com toda a minha experiência —, um caso psiquiátrico perfeito. A gente o coloca nas alturas porque ele faz o grupo avançar; porque fala sem hesitação; porque é, numa só palavra, tão superior a mim em todos os pontos. Ainda que sempre haja algo de fundamentado nessas apreciações, nunca há dúvida alguma de que o participante, homem ou mulher, escolhido pelo grupo, seja um "caso".... [No fim das contas,] o grupo se dedica a proteger, a apaziguar, a acalmar e a bajular o

> *mais doente de seus participantes, cuja autoridade ele aceita, conferindo-lhe o papel do líder.*[89]

Ele acrescenta, inclusive: "Tudo ocorre como se os membros de um grupo dirigido pela *HBD* [pressuposto de base de dependência] sentissem que, se não são dirigidos por um louco, seria preciso que o fossem"! E, mais adiante: "O grupo dependente tem uma necessidade tão imperativa de ter um indivíduo dependente quanto um indivíduo de que ele possa depender".[90]

O ideal, como se suspeita, produz-se quando um grupo, por mais numeroso e extenso que seja, chega a "evitar a encarnação concreta da liderança em um indivíduo do grupo". "O grupo que tem a maior experiência da *HBD*", acrescenta Bion,

> *a saber, o grupo religioso ou clero, trata sempre do problema do líder nesse tipo de grupo dependente como se estivesse manuseando dinamite. Por repetidas e múltiplas tentativas ele procura se assegurar que o líder na HBD não vá ser uma pessoa concreta. Evidentemente, o método mais corrente é colocar um deus como líder; e quando, por diversas razões, percebe-se que ele é de uma natureza ainda demasiado material, dele se faz Deus — isto é, um puro espírito.*[91]

---

89 Wilfred R. Bion, *Recherches sur les petits groupes*, op. cit., p. 79. A esse respeito, Bion cita os estudos conduzidos por Arnold Toynbee a propósito do Egito faraônico, "exaurido pela construção das pirâmides sob o reinado de Quéfren e de seus sucessores" — construção unicamente "destinada a apaziguar a ansiedade do líder".
90 *Idem*.
91 *Ibid.*, p. 81. Uma "pura ideia", como a psicanálise, inventada por um "bom" mestre (isto é, um mestre morto), Sigmund Freud, oferece uma resposta equivalente.

Por trás dessa proposição, de fato encontram-se facilmente as respostas oferecidas pelas religiões (Deus, o messias, a trilogia etc.), "ao mesmo tempo que uma concessão à demanda que o grupo faz de um indivíduo concreto" — daí as figuras encarnadas como a do buda, do papa etc. Aliás, precisa Bion, a propósito do perigo contra o qual o clero procura proteger o grupo, certamente "não é aquele que poderia resultar da incompetência do líder, pois, de fato, a liderança de um alienado mental certamente não é incompetente — longe disso".[92]

Para ilustrar e resumir as respectivas atribuições dos diferentes grupos a pressupostos de base, Bion considera "a aristocracia [como] o grupo de trabalho especializado que cumpre para o grupo de pareamento as mesmas funções que as da Igreja e o Exército para o grupo dependente e o grupo ataque-fuga, respectivamente".[93] Além do fato de inspirar uma esperança messiânica, como vimos, "a aristocracia", acrescenta ele, "deve dar a garantia de que o líder . . ., caso ele se materialize, quiçá nasça em um palácio, mas será um homem como nós. A palavra 'democrático' é provavelmente o clichê que se emprega hoje em dia para descrever essa qualidade".

Nessa configuração, em que a aristocracia representa a instância suscetível de garantir a coerência do grupo e a manutenção de sua identidade, às vezes também se produz o cenário em que o líder não emerge do grupo e em que uma "casta" deve remediar fornecendo um substituto. "O termo *Establishment*", escreve Bion, [relaciona-se] "às características de uma casta dirigente em um grupo (como um instituto de psicanálise)".[94] Essa casta é constituída por "um corpo de pessoas . . . de que se pode esperar que exerçam poder e responsabilidade . . . . Uma de suas atividades mais controversas

---

92 *Ibid.*, p. 82.
93 *Ibid.*, p. 107.
94 Wilfred R. Bion, *L'Attention et l'interprétation, op. cit.*, p. 131.

é promulgar regras . . . em benefício dos que, por natureza, não são feitos para ter a experiência psicanalítica direta de *ser*,[95] a fim 1) de que não possam se sentir "excluídos para sempre", e 2) de que ele possa assumir as condições para, eventualmente, "produzir um gênio". Pode-se dizer do *Establishment* que ele nasceu de sua proximidade primeva com o "homem de exceção", o "messias", o "gênio" ou o "místico"[96] — termo que Bion propõe utilizar como ferramenta de designação —, e que ele tem o encargo de manter a sua mensagem formulada de maneira tal que aparece, simultaneamente, como criador e destruidor. "Não se pode", continua ele, "abdicar do *Establishment* . . . porque o grupo institucionalizado, o 'grupo de trabalho', é um elemento tão essencial ao desenvolvimento do indivíduo, inclusive o místico, quanto o é ao grupo".[97] "A institucionalização da psicanálise exige um grupo psicanalítico que inclua o *Establishment* entre outras funções", e este tem como tarefa "tornar o indivíduo consciente, [entre] as personalidades de seus membros, do fosso que existe nele próprio".[98]

> *Um resultado dessa separação é que não há acesso direto do indivíduo ao [mistério] com o qual outrora ele mantinha relações familiares. Mas o [mistério] sofreu uma mudança que faz parte do processo de discriminação. O [mistério] com o qual ele estava familiarizado havia acabado: o [mistério] do qual ele agora está separado é transcendente e infinito.*[99]

---

95 *Idem*; tradução minha; grifo do autor.
96 Do latim *mysticus*; do grego *mystikos*: relativo aos mistérios (não necessariamente religiosos).
97 Wilfred R. Bion, *L'Attention et l'interprétation*, *op. cit.*, pp. 133-134.
98 *Ibid.*, p. 134.
99 *Idem*.

Infelizmente, essa distinção aparece como "inseparável da idealização", idealização tão presente no seio do indivíduo quanto o é no interior do grupo; "idealização como encarnação da onipotência dos indivíduos que o compõem".[100] O estado de espírito do indivíduo é transferido para o grupo (por identificação projetiva). Ora, "quando o grupo tem como função estabelecer a separação, não está em questão uma reunião"[101] possível e os indivíduos do grupo — psicanalítico, por exemplo —

> *não podem se resignar a uma discriminação que significa que conscientemente eles rompem com uma crença em suas qualidades quase freudianas e que reconhecem que Freud . . . não existe mais. Um outro Freud não pode ser criado, por mais indispensável que ele seja.*[102]

É por isso que "o grupo e o místico são indispensáveis um ao outro", ainda que "o grupo [possa] destruir o místico do qual o seu futuro depende", da mesma forma que "o místico pode eventualmente destruir o grupo"[103] — seria esse tipo de relação que Bion qualifica como "parasítica" —, na medida em que "a situação grupo-indivíduo [é] dominada pela inveja". "A inveja engendra a inveja", escreve Bion. "A inveja não pode ser atribuída de forma satisfatória a uma parte ou outra", insiste ele; "de fato, é uma função da relação"[104] — não seria, portanto, uma consequência dela!

Por conta disso, se a relação grupo-indivíduo não pode dar à luz um crescimento mútuo, vê-se então que "o grupo coloca o

---

100 *Ibid.*, p. 135.
101 *Ibid.*, p. 136.
102 *Ibid.*, p. 137.
103 *Idem*; tradução minha.
104 *Ibid.*, p. 138.

indivíduo em uma posição no *Establishment* em que as suas forças são desviadas de seu papel criador-destruidor e absorvidas em funções administrativas"[105]. "Tenho a impressão", acrescenta ele, "de que a psicanálise aplicada,[106] mesmo se 'aplicada' para curar as pessoas, é um método para permitir controlar a psicanálise e torná-la inofensiva ao *Establishment*".[107] O *Establishment* tenta impedir a ruptura do grupo, e ele o faz de duas maneiras: ou "incorporando" o místico em seu seio, ou destruindo-o e remanejando as suas ideias para o proveito de todos.

Noutros termos, "o grupo tem como função produzir um gênio [ou um místico]; o *Establishment* tem como função relevar suas consequências e absorvê-las a fim de que o grupo não seja destruído".[108]

No fim das contas, "o pertencimento ao grupo" confere a cada um o "estatuto em si". Depois o "estatuto", que legitima realizar atos "em Teu nome" ou "em nome de...", vale como "agente terapêutico". Por conseguinte, o "resultado terapêutico" serve então como "critério do pertencimento ao grupo".

É o que, em lógica, chama-se de "argumento circular".

---

105 *Ibid.*, p. 138. Estou certo de que Bion conheceu pessoalmente essa situação, pois o motivo que ele invocou para partir para a Califórnia encontra-se indicado na linha seguinte, onde ele escreve: "Seu epitáfio poderia ser o seguinte: 'Foi coberto de honrarias e sumiu sem deixar rastro'" (cf. Capítulo 2, p. 70).
106 Exaltada por Kurt Eissler.
107 *Idem*.
108 *Ibid.*, p. 144. O exemplo mais demonstrativo desse mecanismo é colocado em cena de forma grandiosa em *Os irmãos Karamázov*, de Fiódor M. Dostoiévski, no momento do encontro entre o Grande Inquisidor e Jesus (Livro Quinto, Capítulo V); encontro no decorrer do qual o Grande Inquisidor convence facilmente Jesus a *não voltar*, pois seu retorno destruiria a imensa obra implementada pela Igreja.

Conclusão
"A resposta é o revés da pergunta"[1]

Uma vez que se despede do último paciente do dia, uma vez fechada a porta acolchoada do seu consultório, o analista se reinstala em sua poltrona e faz um retrospecto das diferentes sessões às quais dedicou sua atividade do dia.

Ele constata, então, que nem sempre soube, naquele dia — mas uma vez não são todas, necessariamente —, cumprir a sua função de analista: limitar-se ao seu "desejo de análise", sem perder a sua identidade; sem ter tentado "ser" a mãe de um paciente, o pai de outro — "mantendo o seu equilíbrio" apesar "das tensões ligadas à introjeção das identificações projetivas de outra pessoa",[2] nos termos utilizados por Bion para qualificar essa função. Ele então se recorda de ter lido algo semelhante em Jacques Lacan, num de seus seminários; encontra a passagem e a relê: "Temos ... de considerar em nós, à maneira de um corpo estranho, uma

---
1 Maurice Blanchot (1969), "La question la plus profonde". In: *L'Entretien infini*. Paris: Gallimard, p. 15. Bion fez uso frequente dessa frase, da qual tomou conhecimento através de André Green.
2 Wilfred R. Bion, "L'arrogance". In: *Réflexion faite, op. cit.*, p. 100.

incorporação da qual somos o paciente".[3] E, um pouco mais longe: "O *a* de que se trata" — trata-se do objeto *a* — "é o objeto, ao sujeito que nos fala, absolutamente estranho, na medida em que ele é a causa da sua falta".[4] Assim, acrescenta ele, "quando aquilo que não temos volta para nós, certamente há regressão e, ao mesmo tempo, revelação daquilo em que faltamos para com a pessoa, para representar a sua falta".[5]

Não é curioso, o analista se pergunta, encontrar na pena de Lacan expressões como "considerar em nós", "aquilo que nos volta" ou "há regressão"? Talvez não, afinal! Lacan era um clínico de qualidade e, em seu Seminário, fazia o esforço de tomar a palavra a partir do seu lugar de analisando — como Bion, aliás.

Tivemos a sorte, como disse e escreveu Wladimir Granoff, de descobrir as obras de Lacan e Bion — os quais, tanto um como outro, trilharam os seus caminhos próprios no campo freudiano e espalharam sementes que legaram às gerações seguintes o cuidado de colher, se assim desejarem. Noutros termos, eles teceram laços de amor, de ódio e de conhecimento inteiramente semelhantes aos que estabelecemos conforme vamos realizando encontros diversos.

São os laços que contam, laços sem os quais nem o sujeito nem o objeto são apreensíveis. O vínculo K, por exemplo, só se estabelece pelo ultrapassamento de outros laços — os laços L e os laços H (Amor e Ódio) —, que se pode experimentar em relação ao que não é si-mesmo; laços que podem, quando são trabalhados um com o outro, desembocar num vínculo de conhecimento. É somente pelo ultrapassamento dos sentimentos de amor e de ódio

---

3 Jacques Lacan, *Le Séminaire, Livre X: L'Angoisse* (1962-1963), lição de 30 de janeiro de 1963, inédito.
4 *Idem*.
5 *Idem*.

experimentados por um objeto que se dá à luz, eventualmente, um vínculo de conhecimento com esse objeto.

Mas o vínculo K não depende somente dos laços de amor e de ódio; ele é igualmente tributário do prazer e da dor que se pode experimentar em relação ao objeto — o objeto podendo ser, por exemplo, o trabalho analítico. Pode-se, com efeito, ter prazer ou dor quando se é um paciente, quando se é um analista, em razão do trabalho no qual se está implicado.

Além disso, o vínculo K depende da identificação projetiva, mecanismo inconsciente que consiste em evacuar partes de si intoleráveis — porque inelaboráveis —, projetadas no interior do outro (a mãe, o analista etc.) de forma a alojá-las nesse continente e que elas sejam eventualmente transformadas para que se possa reintrojetá-las depois da transformação.

O vínculo K é marcado igualmente por um outro aspecto, herdado da teoria kleiniana, que Bion retoma à sua maneira: as posições esquizoparanoide e depressiva. Decerto, escreve ele, elementos dispersos, atomizados, persecutórios, representam uma ameaça para o eu nascente (que corre um risco de atomização e de dispersão interna), mas o conjunto vinculado pode se tornar, ele próprio, uma parte esfacelada de um conjunto mais vasto. Assim, uma alternância das posições esquizoparanoide e depressiva sempre opera nos mecanismos de pensamento.

Há de se levar em conta, ainda, a relação continente/contido, na qual os elementos primeiro dispersos e depois reunidos em contido são alojados no interior de um continente que se encontra, também ele, em situação de contido em busca de um novo continente, ou de outros elementos com os quais se agrupar de maneira a formar um conjunto mais completo.

Para Bion, esses mecanismos são todos elementos constitutivos do pensamento que contribuem para o estabelecimento do vínculo de conhecimento, orientado no sentido de um *crescimento do aparelho de pensar*. Não há razão para supor possível uma consumação dessas sucessivas elaborações. Elas servem continuamente para desenvolver o aparelho de pensar e os pensamentos que ele trata. Devem lutar contra a ignorância e remediar as incompreensões e os mal-entendidos. Estão constantemente combinados no trabalho, assim como estão o paciente e o analista que procuram, cada um da sua forma, tirar proveito desse crescimento.

Assim se opera uma articulação, uma "colocação em jogo" da relação continente/contido, um vai e vem entre as posições esquizoparanoide e depressiva, tudo isso sob a égide da tolerância ou da intolerância à frustração — isto é, em função dos mecanismos de fuga ou de modificação devidos ao prazer ou à dor —, essa tolerância ou intolerância sendo, elas próprias, tributárias da função alfa, permitida apenas pelos laços L, H e K.

O analista abre de novo *Um memorial do futuro* (*A Memoir of the Future*), a última obra escrita por Bion na forma de uma trilogia literária e que representa "uma forma de escrito sem precedentes no campo da psicanálise".[6] Bion expõe-se aí de forma inédita, fazendo dialogar, como numa cena de teatro — aliás, indicações cênicas não faltam —, diversos personagens, reais (Bion, Eu-Mesmo, P.A. = Psico-Analista, Doutor, Embrião de Sete Semanas, Colegial, Dezoito Anos, Vinte e Cinco Anos, Quarenta Anos, Padre etc.) e imaginários (Schreber, Alice, Sherlock, Watson, Roland, Robin...), ousando com frequência incursões "do outro lado do espelho", como nas estupendas trocas entre Pré-Natal, o ainda não nascido, e Pós-Natal. Descobre-se ali que os personagens reais

---

6 Cf., em Wilfred R. Bion, *Un mémoire du temps à venir*, op. cit., a "Présentation" [Apresentação] redigida pela tradutora, Jacquelyne Poulain-Colombier.

devem aprender a coexistir em bons termos com os personagens de ficção e com as criaturas imaginárias nascidas da cabeça dos primeiros, pois todos são obrigados a compartilhar universos justapostos[7] — e, como escreve Gérard Bléandonu, todos são convocados a desempenhar um papel análogo ao dos números negativos, que "acabaram com a tirania dos números reais".[8]

Uma trilogia em que cada volume carrega um título significativo: *O sonho, O passado apresentado, A aurora do esquecimento*. Como a tradutora menciona, "Bion quis tornar inutilizáveis os hábitos mentais de continuidade em seu leitor". Uma "turbulência emocional" brota das profundezas da obra, semelhante à "impressionante cesura do nascimento", descrita por Freud[9] como anunciadora de um crescimento já começado *in utero*. Bion insistia no progressivo deslizamento de uma vida mental a outra. Seu interesse pelos desenhos de Leonardo da Vinci misturando o cabelo e a barba de um velho homem com os remoinhos de uma água turbilhonante é, desse ponto de vista, exemplar. Há nesses desenhos algo da ordem do contínuo *e* do descontínuo. De igual maneira, Bion se afeiçoava pela imagem da espiral — "Voltamos, incessantemente, ao mesmo ponto, mas em diferentes níveis da hélice"[10] — que imprimia um movimento helicoidal à progressão mental da espécie humana. E mesmo se "o estilo de escrita . . . ostenta pela primeira vez a céu aberto a sua imersão em todo o patrimônio

---

7 Para mim esta é a oportunidade de prestar homenagem à recente obra de Pierre Bayard (2014), *Il existe d'autres mondes* (Paris: Minuit), na qual o autor — demonstrando, a exemplo dos físicos, a coexistência de vários universos paralelos — resolve "múltiplos enigmas da vida cotidiana".
8 Gérard Bléandonu, *Wilfred R. Bion, la vie et l'œuvre*, op. cit., p. 216.
9 Sigmund Freud (1951), *Inhibition, symptôme et angoisse*. Paris: Presses Universitaires de France, pp. 62-63.
10 *A aurora do esquecimento*.

cultural da língua na qual ele pensa, pensa, fala, escreve",[11] há, em *Um memorial...*, a colocação em ato dos princípios de não-continuidade e de não-linearidade representativos do modo de pensar bioniano, de tanto que o autor "procurou colocar o leitor... em situação de ser o novo leitor de um livro escrito de um *jeito* novo na *forma*".[12] Princípio de não-continuidade e de não-linearidade do qual o leitor terá podido — espero eu — ter a dimensão ao longo das páginas deste livro.

Bion sempre sustentou a ideia de que o ser humano teve sucesso em se manter vivo preservando a sua aptidão para crescer. Crescimento que prossegue — tirante maior obstáculo ou acidente — até a morte, onipresente na obra de Bion. A morte física: os inúmeros jovens mortos em combate no decorrer das guerras de que Wilfred participou; a morte na qual ele próprio passou raspando; a morte de Betty Jardine, dando à luz Parthenope... A morte psíquica: a morte vivida nos Flandres, em Ypres, em Amiens, em 8 de agosto de 1918 e também em 11 de agosto; os fantasmas dos falecidos que o assombram sem dar trégua, "o passado apresentado" sendo o de um homem mentalmente finado: "Eu morri", escreve ele, "na Fazenda Inglesa e, depois, perlaborei o Purgatório";[13] e algumas páginas adiante: "Não vou chegar perto demais da estrada entre Amiens-Roye, por medo de encontrar o meu espectro — foi ali que morri".[14]

Em *A aurora do esquecimento*, a guerra — que já constituía o enquadramento em que se situava *O sonho*, primeiro volume da trilogia — continua, dessa vez entre Espírito e Corpo. Eles nunca chegarão a se entender suficientemente para engendrar

---

11 Jacquelyne Poulain-Colombier, in Wilfred R. Bion, *Un mémoire du temps à venir*, op. cit., p. XV.
12 *Ibid.*, p. XIV; grifo da tradutora.
13 Wilfred R. Bion, *Un mémoire du temps à venir*, op. cit., p. 374.
14 *Ibid.*, p. 225.

Psique-Soma ou Soma-Psico. Uma outra guerra continua: a que acontece desde sempre entre os sexos e contra o sexo. Por fim, Menina e Menino têm dificuldades para passar do período de latência à adolescência porque odeiam a aprendizagem e o crescimento.

"A tarefa do psicanalista consiste em favorecer o crescimento psíquico", o analista torna a dizer para si. Mas "por que esse ofício é tão fatigante assim?", ele se indaga. Repensa, então, essa teoria concernindo ao bebê, que pode evacuar os seus problemas psíquicos no seio ou na mãe, assim como pode evacuar a urina e as fezes. O bebê fica melhor, mas o seio ou a mãe caem doentes e morrem. "Isso é perfeito", escreve Bion a esse respeito, "quando se pensa na teoria da identificação projetiva de Melanie Klein".[15] Mas o meu paciente não é um bebê, diz para si o analista; e mesmo me evocando essa teoria, isso não funciona: isso não corresponde verdadeiramente àquela história em que todo o mundo se dá muito bem, exceto o analista! Pois, acrescenta Bion, "os senhores nunca irão saber o que são os problemas desse paciente, mas saberão certamente quais são *os dos senhores*".[16]

Essas reflexões são também a ocasião, para o analista, de se interrogar a respeito da pertinência do conceito kleiniano de "identificação projetiva" e sobre a sua utilização intensiva no tratamento, pois, nas palavras de alguns, esse conceito fornece aos analistas kleinianos e pós-kleinianos um álibi para confortar o seu sentimento de onipotência em relação aos pacientes. "Se penso isso a propósito do senhor, é porque o senhor evacuou em mim essa ideia esperando que eu consiga lhe dizer algo; a minha interpretação será, portanto, necessariamente a certa". Mas Bion se libertou de Melanie Klein quando a sua experiência o levou a pensar que o mecanismo em questão *não é uma fantasia, mas uma realidade*.

---

15 Wilfred R. Bion, *Séminaires cliniques*, op. cit., p. 176.
16 *Ibid.*, p. 177.

Essa ideia se viu amparada pelas observações de relações precoces entre mães e bebês, observações no decorrer das quais pôde ser evidenciado que a incapacidade de uma mãe em se preocupar com seu bebê *podia* ter sobre ele consequências catastróficas, fazendo-o mergulhar em angústias de aniquilamento, em terrores sem nome — ou melhor, inomináveis (*nameless dreads*) —, que destroem o vínculo precariamente esboçado. É claro que o colapso, ou não, depende igualmente do lactante; entra ano, sai ano, ele continuará crescendo. Mas talvez seja ele quem, algumas décadas mais tarde, vai me pedir um horário para empreender uma análise. Se eu considero, após um determinado número de entrevistas, que ele é capaz de se empenhar nesse trabalho, será que terei sucesso, no final, em fazê-lo escapar do "devir analista" que espreita todo paciente? Na minha opinião, não se trata somente de identificação ao analista. Manifestamente, o paciente em questão sofre, desde bebê, com não ter tido como curar sua mãe; e se ele não consegue, no decorrer de seu trabalho, elaborar suficientemente essa questão, talvez abandone o caminho para "professar votos" e se engajar numa vocação. Esse devir tem mais a ver com um devir religioso do que com um devir científico — e é uma pena simultaneamente para o sujeito e para a psicanálise.

Estamos, hoje, mais uma vez, no limiar de uma batalha; divididos, pelas angústias catastróficas ligadas a toda mudança possível, entre uma impulsão à ação imediata, inevitavelmente destrutiva — "um tiroteio", diz Bion —, e uma forma criativa de "debate disciplinado". É, para retomar termos seus, "a luta pela expansão, mais do que pela explosão, da psique".[17]

---

17 A esse respeito, cf., ao final de *Un mémoire du temps à venir* (*op. cit.*, pp. 609-616), o luminoso posfácio redigido por Parthenope Bion-Talamo e intitulado "Sobre o alcance clínico de *Um memorial do futuro*".

Bibliografia[1]

Wilfred R. Bion, artigos e obras

BION Wilfred R. (1940), "The War of Nerves", in Miller and Crichton-Miller (Eds.), *The Neuroses in War*, London: Macmillan, 1940, pp. 180-200.

BION Wilfred R. (1946), "Leaderless Group Project", in *Bulletin of the Menninger Clinic*, n° 10, 1946, pp. 77-81.

BION Wilfred R. (1948a), "Psychiatry in a Time of Crisis", in *British Journal of Medical Psychology*, n° XXI, 1948, pp. 281-289.

BION Wilfred R. (1948b), "Experiences in groups", in *Human Relations*, vols. I-IV, 1948-1951. Republicado em *Experiences in Groups and Other Papers*. London: Tavistock Publication, 1961; trad. franc. "Recherches sur les petits groupes", vols. I-IV, in *Recherches sur les petits groupes*. Paris: PUF, 1965.

---

[1] Quando localizada, a referência da obra traduzida para o português foi indicada após a original em francês ou inglês.

Em português: *Experiências com grupos*. Trad. Walderedo Ismael de Oliveira. Rio de Janeiro: Imago, 1970.

BION Wilfred R. (1950), "The Imaginary Twin", in *Second Thoughts: Selected Papers on Psycho-Analysis*. London: William Heinemann, 1967, pp. 3-22; trad. franc. "Le jumeau imaginaire", in *Réflexion faite*. Paris: PUF, 1983, pp. 7-28.

Em português: O gêmeo imaginário, in *Estudos psicanalíticos revisados* (3a. ed.). Trad. Wellington de Melo Dantas. Rio de Janeiro: Imago, 1994.

BION Wilfred R. (1952), "Group Dynamics: a Re-View", in *International Journal of Psycho-Analysis*, vol. 33, n° 2, 1952. Republicado em *Experiences in Groups and Other Papers*. London: Tavistock Publication, 1961, pp. 141-190; trad. franc. "La dynamique des groupes", in *Recherches sur les petits groupes*. Paris: PUF, 1965, pp. 95-131.

Em português: *Experiências com grupos*. Trad. Walderedo Ismael de Oliveira. Rio de Janeiro: Imago, 1970.

BION Wilfred R. (1953), "Notes on the Theory of Schizophrenia", presented at the Eighteenth International Psycho-Analytic Congress, in *International Journal of Psycho-Analysis*, vol. 35, n° 2, 1954. Republicado em *Second Thoughts: Selected Papers on Psycho-Analysis*. London: William Heinemann, 1967; trad. franc. "Notes sur la théorie de la schizophrénie", in *Réflexion faite*. Paris: PUF, 1983, pp. 29-42.

Em português: Notas sobre a teoria da esquizofrenia, in *Estudos psicanalíticos revisados* (3a. ed.). Trad. Wellington de Melo Dantas. Rio de Janeiro: Imago, 1994.

BION Wilfred R. (1955), "Language and the Schizophrenic", in M. Klein; P. Heimann; R. Money-Kyrle (Orgs.), *New Directions in Psycho-analysis*. London: Tavistock Publications, 1955, pp. 220-239.

Em português: A linguagem e o esquizofrênico (1953), in *Novas Tendências na Psicanálise*. Trad. Jayme Salomão. Rio de Janeiro: Zahar, 1969.

BION Wilfred R. (1956), "Development of Schizophrenic Thought", in *International Journal of Psycho-Analysis*, vol. 37, n° 4/5, 1956. Republicado em *Second Thoughts: Selected Papers on Psycho-Analysis*. London: William Heinemann, 1967; trad. franc. "Le développement de la pensée schizophrénique", in *Réflexion faite*. Paris: PUF, 1983, pp. 43-50.

Em português: Desenvolvimento do pensamento esquizofrênico, in *Estudos Psicanalíticos Revisados*. Trad. P. D. Corrêa. Rio de Janeiro: Imago, 1988.

BION Wilfred R. (1957a), "Differentiation of the Psychotic from the Non-psychotic Personalities", in *International Journal of Psycho-Analysis*, vol. 38, n° 3-4, 1957. Republicado em *Second Thoughts: Selected Papers on Psycho-Analysis*. London: William Heinemann, 1967; trad. franc. "Différenciation des personnalités psychotique et non-psychotique", in *Réflexion faite*. Paris: PUF, 1983, pp. 51-73.

Em português: Diferenciação entre a parte psicótica e a parte não psicótica da personalidade, in *Estudos psicanalíticos revisados* (3a. ed.). Rio de Janeiro: Imago, 1994.

BION Wilfred R. (1957b), "On Arrogance", in *Second Thoughts: Selected Papers on Psycho-Analysis*. London: William Heinemann, 1967; trad. franc. "L'arrogance", in *Réflexion faite*. Paris: PUF, 1983, pp. 97-104.

Em português: Sobre arrogância, in *Estudos psicanalíticos revisados* (3a. ed.). Rio de Janeiro: Imago, 1994.

BION Wilfred R. (1958), "On Hallucination", in *International Journal of Psycho-Analysis*, vol. 39, n° 5, 1958. Republicado em *Second Thoughts: Selected Papers on Psycho-Analysis*. Londres: William Heinemann, 1967; trad. franc. "L'hallucination", in *Réflexion faite*. Paris: PUF, 1983, pp. 75-96.

Em português: Sobre alucinação, in *Estudos psicanalíticos revisados* (3a. ed.). Rio de Janeiro: Imago, 1994.

BION Wilfred R. (1959), "Attacks on Linking", in *International Journal of Psycho-Analysis*, vol. 40, n° 5-6, 1959. Republicado em *Second Thoughts: Selected Papers on Psycho-Analysis*. London: William Heinemann, 1967; trad. franc. "Attaques contre la liaison", in *Réflexion faite*. Paris: PUF, 1983, pp. 105-123.

Em português: Ataques à ligação, in *Estudos psicanalíticos revisitados* (3a. ed.). Trad. Wellington Dantas. Rio de Janeiro: Imago, 1994.

BION Wilfred R. (1960), "Analytic Technique", in *Cogitations*. London: Karnac Books, 1997, p. 166; trad. franc., "La technique analytique" (1960), in *Cogitations*. Paris: Éditions In Press, 2005, p. 158.

Em português: *Cogitações*. (Bion, F. Ed.). Trad. Ester H. Sandler e Paulo Cesar Sandler. Rio de Janeiro: Imago, 2000.

BION Wilfred R. (1961), *Experiences in Groups and Other Papers*. London: Tavistock Publications, 1961; trad. franc. *Recherches sur les petits groupes*. Paris: PUF, 1965.

Em português: *Experiências com grupos*. Trad. Walderedo Ismael de Oliveira. Rio de Janeiro: Imago, 1970.

BION Wilfred R. (1962a), "A Theory of Thinking", in *International Journal of Psycho-Analysis*, vol. 53, n° 4-5, 1962. Republicado em *Second Thoughts: Selected Papers on Psycho-Analysis*. London: William Heinemann, 1967; trad. franc. "Une théorie de l'activité de pensée", in *Réflexion faite*. Paris: PUF, 1983, pp. 125-135.

Em português: Uma teoria do pensar, in *Estudos psicanalíticos revisados*. Trad. Wellington de Melo Dantas. Rio de Janeiro: Imago, 1988.

BION Wilfred R. (1962b), *Learning from Experience*. New York: Basic Books Publishing Company; trad. franc. *Aux sources de l'expérience*. Paris: PUF, 1979.

Em português: *O aprender com a experiência*. Trad. Jayme Salomão e Paulo Dias Correa. Rio de Janeiro: Zahar, 1966.

BION Wilfred R. (1963a), *Elements of Psycho-Analysis*. Londres: William Heinemann, 1963; trad. franc. *Éléments de psychanalyse*. Paris: PUF, 1979.

Em português: *Elementos da psicanálise*. Trad. Jayme Salomão e Paulo Dias Correa. Rio de Janeiro: Zahar, 1966.

BION Wilfred R. (1963b), "The Grid, 1963", in *Taming Wild Thoughts*. Londres: Karnac Books, 1997; trad. franc. "La Grille, 1963", in *Pensée sauvage, pensée apprivoisée*. Larmor-Plage: Éditions du Hublot, 1998.

Em português: A grade, 1963. Trad. M. R. A. Junqueira. *Revista Brasileira de Psicanálise*, 7(1), pp. 103-29.

BION Wilfred R. (1965), Transformations: Change from Learning to Growth. London: William Heinemann, 1965; trad. franc. *Transformations: Passage de l'apprentissage à la croissance*. Paris: PUF, 1982.

Em português: *Transformações*. Trad. P. D. Corrêa. Rio: Imago, 1991.

BION Wilfred R. (1966), "Catastrophic Change", in *Bulletin of The British Psychoanalytical Society*, n° 5, 1966. Republicado em *Attention and Interpretation*. London: Tavistock Publications, 1970; trad. franc. "Chapitre 12", in *L'Attention et l'interprétation*. Paris: Payot, 1974.

Em português: Mudança catastrófica. Trad. C. H. P. Affonso e M. R. M. Affonso. *Jornal de Psicanálise*, 6(17), pp. 18-26.

BION Wilfred R. (1967a), *Second Thoughts: Selected Papers on Psycho-Analysis*. London: William Heinemann, 1967; trad. franc. *Réflexion faite*. Paris: PUF, 1983.

Em português: *Estudos psicanalíticos revisados* (3a. ed.). Rio de Janeiro: Imago, 1994.

BION Wilfred R. (1967b), "Notes on Memory and Desire", in *The Psychoanalytic Forum*, vol. 2, n° 3, pp. 271-280. Republicado em *Cogitations*. London: Karnac Books, 1992, pp. 380-385; trad. franc. "Notes sur la mémoire et le désir", in *Revue française de psychanalyse*, n° 53-5, 1989. Republicado em *Cogitations*. Paris: Éditions In Press, 2005, pp. 346-350.

Em português: *Cogitações*. (Bion, F. Ed.). Trad. Ester H. Sandler e Paulo Cesar Sandler. Rio de Janeiro: Imago, 2000.

BION Wilfred R. (1967c), "Commentary", in *Second Thoughts: Selected Papers on Psycho-Analysis*. Londres: William Heinemann, 1967, pp. 120-166; trad. franc. "Commentaire", in *Réflexion faite*. Paris: PUF, 1983, pp. 137-185.

Em português: *Estudos psicanalíticos revisados* (3a. ed.). Rio de Janeiro: Imago, 1994.

BION Wilfred R. (1970), *Attention and Interpretation. A Scientific Approach to Insight in Psycho-Analysis and Groups*. London: Tavistock Publications, 1970; trad. franc. *L'Attention et l'interprétation. Une approche scientifique de la compréhension intuitive en psychanalyse et dans les groupes*. Paris: Payot, 1974.

Em português: *Atenção e interpretação*. Trad. Carlos Heleodoro P. Affonso. Rio de Janeiro: Imago, 1973.

BION Wilfred R. (1971), "The Grid", in *Two Papers: The Grid and Caesura*. Rio de Janeiro: Imago Editora, 1977; trad. franc. "La Grille" (1971), in *Entretiens psychanalytiques*. Paris: Gallimard, 1980.

Em português: Dois trabalhos, a grade e a cesura. *Rev. Bras. Psicanálise*, 15, 1981.

BION Wilfred R. (1974), *Brazilian Lectures 1: 1973*, São Paulo; *Brazilian Lectures 2: 1974*, Rio de Janeiro/São Paulo. Rio de Janeiro: Imago Editora, 1974; London: Karnac Books, 1990; trad. franc. *Entretiens psychanalytiques*. Paris: Gallimard, 1980.

Em português: *Conferências brasileiras 1*. Trad. P. D. Corrêa. Rio de Janeiro: Imago, 1975.

BION Wilfred R. (1975a), "Caesura", in *Two Papers: The Grid and Caesura*. Rio de Janeiro: Imago Editora, 1977; trad. franc. "Césure" (1975), in *Entretiens psychanalytiques*. Paris: Gallimard, 1980.

Em português: Dois trabalhos, a grade e a cesura. *Rev. Bras. Psicanálise*, 15, 1981.

BION Wilfred R. (1975b), *A Memoir of the Future, Book I: The Dream*. Rio de Janeiro: Imago Editora, 1975. Republicado em um volume, *A Memoir of the Future*. London: Karnac Books,

1991; trad. franc. "Le Rêve", in *Un mémoire du temps à venir*. Larmor-Plage: Éditions du Hublot, 2010.

Em português: *Uma memória do futuro, vol. I: O sonho*. Trad. Paulo Cesar Sandler. São Paulo: Martins Fontes, 1989.

BION Wilfred R. (1975c), "Brasilia", in *Clinical Seminars and Other Works*. London: Karnac Books, 1994; trad. franc. "Brasilia", in *Séminaires cliniques*. Paris: Les Éditions d'Ithaque, 2008.

BION Wilfred R. (1975d), "Contributions to Panel Discussions: Brasilia, a New Experience", in *Clinical Seminars and Other Works*. London: Karnac Books, 1994; trad. franc. "Contribution aux tables rondes: Brasilia, une expérience nouvelle", in *Séminaires cliniques*. Paris: Les Éditions d'Ithaque, 2008.

BION Wilfred R. (1976a), "Evidence", in *British Psycho-Analytical Society*, bulletin n° 8, 1976. Republicado em *Clinical Seminars and Other Works*. London: Karnac Books, 1994; trad. franc. "La Preuve", in *La Preuve et autres textes*. Paris: Les Éditions d'Ithaque, 2007, pp. 31-43.

Em português: Evidência. Trad. Paulo Cesar Sandler. *Rev. Bras. Psicanálise*, *19*, 1985, pp. 129-141.

BION Wilfred R. (1976b), "Emotional Turbulence", in *International Conference on Borderline Disorders*. New York: International Universities Press, 1977. Republicado em *Clinical Seminars and Other Works*. London: Karnac Books, 1994; trad. franc. "Turbulence émotionnelle", in *La Preuve et autres textes*. Paris: Les Éditions d'Ithaque, 2007, pp. 7-21.

Em português: Turbulência Emocional. *Rev. Bras. Psicanálise*, *21*(1), 1987.

BION Wilfred R. (1976c), "On a Quotation from Freud", in *International Conference on Bordeline Disorders*. New York: International Universities Press, 1977. Republicado em *Clinical Seminars and Other Works*. London: Karnac Books, 1994; trad. franc. "À propos d'une citation de Freud", in *La Preuve et autres textes*. Paris: Les Éditions d'Ithaque, 2007, pp. 23-30.

Em português: Sobre uma citação de Freud. Trad. Paulo Cesar Sandler. *Rev. Bras. Psicanálise, 21*, pp. 134-141, 1987.

BION Wilfred R. (1976d), *The Tavistock Seminars*. London: Karnac Books, 2005; trad. franc. *Bion à la Tavistock*. Paris: Les Éditions d'Ithaque, 2010.

Em português: *Seminários na Clínica Tavistock*. Trad. Paulo Cesar Sandler. São Paulo: Blucher, 2017.

BION Wilfred R. (1976e), "Interview by Anthony G. Banet Jr.", in *The Tavistock Seminars*. London: Karnac Books, 2005; trad. franc. "Entretien avec Anthony G. Banet Jr", in *Bion à la Tavistock*. Paris: Les Éditions d'Ithaque, 2010.

Em português: *Seminários na Clínica Tavistock*. Trad. Paulo Cesar Sandler. São Paulo: Blucher, 2017.

BION Wilfred R. (1977a), "New York", in *Bion in New York and São Paulo*. Perthshire: Clunie Press, 1980; trad. franc. "New York", in *Bion à New York et São Paulo*. Paris: Les Éditions d'Ithaque, 2006.

Em português: *Bion em Nova York e em São Paulo*. Trad. Paulo Cesar Sandler. São Paulo: Blucher, 2020.

BION Wilfred R. (1977b), *Seven Servants*. New York: J. Aronson, Inc., 1977.

BION Wilfred R. (1977c), *A Memoir of the Future, Book II: The Past Presented*. Rio de Janeiro: Imago Editora, 1977. Republicado em um volume, *A Memoir of the Future*. London: Karnac

Books, 1991; trad. franc. "Le Passé présenté", in *Un mémoire du temps à venir*. Larmor-Plage: Éditions du Hublot, 2010.

Em português: *Uma memória do futuro, vol. II: o passado apresentado*. Trad. Paulo Cesar Sandler. São Paulo: Martins Fontes, 1996.

BION Wilfred R. (1977d), *Seminari Italiani*. Roma: Borla, 1985; trad. ingl. *The Italian Seminars*. London: Karnac Books, 2005; trad. franc. *Séminaires italiens*. Paris: Éditions In Press, 2005.

Em português: *Seminários italianos*. Trad. de André G. Growald. Rev. técnica Paulo Cesar Sandler e Vasco Moscovici da Cruz. São Paulo: Blucher, 2017.

BION Wilfred R. (1977e), "Untitled", in *Taming Wild Thoughts*. London: Karnac Books, 1997; trad. franc. "Sans titre", in *Pensée sauvage, pensée apprivoisée*. Larmor-Plage: Éditions du Hublot, 1998.

Em português: *Domesticando pensamentos selvagens*. Trad. Luiz Carlos Uchôa Junqueira Filho. São Paulo: Blucher, 2016.

BION Wilfred R. (1978a), "São Paulo (Ten Talks)", in *Bion in New York and São Paulo*. Perthshire: Clunie Press, 1980; trad. franc. *Bion à New York et São Paulo*. Paris: Les Éditions d'Ithaque, 2006.

Em português: *Bion em Nova York e em São Paulo*. Trad. Paulo Cesar Sandler. São Paulo: Blucher, 2020.

BION Wilfred R. (1978b), *Four Discussions with W.R. Bion*. Perthshire: Clunie Press. Republicado em *Clinical Seminars and Other Works*. London: Karnac Books, 1994; trad. franc. *Quatre Discussions avec Bion*. Paris: Les Éditions d'Ithaque, 2006.

BION Wilfred R. (1978c), "São Paulo", in *Clinical Seminars and Other Works*. London: Karnac Books, 1994; trad. franc. "São

Paulo", in *Séminaires cliniques*. Paris: Les Éditions d'Ithaque, 2008.

BION Wilfred R. (1979a), *A Memoir of the Future, Book III: The Dawn of Oblivion*. Rio de Janeiro: Imago Editora, 1979. Republicado em um volume, *A Memoir of the Future*. London: Karnac Books, 1991; trad. franc. "L'Aube de l'oubli", in *Un mémoire du temps à venir*. Larmor-Plage: Éditions du Hublot, 2010.

Em português: *Uma memória do futuro, vol. III: aurora do esquecimento*. Trad. P. Sandler. Rio de Janeiro: Imago, 1996.

BION Wilfred R. (1979b), "Making the Best of a Bad Job", in *British Psycho-Analytical Society*, Bulletin, February 1979. Republicado em *Clinical Seminars and Other Works*. London: Karnac Books, 1994; trad. franc. "Contre mauvaise fortune, bon cœur", in *La Preuve et autres textes*. Paris: Les Éditions d'Ithaque, 2007, pp. 45-60.

BION Wilfred R. (1978), "Seminar Held in Paris, 10 July 1978", transcrito por Francesca Bion, 1999; trad. franc. "Séminaire Inédit à Paris" (10-07-78), in *Revue de psychothérapie psychanalytique de groupe*, n° 5-6, 1986.

BION Wilfred R. (1981), *A Key to A Memoir of the Future*. Editado por Francesca Bion. Perthshire: Clunie Press. Republicado em *A Memoir of the Future*. London: Karnac Books, 1991; trad. franc. "La Clé", in *Un mémoire du temps à venir*. Larmor-Plage: Éditions du Hublot, 2010.

BION Wilfred R. (1982), *The Long Week-End. 1897-1919. Part of a Life*. Editado por Francesca Bion. Oxford: Fleetwood Press, 1982.

BION Wilfred R. (1985), *All My Sins Remembered (Another Part of a Life) and The Other Part of Genius (Family Letters)*. Editado por Francesca Bion. Abingdon: Fleetwood Press, 1985.

BION Wilfred R. (1991), *A Memoir of the Future*. Londres: Karnac Books, 1991; trad. franc. *Un mémoire du temps à venir*. Larmor-Plage: Éditions du Hublot, 2010.

Em português: *Uma memória do futuro*. 3 vols. Trad. P. Sandler. Rio: Imago, 1989-1996.

BION Wilfred R. (1992), *Cogitations*. Londres: Karnac Books, 1992; trad. franc. *Cogitations*. Paris: Éditions In Press, 2005.

Em português: *Cogitações*. (Bion, F. Ed.). Trad. Ester H. Sandler e Paulo Cesar Sandler. Rio de Janeiro: Imago, 2000.

BION Wilfred R. (1994), *Clinical Seminars and Other Works*. London: Karnac Books, 1994; trad. franc. *Séminaires cliniques*. Paris: Les Éditions d'Ithaque, 2008.

BION Wilfred R. (1997a), *War Memoirs, 1917-19*. London: Karnac Books, 1997; trad. franc. *Mémoires de guerre*. Larmor-Plage: Éditions du Hublot, 1999.

BION Wilfred R. (1997b), *Taming Wild Thoughts*. London: Karnac Books, 1997; trad. franc. *Pensée sauvage, pensée apprivoisée*. Larmor-Plage: Éditions du Hublot, 1998.

Em português: *Domesticando pensamentos selvagens*. Trad. Luiz Carlos Uchôa Junqueira Filho. São Paulo: Blucher, 2016.

BION Wilfred R.; RICKMAN J. (1943), "Intra-group Tensions in Therapy: Their Study as the Task of the Group", in *The Lancet*, n° 242, Issue 6274, pp. 678-681. Republicado em *Experiences in Groups and Other Papers*. London: Tavistock Publication, 1961, pp. 11-26; trad. franc. "L'étude par le groupe de ses tensions internes" in *Recherches sur les petits groupes*. Paris: PUF, 1965, pp. 3-14.

Em português: *Experiências com grupos*. Trad. Walderedo Ismael de Oliveira. Rio de Janeiro: Imago, 1970.

Outros artigos e obras

AMIGORENA Horacio (1996), "Penser, c'est perdre le fil", in *Les Lettres de la SPF*, n° 1, CampagnePremière/.

ANZIEU Didier (2004), *Beckett*. Paris: Seuil/Archambaud.

BARANÈS Jean-José (1989), "Déni, identifications aliénantes, temps de la génération", in *Le Négatif, Figures et Modalités*. Paris: Dunod.

BLÉANDONU Gérard (1990), *Wilfred R. Bion, la vie et l'œuvre, 1897-1979*. Paris: Dunod.

BOTELLA César; BOTELLA Sára (2001), *La Figurabilité psychique*. Lausanne: Delachaux et Niestlé.

COLLECTIF (1989), *Le Négatif, Figures et Modalités*. Paris: Dunod.

CRINQUAND Sylvie (2000), *Lettres et poèmes de John Keats: portrait de l'artiste*. Éditions universitaires de Dijon, Presses universitaires du Mirail.

DAVID-MÉNARD Monique (1997), *Les Constructions de l'universel*. Paris: PUF.

Em português: *As construções do universal: psicanálise, filosofia*. Trad. C. P. Almeida. Rio de Janeiro: Companhia de Freud, 1998.

DELEUZE Gilles (1984), *Francis Bacon. Logique de la sensation*. Paris: La Différence.

Em português: *Francis Bacon: lógica da sensação*. Trad. Roberto Machado e outros. Rio de Janeiro: Zahar, 2007.

DETHIVILLE Laura (2008), *Donald W. Winnicott. Une nouvelle approche*. Paris: CampagnePremière.

DETHIVILLE Laura (2013), *La Clinique de Winnicott*. Paris: CampagnePremière.

DETHIVILLE Laura; LÉVY François (2012), "Les psychanalystes anglais et la guerre", in *Les Lettres de la société de psychanalyse freudienne*, n° 28, "La guerre sans trêve". Paris: Éditions CampagnePremière, pp. 15-34.

FREUD Sigmund (2006), *Lettres à Wilhelm Fliess, édition complete*. Paris: PUF.

Em português: MASSON J. M. (Org.), *A correspondência completa de Sigmund Freud para Wilhelm Fliess*. Trad. V. Ribeiro. Rio de Janeiro: Imago, 1986.

FREUD Sigmund (2006), "Lettre 112 (6 décembre 1896)", in *Lettres à Wilhelm Fliess. 1887-1904. Édition complete*. Paris: PUF, pp. 264-265.

Em português: MASSON J. M. (Org.), *A correspondência completa de Sigmund Freud para Wilhelm Fliess*. Trad. V. Ribeiro. Rio de Janeiro: Imago, 1986. pp. 208-216.

FREUD Sigmund; BREUER Joseph (1956), *Études sur l'hystérie*. Paris: PUF.

Em português: *Obras completas, vol. 2: Estudos sobre a histeria (1893-1895)*. Trad. Laura Barreto. Rev. da tradução Paulo César de Souza. São Paulo: Companhia das Letras, 2016.

FREUD Sigmund (1950), "Esquisse d'une psychologie scientifique" (1895), in *La Naissance de la psychanalyse*. Paris: PUF, pp. 313-396.

Em português: *Projeto de uma psicologia científica*. Trad. Osmyr Faria Gabbi Júnior. São Paulo: Imago, 1995.

FREUD Sigmund (1954), *Cinq Psychanalyses*. Paris: PUF.

FREUD Sigmund (1954), "Remarques sur un cas de névrose obsessionnelle (L'homme aux rats)" (1909), in *Cinq Psychanalyses*. Paris: PUF.

Em português: *Obras completas, vol. 9: Observações sobre um caso de neurose obsessiva ["O homem dos ratos"], Uma recordação de infância de Leonardo da Vinci e outros textos (1909-1910)*. Trad. Paulo César de Souza. São Paulo: Companhia das Letras, 2013.

FREUD Sigmund (1905c), *Le Mot d'esprit et sa relation à l'inconscient*. Paris: Gallimard, 1988.

Em português: *Obras completas, vol. 7: O chiste e sua relação com o inconsciente (1905)*. Trad. Fernando Costa Mattos e Paulo César de Souza. São Paulo: Companhia das Letras, 2017.

FREUD Sigmund (1962), *Trois Essais sur la théorie sexuelle*. Paris: Gallimard.

Em português: *Obras completas, vol. 6: Três ensaios sobre a teoria da sexualidade, Análise fragmentária de uma histeria ("O caso Dora") e outros textos (1901-1905)*. Trad. Paulo César de Souza. São Paulo: Companhia das Letras, 2016.

FREUD Sigmund (1911), "Formulations sur les deux principes du cours des événements psychiques", in *Résultats, idées, problèmes I*. Paris: PUF, 1984.

Em português: Formulações sobre os dois princípios do funcionamento psíquico, in *Obras completas, vol. 10: Observações psicanalíticas sobre um caso de paranoia relatado em autobiografia ("O caso Schreber"); artigos sobre técnica e outros textos (1911-1913)*. Trad. e notas Paulo César de Souza. São Paulo: Companhia das Letras, 2010.

FREUD Sigmund (1915), "Complément métapsychologique à la théorie du rêve", in *Métapsychologie*. Paris: Gallimard, 1968.

Em português: Complemento metapsicológico à teoria dos sonhos, in *Obras completas, vol. 12: Introdução ao narcisismo: ensaios de metapsicologia e outros textos (1914-1916)*. Trad. e notas Paulo César de Souza. São Paulo: Companhia das Letras, 2010.

FREUD Sigmund (1918), "Extrait de l'histoire d'une névrose infantile (L'homme aux loups)", in *Cinq Psychanalyses*. Paris: PUF, 1954.

Em português: História de uma neurose infantil ("O homem dos lobos"), in *Obras completas, vol. 14: História de uma neurose infantil ("O homem dos lobos"); Além do princípio do prazer e outros textos (1917-1920)*. Trad. e notas Paulo César de Souza. São Paulo: Companhia das Letras, 2010.

FREUD Sigmund (1920), "Au-delà du principe de plaisir", in *Essais de psychanalyse*. Paris: Payot ("Petite Bibliothèque Payot"), 1981.

Em português: Além do princípio do prazer, in *Obras completas, vol. 14: História de uma neurose infantil ("O homem dos lobos"); Além do princípio do prazer e outros textos (1917-1920)*. Trad. e notas Paulo César de Souza. São Paulo: Companhia das Letras, 2010.

FREUD Sigmund (1925), "La Négation", in *Résultats, idées, problèmes II*. Paris: PUF, 1985, pp. 135-139.

Em português: A negação, in *Obras completas, vol. 16: O eu e o id, "Autobiografia" e outros textos (1923-1925)*. Trad. Paulo César de Souza. São Paulo: Companhia das Letras, 2011.

FREUD Sigmund (1989), *Nouvelles Conférences d'introduction à la psychanalyse*. Paris: Gallimard.

Em português: Novas conferências introdutórias in *Obras completas, vol. 18: O mal-estar na civilização, novas conferências introdutórias à psicanalise e outros textos (1930-1936)*. Trad. Paulo César de Souza. São Paulo: Companhia das Letras, 2010.

FREUD Sigmund; ANDREAS-SALOMÉ Lou (1970), "Lettre du 25 mai 1916", in *Correspondance 1912-1936*. Paris: Gallimard.

Em português, traduzido do inglês: *Correspondência completa*. Trad. D. Flacksman. Rio de Janeiro: Imago, 1975.

GRANOFF Wladimir (2001), "Faux problème ou vrai malentendu", in *Lacan, Ferenczi et Freud*. Paris: Gallimard.

GREEN André (1993), *Le Travail du négatif*. Paris: Minuit.

Em português: *O trabalho do negativo*. Trad. Fátima Murad. Porto Alegre: Artmed, 2010.

GRINBERG León (1962), "On a Specific Aspect of Countertransference Due to the Patient's Projective Identification", in *International Journal of Psycho-Analysis*, vol. XLIII.

GRINBERG León; SOR Dario; TABAK DE BIANCHEDI Elizabeth (1996), *Nouvelle Introduction à la pensée de Bion*. Meyzieu: Césura Lyon édition.

GROTSTEIN James (1983), *Do I Dare Disturb the Universe? A Memorial to W.R. Bion*. Londres: Karnac Books. (Publicado primeiramente em 1981 por Caesura Press).

GUILLAUMIN Jean (1987), *Entre blessure et cicatrice. Le destin du négatif dans la psychanalyse*. Seyssel: Champ Vallon.

GUILLAUMIN Jean (1988), *Pouvoirs du négatif dans la psychanalyse et la culture*. Seyssel: Champ Vallon.

HEIDEGGER Martin (1959), *Qu'appelle-t-on penser?*. Paris: PUF.

KAFKA Franz (1957), "Méditations sur le péché, la souffrance, l'espoir et le vrai chemin", in *Préparatifs de noce à la campagne*. Paris: Gallimard.

Em português: *Considerações sobre o pecado, o sofrimento, a esperança e o verdadeiro caminho*, de Franz Kafka. Trad. Cristina Terra da Moita. Lisboa: Hiena Editora, 1994.

KEATS John (1952), *Letters*. Org. M.B. Forman. London: Oxford University Press.

LACAN Jaques (1960), "Subversão do sujeito e dialética do desejo no inconsciente freudiano", in *Escritos*. Trad. V. Ribeiro. Rio de Janeiro: Zahar, 1998, pp. 807-842.

LACAN Jacques (1966), "Propos sur la causalité psychique" (1946), in *Écrits*. Paris: Seuil.

Em português: Formulações sobre a causalidade psíquica, in *Escritos*. Trad. Vera Ribeiro. Rio de Janeiro: Zahar, 1998.

LACAN Jacques (2001), "La psychiatrie anglaise et la guerre", in *Autres Écrits*. Paris: Seuil.

Em português: A psiquiatria inglesa e a guerra, in *Outros escritos*. Trad. V. Ribeiro. Rio de Janeiro: Zahar.

LACAN Jacques, "Petit Discours aux psychiatres", conferência ministrada em 10 de novembro de 1967 no Cercle d'Études psychiatriques, inédita.

LACAN Jacques (1967), "Place, fin et origine de mon enseignement", in *Le Croquant*, n° 24, Automne-Hiver 1998-1999.

LÉVY François (2008), "Bion superviseur" [prefácio], in Wilfred R. Bion, *Séminaires cliniques*. Paris: Les Éditions d'Ithaque, pp. V-XLIX.

LÉVY François (2014), "Bion: un nouveau regard sur Œdipe", in *Le Coq-Héron*, n° 216. Ramonville-Saint-Agne: Érès.

LOPEZ-CORVO Rafael (2003), *Dictionnary of the Work of W.R. Bion*. London: Karnac Books.

Em espanhol: *Diccionario de la obra de Wilfred R. Bion*. Madrid: Biblioteca Nueva, 2002.

MELTZER Donald (1994), "Signification clinique de l'œuvre de Bion", in *Le Développement kleinien de la psychanalyse*. Paris: Bayard Éditions.

Em português: *O desenvolvimento kleiniano III: o significado clínico da obra de Bion*. Trad. Cláudia Bacchi. São Paulo: Escuta, 1998.

MELTZER Donald (2006), "Qu'est-ce qu'une expérience émotionnelle?", in *Études pour une métapsychologie élargie. Applications cliniques des idées de Wilfred R. Bion*. Larmor-Plage: Éditions du Hublot.

MILTON John, *Le Paradis perdu*, Livro III, notas de Claude Mouchard. Paris: Belin.

Em português: *Paraíso perdido* (2a. ed.). Trad. D. Jonas. São Paulo: Editora 34, 2016.

MONEY-KIRLE Roger (1961), *Man's Picture of His World*. London: Duckworth, 1961.

OURY Jean (1998), *Les Séminaires de La Borde* (1996-1997). Éditions du Champ Social: Nîmes.

PHILIPS Frank (1983), "A Personal Reminiscence: Bion, Evidence of the Man", in James Grotstein, *Do I Dare Disturb the Universe?*. London: Karnak Books.

PINES Malcolm (1986), "L'Influence de John Rickman et de Melanie Klein sur W.R. Bion", in *Revue de psychothérapie psychanalytique de groupe*, n° 5-6. Les Éditions du Collège.

QUENEAU Raymond (1963), *Bords*. Paris: Hermann (nova tiragem, 2009).

RESNIK Salomon (2006), *Biographie de l'inconscient*. Paris: Dunod.

RICKMAN John (2003), *No Ordinary Psychoanalyst, The Exceptional Contributions of John Rickman*. Org. Pearl King. London: Karnac Books.

ROUSTANG François (1994), *Qu'est-ce que l'hypnose?*. Paris: Minuit.

SCHNEIDER Monique (2011), *La Détresse, aux sources de l'éthique*. Paris: Seuil.

TROTTER Wilfred (1916), *Instinct of the Herd in Peace and War*. London: Ernest Benn.

TUSTIN Frances (1981), "A modern pilgrim's progress: Reminiscences of personal analysis with Dr. Bion", *Journal of Child Psychotherapy*, vol. 7; trad. franc. Le cheminement d'un pèlerin d'aujourd'hui: souvenirs de une analyse personnelle avec le Dr. Bion. *Revue française de psychanalyse*, 5/1989.

VIRGÍLIO, *Eneida* (V, 334-338).

WINNICOTT Donald W. (1975), "Objets transitionnels et phénomènes transitionnels", in *Jeu et Réalité*. Paris: Gallimard.

Em português: Objetos transicionais e fenômenos transicionais, in *Da pediatria à psicanálise*. Rio de Janeiro: Imago, 1975.

WINNICOTT Donald W. (1989), *Lettres vives*. Paris: Gallimard.

Índice onomástico

Abraão, 35-36, 281, 283
Abraham, Karl, 24
Alice, 328
Américas, 24
Amiens, 82, 330
Amigorena, Horacio, 169
Andreas-Salomé, Lou, 275
Antígona, 277
Anzieu, Didier, 25, 90, 303
Ardenas, 40
Arf Arfer, 76, 95
Argentina, 100
Aristarco de Samos, 182
Aristóteles, 47, 53, 85, 130, 208, 213, 246, 302
Atena, 275
Ayah, 75, 100

Baranès, Jean-José, 169
Bartleby, 143
Bayard, Pierre, 329
Beckett, Samuel, 48, 89-90

Bianchedi, 113
Bion, Wilfred R., 29, 33, 39, 47, 59
 – Betty Jardine, 92-93, 330
 – Francesca, 75, 77, 94, 97
 – irmã, 75
 – Julian, 98
 – Nicola, 98
 – obra, 30, 37
 – Parthenope, 92, 330, 332
 – qualidades de espírito e de caráter, 45
 – vida, 38, 39
Blanchot, Maurice, 325
Bléandonu, Gérard, 96, 329
Bonsey, 80
Bourlon, bosque de (Ardenas), 83
Braithwaite, 47
Brasil, 100
 – São Paulo, 101
Breuer, Joseph, 38, 139, 210
British Institute for Psycho-Analysis, 89, 90
Buckingham, palácio de, 83

Buda, 320
Budapeste, 89

Califórnia, 39, 75, 100, 323
Cambrai, 78
Cambridge, 77
Champollion, Jean-François, 189
Char, René, 7
Charcot, Jean-Martin, 291
Clínica Tavistock, 30, 59, 87, 89, 94, 291, 299
Colegial, 328
Condillac, 85
Conhecimento, 35
Copérnico, Nicolau, 183
Cracóvia, 164
Creonte, 276

David-Ménard, Monique, 41
Delfos, 224
Descartes, René, 204
Dethiville, Laura, 92, 127, 149
Dezoito Anos, 328
Dora, 248
Dordonha, 75
Dostoiévski, Fiódor, 323
Doutor, 328
Doutor Sinta Isso no Passado (*Doctor Feel It in the Past*), 87; cf. também Hadfield, J.-R.
Dupontel, Albert, 183

Édipo, 21, 28, 33, 62, 222, 223, 254
– mito de, 33, 62, 222
Egito, 38
Eissler, Kurt, 323
Embrião de Sete Semanas, 328
Eneias, 37
Enthoven, Jean-Paul, 37

Esfinge, 62, 70, 223, 224, 286
Espírito, 330
Etéocles, 277
Eu-Mesmo, 81, 328
Europa, 25
Exército, 320

Ferenczi, Sándor, 24, 53, 89
Flandres, 77, 330
Fliess, Wilhelm, 34
França, 18, 24
– Paris, 20
– Poitiers, 75
Freud, Anna, 24
Freud, Sigmund, 7, 34, 38, 59, 86, 139, 308

Galícia, 164
George V, 86
Grande Inquisidor, 323
Grécia, 38
Green, André, 25, 141, 325
Grinberg, León, 113, 132
Grotstein, James, 44, 74
Guillaumin, Jean, 141

Hadfield, J.-R., 87; cf. também Doutor Sinta Isso no Passado
Harris Williams, Meg, 274
Hawking, Stephen, 217
Hegel, Georg W. F., 246
Heidegger, Martin, 50
Heisenberg, Werner K., 217
Hera, 276
Hume, David, 53, 85, 211, 222

Índia, 39, 75, 76, 100, 102
– infância passada na, 39
Inglaterra, 39

Institute for the Scientific Treatment of
    Delinquincy, 88
Itália, 37, 38, 101

Janet, Pierre, 61
Jardine, Betty *ver* Bion
Jesus, 323
Jocasta, 223
Jones, Ernest, 86, 88, 179
Joyce, James, 102

Kafka, Franz, 53, 144
Kant, Immanuel, 51, 53, 57, 85, 217, 246
Karamázov, 323
Keats, John, 21, 147
Kepler, Johannes, 183
Klein, Melanie, 24, 60, 89
– Melanie Klein Trust, 99
Kohut, Heinz, 25
Korff-Sausse, Simone, 230

La Borde, 104
Lacan, Jacques, 7, 24, 37, 51, 275
Laio, 28, 223
Lemberg, 164
Leonardo da Vinci, 329
Lévy, François, 28, 29, 92, 230
Lewis Carroll, 165, 211
Londres, 24, 77
– Harley Street, 93
– London Clinic of Psycho-Analysis, 98
– University College Hospital, 86
López-Corvo, Rafael, 101
Los Angeles, 100
Lyth, Olivier, 49

Mahabharata, 75
Maida Vale Hospital For Nervous
    Diseases, 88

Matte Bianco, Ignacio, 25
McDougall, Joyce, 47, 122
Meltzer, Donald, 63, 136
Meneceu, 277
Menina, 331
Menino, 331
Mesopotâmia, 38
Milton, John, 170
Moisés, 308
Monet, Claude, 245
Muttra, 75

Normandia, 92
Northfield Military Hospital, 91, 280

Ogden, Thomas, 25
Oury, Jean, 104
Ovídio, 276
Oxford, 77, 80
– Queen's College de, 80, 85

P.A. = Psico-Analista, 328
Palinuro, 33, 37
Pankêiev Serguêi (Homem dos Lobos),
    261
Pascal, Blaise, 85
Paton, H. J., 85
Périgord Noir, 75
– Maroutal, 75
Philips, Frank, 74, 100
Phorbas, 37
Pines, Malcolm, 88, 97
Platão, 53, 85, 246
Poincaré, Henri, 19, 21, 48, 51
Poitiers, 75
Polinices, 277
Pós-Natal, 328
Poulain-Colombier, Jacquelyne, 328, 330
Pré-Natal, 328

Proust, Marcel, 73
Psique-Soma, 331

Quarenta Anos, 328
Quéfren, 319
Queneau, Raymond, 48

Redcourt, 98
Rees, J. R., 90
Resnik, Salomon, 101
Rickman, John, 60, 88, 280, 287
Robin, 328
Roland, 328
Rosenfeld, Herbert, 25
Roseta, Pedra de, 189
Royal Air Force, 88
Roye, 330
Rümke, H. Cornelius, 104
Russell, Bertrand, 48
Rússia, 88

Sacerdote, 283
Sade, 128
Schliemann, Heinrich, 38
Schneider, Monique, 233
Schopenhauer, Arthur, 246
Schreber (Presidente), 328
Schrödinger, Erwin, 217
Segal, Hanna, 25
Sevestre, Claude, 20
Shakespeare, William, 148
Sherlock, 328
Sociedade Britânica de Psicanálise, 49, 89

Sociedade de Psicanálise Freudiana, 20
Sócrates, 55, 85
Soma-Psico, 331
Sor, Dario, 113
Spinoza, Baruch, 143
Steenbeck, 82, 85
Stortford College, 76, 80, 85

Tabak de Bianchedi, Elizabeth, 113
Tavistock Institute of Human Relations, 97
Tebas, 34, 276
Thom, René, 48
Tirésias, 28, 223, 275
Torre de Babel, 33, 35
Toynbee, Arnold, 319
Troia, 38
Turquia, 38
Tustin, Frances, 42

UR, cemitério real de, 33, 35
– cidade suméria de, 281

Viena, 41, 88, 89
Vinte e Cinco Anos, 328
Virgílio, 37

Waintrater, Régine, 230
War Office Selection Board, 91
Winnicott, Donald W., 25, 127
Woolley, Sir Leonard, 35, 282

Índice remissivo

abandono, 201
abstração, 40, 64, 106, 181-186, 189, 285; *cf. também* concretização
ação, 206, 222, 224
afetos (e afetivo), 52, 118, 296, 310
agressividade, 126
alimentação, 64, 195
alucinação, 59, 107, 108, 136, 140, 150, 268-270
– negativa, 59
– visuais invisíveis, 150
alucinose, 268
– estado de, 268
– transformação na, 268
ambiente, 21, 41, 113, 125, 174, 187, 230, 239, 303
amor, 52, 75, 110, 235, 267, 326
análise, 24, 60, 98, 201, 203, 255, 274
analítica(o), 27, 28, 30, 262, 266, 269, 281, 285, 327
– dispositivo, 30
– formação, 40
– situação, 275

anatomia, 68, 311, 332
angústia(s), 19, 84, 85, 104, 132, 145, 203, 224, 237, 239, 256, 267, 274
– de aniquilamento, 332
– de anulação, 145
animado, 36, 180, 207
– e não animados, 36
anonimato, 301
antecipação, 212, 232, 233
aparelho, 50, 57, 139
– ♀♂, 116
– de pensar, 50-52, 55, 57, 74, 168, 169, 178, 193, 195, 230, 232, 238
– de representação, 68
– digestivo, 63, 117
– função alfa, 117
– protomental, 53, 70
– psíquico, ψ (psi), 63, 107, 110, 112, 117, 118, 194, 221
aprendizagem, 50, 52, 58, 70, 108, 117, 221, 226, 227, 259, 308, 331
– pela experiência, 58, 308
aqui e agora, 45

argumento circular, 19, 323
aristocracia, 320
arrogância, 21
artes (disciplinas), 46, 250
associação livre, 18, 131, 179, 270, 296
ataque-fuga, 20, 306, 307, 317, 320; *cf.*
    também pressuposto de base
ataques, 127, 227, 230, 231, 237, 289,
    298, 306, 307, 317, 320
– à ligação, 99, 145, 146, 151
atenção, 109, 134, 204, 224, 268, 269,
    280, 295, 304
– flutuante, 204
atividade, 117
– de pensamento, 168; *ver* pensamento,
    atividade de
ato psicanalítico, 201, 222
atonement (*at-one-ment*), 249, 271, 279
ausência, 47, 137, 147, 156, 168, 300,
    301, 310; *cf. também* presença
autismo, 237
autocura, 219, 291
autopercepção (*insight*), 255
avidez, 126

bacteriologia, 311
barreira de contato, 113, 295
basic assumption; *cf.* pressuposto de base
bebê, 94, 143, 239, 331, 332
binocular; *cf.* visão

canal alimentar, 64, 195
câncer, 70, 312
capacidade negativa (*negative capability*),
    21, 148, 205
casal, 285, 304-306
– parental, 230
casta, 320
castração, 142

catástrofe (e catastrófica), 20, 204, 257,
    332
causa, 218, 264, 312, 326
– e efeito, 211, 312
causal(is), 118, 190, 209, 210
– encadeamento, 210
causalidade, 54, 186, 209, 213, 217, 219,
    224, 262, 263, 306
– formal, 213
– múltipla, 217
– psíquica, 54
– teoria da, 53, 209, 213, 219, 224, 262,
    306
cena primitiva, 251, 253, 261
chefe, 36, 59
ciência(s), 39, 211, 222, 284, 308, 314
– sociais, 211
científico(a), 21, 35, 36, 283, 318, 332
– descoberta, 35
– interesse, 36
– método, 283, 286
– visada, 22
cientistas, 206, 207, 284; *cf. também*
    saqueadores
civilizações desaparecidas, 38
clínica, 22-25, 63, 107
– experiência, 22, 25
clivagem, 18, 57, 62, 120, 127, 134, 144,
    230, 236, 252, 312
– forçada, 18, 127
coisa(s) em si, 47, 48, 51, 118, 123, 125,
    158, 175, 176, 183, 207, 217, 246
colapso
– da função alfa, 183
– psíquico, 85
complexo de édipo, 62, 223, 254
componente
– emocional, 284
– libidinal, 309

- moral, 225
- racional, 284
- sexual, 223

compreensão, 18, 45, 116, 271, 274

comunicação, 231, 296, 298

conceito(s) (e conceituação), 18, 31, 135, 186, 188

concepção, 57, 168, 169, 186, 188, 199, 200, 222, 226, 228, 231, 232, 252

concordância, 28, 59, 127; *cf.* também discordância

concretização, 182; *cf.* imagens concretas

condensação, 251

conflito(s), 28, 31, 69, 97, 132, 228, 237, 270, 287, 292, 303, 313

- edipiano, 69

conhecimento (C), 17, 30, 51, 59, 107, 148, 161, 177, 181, 212, 224, 259, 286, 326, 327

- negativo, 149

conjecturas, 26

- imaginativas, 26, 48
- racionais, 26, 49

conjunção constante, 22, 42, 185, 212, 214, 215, 225, 262, 264-266, 282

consciência, 22, 61, 109, 111, 117, 210, 221, 313

contido (♂), 22, 51, 67, 116, 142, 169, 239, 272, 273, 327, 328

continente (♀), 22, 51, 116, 142, 169, 239, 252, 272, 327, 328

continente-contido (♀♂), 51, 116, 142, 169, 327, 328

contínuo e descontínuo, 329

contraidentificação projetiva, 132

contrassenso, 20, 165

contratransferência, 61, 124, 131, 132, 143, 146, 153, 203, 262, 263, 267, 298, 315

corpo, 41, 53, 65, 236, 330

- partes vestigiais do, 53

crença, 182, 205, 212, 314

crescimento, 21, 58, 181, 188, 221, 235, 259, 274, 303, 310, 322, 328-331

- mental, 274
- negativo; positivo, 188, 235

crianças, 24

- reais (*actual*), 24, 142

criatividade, 98

- disposições inventivas, 58

crueldade, 78, 94, 233, 237

culpa, 35, 92, 126, 186, 211, 237, 255

- sentimento de, 186, 224

cultura, 46

cura, 39, 153, 291

curiosidade, 19, 35, 224, 260, 267, 281, 284

deidade, 32

delírio, 219, 255

- do psicótico, 38, 219

depressão, 55, 81, 105, 126, 202, 216, 218, 237, 256, 293

deprivação, 142

des-conhecimento, 149

desastre, 38, 114

desconhecido, 31, 36, 178, 181, 203, 222, 283

desejo(s), 45, 61, 122, 187, 201, 210, 271-274, 289, 302

- de análise, 325
- inconsciente, 61

desenvolvimento, 27, 36, 50, 196, 312

- da barreira de contato, 295
- da personalidade, 114
- do aparelho de pensar, 50, 232, 328
- do pensamento, 196, 328

desintegração, 227

- psicótica, 147

desligamento, 146
deslocamento, 251, 252
despersonalização, 84, 146
desprazer, 107, 120, 269, 272
desser, 275
destruição, 53, 123, 131, 151, 169, 255, 266, 279, 295
– da função alfa, 131, 152, 183
– da linguagem, 35, 205
– da personalidade, 38
– da significação, 211, 225, 265
– do aparelho de pensar, 211, 230
– do casal parental, 230
– do vínculo, 69, 151, 218
destrutividade, 126, 236, 255
deus, 35, 249, 265, 317, 319
discordância, 28, 60, 96, 127, 270, 302; *cf.* também concordância
disposição, 271
– inata, 171
– inventiva, 58
distúrbios, 24
– do pensamento, 55, 167
doença(s), 20, 24
– autoimunes, 70
– de grupo, 311
– mentais, 24
– psicossomática, 310
dogma, 23
dor, 67, 115, 198, 233, 256, 258, 327, 328

edipiano, 69, 222, 223, 228-232, 236, 286
eixos (vertical, horizontal); *cf.* grade
elaboração, 23, 216
elemento(s), 21, 184, 199, 327
– alfa, 64, 113, 116-118, 120-125, 131-133, 161, 171, 184, 193, 207, 252
– animado, 180

– beta, 48, 64, 116, 120, 123, 125, 131, 134, 136, 152, 157, 159-160, 171, 175, 183, 193, 196, 204-205, 207, 216, 225, 230, 235, 252, 269
– constitutivos do pensamento, 238
– emocionais, 70
– insaturado(s), 18
– persecutórios, 236
– psicanalíticos, 296
– saturado(s), 187, 199
– sexual, 223, 234, 309
emoção(ões), 42, 63, 126, 135, 233, 267, 284, 311
– ódio às, 63
emocional, 62, 296
– experiência; *cf.* experiência, emocional
– oposto ao racional, 17, 284
– teor, 27, 103
enunciado, 19, 105, 186, 188, 200, 202, 263
EP → D, 237-240
EP ↔ D, 237-240
epistemologia, 35, 58
espaço transicional, 123
espírito, 37, 43, 45, 270
– estado de, 37
– independência de, 43
esquizofrenia, 24
Establishment, 77, 320, 321, 323
estado(s) limite(s) (*borderline*), 24, 55, 255
estágios (oral, anal, genital), 236
estrutura, 210, 221
estupor, 274
eu, 25, 127, 136, 140, 145, 149, 151, 210, 228, 230, 327
– e não-eu, 135, 142
– parte inconsciente do, 210
– reconstituição do, 231
evacuação, 120, 173, 230, 272

exército, 30, 40, 41, 59, 77, 90, 91, 287, 320
experiência, 19-23, 25, 30, 39-41, 50, 58, 62, 103, 280, 291
– aprender com a, 58, 117
– clínica, 22, 25
– de satisfação, 172
– emocional, 62, 65, 103, 158, 172, 178-180, 184-185, 187, 195, 201, 207, 266
– não sensorial, 103
experiências somáticas e emocionais, 41

fala, ato de, 52, 201
falta, 108, 122, 326
família, 307, 321
fantasia, 34
fase, 236, 238
– depressiva, 236, 239
– esquizoparanoide, 236, 239
fato(s), 51, 56, 64, 120, 195, 207, 245, 257, 286, 315
– interpretação dos, 56
– não digeridos, 64, 120, 195
– selecionado, 21, 42, 51
fator, 42, 64, 108
– da personalidade, 114, 158; *cf.* personalidade, fatores da
fenômeno(s), 118, 183, 199, 207, 212, 217, 220, 246
– de grupo, 285
– protomentais, 310, 311
fezes, 65, 331
fight-flight (ou *fight or flight*), 306; *cf.* também ataque-fuga
filiação filosófica, 53
filosofia (e filósofos), 41, 46, 53, 58, 85, 114, 204, 209-211, 217, 246, 274
finito, 221, 321; *cf. também* infinito
física, 46, 53, 70, 74, 92, 123, 209, 211, 217, 309, 311, 330

– e astrofísica, 46
– e físicos, 41
fisiologia, 68, 123, 311
fixação, 238
forma, 46
– "colapsada" do seio, 215
– de espírito, 33, 46
formação, 41, 46
– analítica, 40, 60, 90, 275
– de símbolos, 136
fragmentação, 128, 151, 237
– da inveja, 312
– do objeto, 312
frustração, 17, 58, 67, 107, 115, 124, 142, 172, 174, 191, 215, 226, 229, 302, 328
– fuga da, 107, 176
– modificação da, 107, 176
– sentimento de, 107, 176
fuga, 107, 226, 306
função alfa, 21, 62, 64, 113, 123, 131, 151, 152, 157, 171, 183, 207, 295, 328
– destruição da, 131, 133, 152, 183
– do lactante, 115
– materna, 115, 171
– reversão da, 133, 295
função(ões), 25, 68, 109, 113, 234
– da personalidade, 115
– da relação, 129
– de analista, 234, 325
– de ligação, 69
funcionamento psíquico, polaridades do, 53
futuro, 181, 213, 240, 242, 273

ganância, 284
generalização, 227; *cf. também* particularização
generalizações (diferença das), 232
gênio, 305, 317, 321, 323

geometria, 188, 248, 254
grade, 18, 54, 159-161, 190, 196, 200, 202, 204, 206, 208, 224, 229, 235, 252, 259, 263, 282
– colunas verticais, 160, 200
– linhas horizontais, 160, 196
– negativa, 18
gratidão, 152
grupo(s), 31, 40, 59, 86, 89, 91, 94, 143, 163, 228, 250, 252, 279
– ataque-fuga, 306, 307, 317, 320
– coesão (conservação) do, 299
– comunicação no seio do, 298
– de psicoterapia, 314
– de trabalho, 19, 20, 284, 299, 312, 320, 321
– dependência, 307, 314, 317, 319
– dinâmica dos, 89, 315
– e indivíduo, 25, 31, 35, 279, 280, 285, 287, 292, 293, 297, 300-305, 307-309, 311
– em pressuposto de base (ou grupo de base), 304-307, 310, 313, 314, 316-317, 319
– funcionamento do, 299, 303, 305
– indistinção grupal, 312
– libido de, 309
– mentalidade de, 301-303
– motivações sexuais do, 305
– pareamento, 286, 305, 306, 309, 316, 320
– pertencimento ao, 303, 304, 323
– psicanalíticos, 89, 316, 321
– racional, 311, 313
– sem líder, 19, 91, 320
guerra, 30, 40, 77, 80, 84-86, 88-92, 94, 112, 146, 190, 277, 280, 281, 287, 289, 292, 293, 330
Guerra(s) Mundial(is), 30, 40, 77, 84, 88, 89, 190, 280, 281, 287

– Primeira, 30, 40, 77, 84, 88
– Segunda, 30, 84, 89, 190, 280, 281, 287

H (vínculo), 52, 160
– vínculo –H, 52, 148, 149, 178
hipocondria, 255-257
hipótese(s), 19, 184, 199-200, 224, 279
– definidora, 10, 160, 198, 202, 203, 224, 243, 279
homossexualidade, 179
hospital, 291
hybris; cf. orgulho

Ics (inconsciência), 119, 190
ideal do eu, 309
idealização, 322
identificação, 230, 237, 271, 331
– a O, 249
– introjetiva, 309
– projetiva, 57, 62, 66, 115, 120, 125, 132, 134, 153, 173, 176, 191, 207, 230, 252, 262, 266, 272, 295, 310, 322, 325, 327, 331
ignorância, 36, 283, 314, 328
igreja, 290, 320, 323
imagens concretas, 68
impotência, 226
inanimado(s), 47, 180, 197
incerteza, 33, 148
incesto, 70, 223
inconsciente, 22, 25, 61, 110, 120, 194, 209, 221, 241, 251, 282, 302, 305, 327
– grupal, 303
– insabido (*Unbewusste*), 37
indiferenciação, 127, 310
indução, 213, 234
infinito, 170, 220-221, 274, 279-280, 321; cf. também finito
insegurança (sensação de), 201

integração (e não-integração), 127, 236
interpretação, 18, 29, 44, 54, 56, 60, 96,
  99, 105, 132, 150, 152, 162, 171, 180,
  201-203, 218, 220, 222, 232, 235, 251,
  253, 255, 267, 271, 285, 293, 297, 298,
  315, 331
– dos fatos, 56
– incorretas, 152, 162, 218, 297
introjeção (processo de), 67
intuição, 19, 232, 233, 253, 274
invariantes, 27, 246, 248, 250, 251
inveja, 110, 126, 127, 129, 153, 154, 312, 322
– fragmentada, 312
investigação, 110, 223
– científica, 284
– psicanalítica, 47
investimento, 169
– de objetos, 113
isso, 141, 210

juízo de existência, 168
julgamento, 134

K (vínculo K), 21, 149, 183, 259, 326, 327
– vínculo –K, 17, 28, 149, 153, 154, 178, 183, 189

L (vínculo L), 52
– vínculo –L, 52, 148, 149, 178
lactante, 40, 57, 66, 115, 153, 184, 241, 266, 317, 332
latência, 197, 303, 311, 331
leite, 57, 65
lembranças, 64-65, 272-274
líder, 19, 301, 305-310, 316
ligação, 52, 69, 145, 169, 230; *cf. também* ataques, à ligação
linearidade (e não-linearidade), 238, 330

língua (e linguística), 25, 41, 330
linguagem, 35, 46, 47, 48, 162
– de alcance, 205
– destruição da, 35
– imperfeição da, 47, 130
– tiques de, 48
lógica, 23, 189, 199, 209, 213, 216, 219, 234, 242, 263
– causalista, 214, 216, 219
– da frustração, 216
– "psico-lógica", 234, 264, 265

mãe, 75, 143, 325, 327, 331, 332
– e cuidados maternos, 94, 177
magia, 308, 313
mamar, 181, 214
matemática, 46-48, 114, 115, 130, 208, 209, 211, 248
– e matemáticos, 41
medo, 81, 160, 252
– de morrer, 160
melancolia, 24, 141
memória, 45, 116, 134, 204, 209, 271
mentira, 162
messias, 74, 305, 317, 320, 321
– ideias messiânicas, 20
metáfora, 38
mistério(s), 31, 148, 205, 321
místico, 30, 74, 321-323
mito(s), 33, 130, 132, 171, 224, 252
– da Torre de Babel, 33, 35
– de Édipo, 33-34, 62, 222, 227-229, 232, 285
– do Jardim do Éden, 33, 35
modelo, 180, 184
modificação, 107, 116
– da frustração, 107
moral (moralidade), 35, 66, 222, 224
– superioridade, 67

– ultrapassamento da, 66, 224
morte(s), 277, 282, 330
– da personalidade, 114
motricidade, 173
mudança, 258, 259, 332
– catastrófica, 20, 257
– de perspectiva, 58
mundo, 46
– externo, 84
– interno, 84, 112, 273

nada, 147, 248; cf. também nothing
não-coisa (no-thing), 142, 147, 157, 168, 169, 248
não-seio (no-breast), 137, 156, 158, 168, 169, 172, 175, 176, 215-217, 265
narcisismo (ou narcis-ismo), 23, 90, 147, 189, 265, 266
narração, 37, 209; cf. também relato
necessidade, 51, 122, 132, 155, 157, 182, 188, 316, 317
negativo, negativa (negação), 52, 139, 168, 169, 202, 235, 249, 279
– e diferenciação, 142, 168
– grade, 18
– modalidades do, 143
– prova, 59
neurose, 25, 140, 288
– de transferência, 253
neurótico(s), 39, 169, 219, 290
– insensato, 39
no-thing cf. não-coisa
nome (e definição), 154, 183, 184
notação, 19, 160, 198, 204, 224
notas de sessão, 103
nothing, 147
número, 217, 246
número(s), 51, 200, 248, 279, 329
– inteiros, 51

– negativos, 329
– reais, 329

"O", 51, 248, 279
– contato com, 274
– evolução do, 251
– transformação em, 250, 272
objeto(s), 31, 36, 47, 67, 113, 295, 312
– animado, 36, 207
– bizarros, 18, 134
– bom, 295
– externos, 258
– inanimado, 180, 197
– internos, 31, 257
– matemático, 47, 130, 208
– materno, 169
– maus, 152, 169, 176, 295
– parcial, 68
– presença do, 145
– psicanalítico, 207
– reintrojetado, 67
observação, 23, 63, 110, 286, 290, 294, 300, 305
– clínica, 63, 206
– insuficiência da nossa potência de, 297
ódio, 52, 63, 235, 268, 326
– à vida, 63
– às emoções, 63
– da realidade, 219
onipotência, 35, 66, 67, 109, 120, 152, 177, 191, 211, 226, 314, 322, 331
onisciência, 35, 67, 226, 314
órgãos, 103, 106, 109; cf. também corpo
– dos sentidos, 106, 109
orgulho (hybris), 62, 203, 223
outro, 170
– materno, 67, 115

paciente(s), 17, 23, 26, 30, 66, 110, 179, 331
– encontro, 135
– psicóticos, 111, 133, 193, 207, 208, 299
– tipos de, 30
pai, 75, 76, 143, 325
– de família, 307
pais (parental), 80
– casal, 230
– relação, 228, 231
– sexuais, 191
papa, 320
para-excitação, 113
paranoia, 24
parasítica, relação, 153, 164
pareamento, 20, 286, 305, 306, 309, 316, 320
partes, 39
– da personalidade, 134
– do eu, 127
– não psicótica, 39
– psicótica, 39
particularização, 227; cf. também generalização
passado, 139, 213, 239, 240, 242, 254, 273, 329, 330
Pc (percepções), 119, 190
Pcs (pré-conscience), 119, 190
pênis, 69; cf. também vagina
pensador, 163, 168, 190, 205
pensamento(s), 18, 22, 24, 30, 36, 43, 45, 57, 59, 62, 63, 69, 107, 116, 117, 118, 120, 132, 133, 136, 168, 170, 171, 173, 175, 190, 192-197, 205, 210, 222, 224-226, 231, 252, 274
– atividade de, 117, 168, 170, 192-195, 224-226
– ausência de, 136
– capacidade de, 107
– científico, 222

– colapso dos, 136
– consciente, 22, 133
– construção dos, 50
– crescimento e desenvolvimento dos, 36, 43, 57, 190, 192, 194, 196, 252
– de sonho, 62, 117, 118, 120, 132, 133, 197, 252
– distúrbios do, 55, 59, 129, 167, 191, 193, 196, 217, 231
– gênese do, 57, 63
– inconscientes, 22, 117
– lógico, 210, 274
– moral, 222
– não psicótico, 57
– origem do, 36, 57
– processo de, 171, 173, 205, 252
– psicanalítico, 24
– psicótico, 30, 57
– segundos (second thoughts), 45
– sem pensador, 168, 190
– silencioso, 18, 175
– vazios, 171
– verbal, 69
– vigília inconsciente, 116
penumbra de associações, 21
percepção(ões), 45, 57, 103, 117-120, 134, 139-141, 155, 172, 190, 212, 247, 255, 274, 279, 301
– aumento da(s), 274, 279
– do grupo, 301
– sinais de (Spc), 119, 120
perseguição, 92, 216, 218, 239
– sentimento de, 92, 216, 218, 239, 293
personalidade, 46, 66, 85, 110, 114, 127, 133, 204, 225
– fatores da, 114, 158
– improvisação de, 134
– psicótica, 267
– unificada, 128

perspectiva, 17, 58, 232, 293
- freudiana, 310
- inversão de, 293
- mudança de, 58
- reversível, 46, 149, 150
perversão, 140
pesquisa, 22, 23
- psicanalítica, 24
pesquisador(es), 31, 36; cf. também cientistas
ponto de vista, 43, 247, 261
posição analítica, 271, 281
- do analista, 271
posição depressiva, 163, 240
posição esquizoparanoide, 240, 327, 328
prática, 17, 31, 302
- grupal, 30
- ortodoxia freudiana, 41
prazer, 107, 227, 269, 327
pré-consciente; cf. Pcs
pré-edipiana, 231
preconcepção(ões) (pré-concepção), 17, 48, 57, 112, 157, 171, 182, 186, 187, 194, 197, 199, 218, 222, 226, 228, 232, 252, 280
- inata, 57, 182, 187, 188, 232, 317
precursor, 218, 235
premonição (ou pré-moção), 48
presença, 28, 45, 74, 145-147, 169, 219; cf. também ausência
- e não-presença, 147
presente (tempo), 53, 240-243, 254
pressuposto de base, 304-307, 310, 314, 316, 317, 319
- ataque-fuga, 20, 306, 307, 317, 320
- de dependência (HBD), 307, 317, 319
- de pareamento, 305
princípio
- de indução, 213

- de prazer-desprazer, 272
- de realidade, 61, 108, 168, 176-177, 191, 192, 226
privação, 142, 201
- atmosfera de, 201
- de alimentação, 65
- verdadeira, 65
privado (conhecimento), 228
progrediência (e progressividade), 54, 221, 238, 240
projeção(ões), 67, 120, 236, 252
protomental (e protomentais), 53, 70, 310
prova negativa, 59
ψ (psi), 139, 161, 187
psicanálise, 22, 24, 29, 42, 49, 316, 319, 320
- cientificidade da, 41
- contribuições de Bion para a, 49
- exercício da, 207, 250
- futuro da, 316
- instituto de, 320
psicanalista(s), 23, 24, 30, 46, 246, 272, 280-281, 283, 316, 331
psicanalítico(a)
- ambiente, 21
- grupo, 89, 316, 321
- situação, 296, 298
- universo, 42
psicoimunologia, 312
psicologia, 86, 92, 311
- de grupo, 86, 308
- individual e de grupo, 92, 308
psicopatologia, 311, 315
- do analista, 315
psicose(s), 24, 219, 226, 237
- infantil, 237
psicossomática, 70, 310, 312
psicoterapeuta(s), 87, 179

psicoterapia, 88, 291, 302, 314
psicótico(s), 30, 38, 57, 111, 114, 147, 207, 255, 267-269, 295
– delírio do, 38
– deterioração, 114
– e não, 39, 57, 99
– período, 30
– sensato, 39
psique, 57, 332
psiquiatra, 58, 84
psíquico, 21, 40, 52-54, 57, 63-65, 67, 85
– espaço, 57
psiquismo, 25, 50
– constituição do, 50
público, 163, 182, 227
pulsões, 28, 113, 127, 136, 144, 302
– de morte, 144, 146
– fontes e metas das, 113, 136
– parciais, 128
– sexual, 234

qualidades psíquicas, 62

racionalidade, oposto a emocional, 284
reação
– afetiva do analista, 315
– subjetiva do analista, 315
– terapêutica negativa, 141
readaptação, 91, 287, 291
realidade, 18, 32, 51, 61, 108, 109, 136, 140, 168, 176, 177, 191, 192, 218-220, 226, 230, 246
– externa, 61, 109, 177, 219, 220, 230, 246
– índice de, 140
– interna, 220, 230
– ódio da, 219
– originária e/ou derradeira, 32, 51, 246
– perda de contato com a, 18, 218

– princípio de, 61, 108, 168, 176, 177, 191, 192, 226
– psíquica, 220, 246
– renegar a, 136
realização, 22, 137, 206; *cf.* também linguagem
realizações, 17, 54, 58, 172, 181, 184, 194, 206, 214, 228, 232, 252, 273
– de K, 17
– negativa, 58
– parental, 228
– sexual, 54
recalcado, 144, 254
recalcamento, 57, 120, 147, 168, 209, 210
– originário, 147
reconstrução, 39
regressão, 85, 146, 326
rejeição, 152
relação(ões)
– com círculos mais amplos, 45
– com o analista, 254, 259
– com o seio, 112
– comensal, 153
– continente-contido, 51, 116, 327, 328
– de fala, 52
– de objeto, 68, 295
– do sonho, 198, 214
– enriquecedora, 70
– íntima da análise, 201
– no grupo, 31
– parasítica, 164, 322
– parental, 228, 231
– sexual, 191, 192, 232
relato, 179, 186, 211, 214, 215, 223, 282
religião, 31, 283, 314, 318, 319, 332
– crenças religiosas, 35
renegação, 136, 144, 203, 205, 206, 221, 226
renúncia, 144

reparação, 53, 237, 255
representação(ões), 46, 64, 68, 118, 119, 143, 182, 246-248
– aparelho de, 68
– ausência de, 143
– de palavra, 119, 209
– verbal, 248
repúdio, 144
resistência, 55, 67, 190, 205, 210, 233, 288
rêverie, 270
– materna, 116
reversão, 17, 141, 148, 149
– da função alfa, 133-135, 295
– da perspectiva, 46, 149, 150, 232, 293
rivalidade, 126, 270

saber, 50, 51, 58, 213, 260
– aquele que sabe, 29
– sujeito suposto, 29
saqueadores (precursores dos cientistas), 21, 36, 284
saturação, 147, 199, 200
segurança, 43, 84, 122, 317
– sensação de, 43
seio, 53, 57, 64, 69, 111, 112, 115, 122, 171, 188, 199, 207, 230, 265, 266, 318, 331; cf. também não-seio
– bom (presente), 53, 122, 123, 137, 155-157, 176, 181
– espera do, 171, 172, 174, 199, 241
– invejoso, 155
– mau (desejado porque ausente), 53, 122, 123, 137, 156, 157-159, 176, 181
– necessidade de um, 122, 155, 157, 158
– objetivo e/ou subjetivo, 181
– qualidades do, 65
– real, 58, 112, 158
– "realização" do, 112
semântica, 25

sensação(ões), 40, 41, 43
sensato (e insensato), 39
sensorial(is) [e não sensorial(is)], 64, 103
sentido (órgãos), 46-48, 62, 103, 104, 109-113, 118, 121, 123, 182, 197, 247, 257, 272, 273
– impressões dos, 48, 64, 107, 109, 111, 113, 116-118, 133, 195, 197, 207
sentido (significação), 13, 23, 42, 47, 113, 141-142, 173, 188, 210, 213-216, 218-219, 234, 271, 283
– da realidade, 113
– do sonho, 214
sessão, 27, 45, 103, 240, 258, 267, 270, 271, 313, 325
sexos (diferença dos), 232, 236, 331
sexual(is), 62, 206, 223, 230-232, 234, 251, 270, 276, 309
– motivações, 305
– vínculo, 270
sexualidade, 70, 254
– infantil, 254
si (e não-si), 51
significação, 20, 22, 185-186, 199-200, 258, 263-270; cf. também sentido (significação)
– ausência de, 267
– destruição da, 258, 265
significante, 185
simbolização, 136, 236
– ausência de, 136
sistema, 26
– alimentar, 65, 195
– científico dedutivo, 21, 185, 186, 189, 193, 199, 200, 252
– percepção-consciência, 118
– protomental, 310-312
– teórico, 26
situação
– de pareamento, 309

- edipiana, 223, 228-232, 236, 286
- psicanalítica, 296, 298
- sexual, 304, 305
- sexual do casal, 305
só-depois, 129, 169
social-ismo, 189, 266
sofrimento, 141
solicitude, 237
solidão (sentimento de), 201
sonho, 29, 62, 106, 132, 198, 214, 251, 252, 329
- conteúdo latente do, 133, 197
- pensamentos de, 116
sono (e vigília), 37, 99, 106, 118, 133, 274
submissão, 29, 60
suicídio, 35, 233
- coletivo, 35
sujeito animado, 36
supereu, 129, 136, 210, 230, 236
- destruidor do eu, 230
supervisão, 17, 29, 100

tanque(s), 77-80, 83
tela beta, 131
temporalidade, 215, 233, 234, 236, 240-242, 306
- analítica, 240-242
teoria, 22-24, 59, 110, 115, 274
- analítica, 258, 285
- bioniana do pensamento, 174, 221
- crítica da, 26
- da causalidade, 53, 209-211, 262, 263, 306
- da transformação, 264
- das funções, 115
- do conhecimento, 59, 110
- edipiana, 232
- freudiana, 24, 25, 310
- kleiniana, 24, 25, 153, 236, 315, 327

teorização, 18, 135
terapeuta, 87, 292-293, 305
- de grupo, 292
terapêutica, 153, 280, 299, 323
terapia, 91, 292, 294, 315
- grupal, 91, 293, 315
terror, 84
- sem nome (*nameless dreads*), 154, 239, 332
tolerância (e intolerância), 17, 58, 124
- da frustração, 17, 58, 124, 157, 174-176, 226, 328
tópica(s), 209, 221
trabalho
- analítico, 27, 262, 266, 271, 327
- de pensamento, 23
- de transformação, 250
- do inconsciente, 251
- do sonho, 251
traços mnésicos, 119, 139, 190
tranquilização, 123, 268
transferência(s), 169, 178, 253, 263, 277, 285, 292, 293, 298, 309
- neurótica, 178
- psicótica, 169, 178
transferência/contratransferência, 143
transformação(ões), 17, 104, 240, 245, 327
- em O, 254, 272
- na alucinose, 254, 268, 270
- processo de, 250
- projetivas, 254
- resultado da, 250
- rígida, 254
tratamento, 52, 67, 107, 145, 149, 208, 234, 241, 309, 331
- condução do, 86, 153, 208, 315
- enquadramento do, 96, 296
- metas do, 67, 301-302

– relatos de, 27
traumas, 113, 145
– causados pelos *shell-shocks*, 112
trindade, 32
tuberculose, 311
turbulência (emocional), 18, 107, 241, 259, 260, 329

um (uníssono), 271, 279
– fato-de-constituir-um, 271
unificação; *cf.* integração
universo, 42, 265, 329
urina, 331
usos (e eixo dos), 161, 200, 235

vagina, 70; *cf. também* pênis

valência, 42, 52, 159, 309
verdade, 65, 66, 153, 162-165, 199, 249
– privação de, 65
vértice, 20, 29, 46, 247, 272
vínculo, 21, 36, 52, 144, 148, 149, 169, 179, 210, 249, 259, 262, 270, 283, 326-328, 332; *cf. também* L, –L, K, –K, H, –H
– de causalidade, 210, 225
– paciente-analista, 149, 179, 220, 254, 259, 262, 271
– sexual, 270
violência, 126, 255-257
visão, 104, 134, 135, 247, 275, 294
– acuidade visual, 85
– binocular, 20, 46, 194, 285

GRÁFICA PAYM
Tel. [11] 4392-3344
paym@graficapaym.com.br